akal ANVERSO

Diseño interior y cubierta: RAG

Motivo de cubierta: Antonio Huelva Guerrero
Instagram: @sr.pomodoro

1.ª edición, octubre 2019
8.ª edición, febrero 2021
1.ª edición en rústica, 2025

Sector Foresta, 1
28760 Tres Cantos
Madrid - España
Tel.: 918 061 996
atencion.cliente@akal.com
www.akal.com

ISBN: 978-84-460-5690-4
Depósito legal: M-6.060-2025

Impreso en España

Antonio Maestre

FRANQUISMO S.A.

akal
ARGENTINA / ESPAÑA / MÉXICO

A Noelia, mi referente; mi ojalá.

A mi madre y mi padre, por darme la oportunidad de ser.
A mi hermano, por estar. A Estefanía, por aparecer.
A Emma y Vera, por iluminar. A Magda, por confiar.
A mi tía Antonia, por seguir estando.

Hermano nuestro de la mina
y del taller y del andamio,
hermano de los olivares
y de las redes del pescado,
el pan que cuecen nuestros hornos
para vosotros lo amasamos
pero, del trigo hasta la boca,
¡cuántos ladrones acechando!
Está el hocico de la hiena,
están las garras del milano,
están los buitres con su pico,
miles de dientes afilados.

Ángela Figuera Aymerich,
Canción del pan robado.

La alianza imperturbable entre capital y fascismo
Prólogo a la nueva edición de *Franquismo S.A.*

En noviembre de 1932 se produjo un hecho que puede servir de modelo para cualquier unión de una oligarquía civil que, en defensa de su riqueza, decide auspiciar una salida autoritaria. Recibe el nombre de *Industrielleneingabe* o «Carta de los Industriales», por la misiva en la que los hombres más importantes de la economía, la banca e industria alemanas pedían al presidente de Alemania, Paul von Hindenburg, que nombrara canciller a Adolf Hitler. Entre los firmantes de la carta figuraban Fritz Thyssen, August Rosterg o Erich Lubbert, entre muchos otros. Su petición cayó en saco roto, pero ello no les impidió seguir cabildeando para poner al líder nazi al frente del gobierno con el fin de asegurar así su riqueza –y aun ampliarla si cabe–.

El fracaso de la carta les llevó a concertar un encuentro secreto en el palacio del Reichstag, el 20 de febrero de 1933, entre Adolf Hitler y una nutrida cúpula de empresarios, industriales y grandes terratenientes. El motivo: acordar la financiación del NSDP (Nationalsozialistische Deutsche Arbeiterpartei, Partido Nacionalsocialista Obrero Alemán) ante las cruciales elecciones de marzo de 1933 –a raíz de las cuales, a la postre, Adolf Hitler lograría el acceso al poder y dilapidaría la democracia alemana con sus leyes habilitantes–. A la reunión secreta del gran capital con el gran genocida de nuestro tiempo asistieron Gustav Krupp von Bohlen und Halbach, de Krupp; Friedrich Flick, un importante industrial acerero; Kurt Paul Schmitt, de Allianz, y la mayoría de los firmantes de la carta fechada en noviembre de 1932.

Esos procesos antidemocráticos de conspiraciones –las de verdad y no las inventadas– se dieron también en nuestro país nada más iniciada la Segunda República. De hecho, no hubo que esperar ni a la proclamación efectiva de esta; el mismo 14 de abril de 1931 destacados políticos de la dictadura de Primo de Rivera, empresarios y militares se reunieron en la casa del Conde de Guadalhorce y comenzaron a planear cómo subvertir la situación para reinstaurar un régimen autocrático. Aparte del anfitrión, Rafael Benjumea y Burín, asistieron el Marqués de Quintanar, José Calvo Sotelo, Ramiro de Maeztu, José Antonio Primo de Rivera, José de Yanguas Messía y Eugenio Vegas Latapié.

En esa conspiración incipiente se encontraba también Víctor Pradera, un teórico que acababa de publicar un libro titulado *El Estado Nuevo,* una proposición prototípica de un Estado corporativo con derechos solo para unos pocos y que bebía del corporativismo decimonónico que se postulaba como tercera vía entre el liberalismo y el socialismo. Es recomendable acudir a su lectura para comprender las revisiones tecnooptimistas en las que viven hoy los jerarcas empresariales que han aupado a Donald Trump al poder para terminar con las democracias liberales tal y como las conocemos. La historia no se repite, pero siempre rima con los mismos protagonistas, reelaborando las mismas ideas de mantenimiento del privilegio y la riqueza.

Los grandes industriales de antaño han cambiado por los capos de redes sociales, pero el modo en el que se alían con los totalitarismos fascistas de cada época –para proteger su riqueza y sus intereses de niños de papá malcriados– ni ha cambiado ni cambiará mientras existan amenazas, reales o inventadas, al poder que las plutocracias ostentan. La toma de posesión de Donald Trump sorprendió a muchos inocentes que llevan años sin escuchar las advertencias de quienes eran conscientes de que se estaba fraguando un nuevo advenimiento reaccionario. Pero la sorpresa de los biempensantes se convirtió en bochorno ajeno cuando se advirtió, con escándalo, de la presencia de las grandes fortunas del mundo tecnológico en primera fila, por delante de los secretarios de Estado, dejando en evidencia el apoyo y la importancia de la plutocracia en el amanecer del fascismo de nuestro tiempo. Los nombres son el «sanedrín de financieros del mal» que siempre ha tenido cada aspirante a dictador: Elon Musk de Tesla, Mark Zuckerberg de Meta, Jeff Bezos de Amazon, el director ejecutivo de Apple, Tim Cook, y su homólogo de Google, Sundar Pichai, junto con el fundador de la segunda, Sergey Brin.

Elon Musk es a Donald Trump lo que Juan March fue a Francisco Franco, del mismo modo que Juan March fue el Ettore Ovazza de Benito Mussolini, del mismo modo que los grandes jerarcas de Krupp, Deutsche Bank o IG Farben posibilitaron el ascenso de Adolf Hitler. Detrás de un fascista genocida llegando al poder siempre está el dinero de empresarios, banqueros y grandes fortunas que ven en el socialismo, el marxismo, el *wokismo* o la construcción colectiva de la clase obrera el fin de sus privilegios, fortunas y mansiones.

El capitalismo es incompatible con la democracia porque no hay manera de construir un sistema basado en el crecimiento continuo –en un planeta cuyos recursos son finitos– sin subyugar a una parte importante de la población para alargar lo más posible el ocaso del sistema. Es más fácil imaginar el fin del mundo que el fin del capitalismo, y en esas dinámicas nos estamos moviendo. Este libro, cuya primera edición salió en 2019, fue un intento de mostrar cómo las estructuras de poder se mantienen imperturbables y cómo las oligarquías se alían y unen a cualquier estructura fascista que les garantice el *statu quo* en momentos históricos de progreso, de avances y empoderamiento de las clases populares. A cada movimiento protorrevolucionario responde una reacción virulenta que busca disciplinar, de la manera que sea, a quienes aspiren a mejorar sus condiciones materiales poniendo en cuestión los privilegios.

El capital y el fascismo tienen una alianza imperturbable que opera con mayor fiereza en momentos de crisis del capitalismo. El crecimiento constante es ya una utopía en la que no creen ni los más fervientes intelectuales de las bondades del capitalismo. Es tiempo de expropiar vidas, de extraer hasta la última gota de capital a los que menos tienen, para hacer que las cuentas de resultados y las curvas de la bolsa no caigan en picado. Pero una operación tan violenta de expropiación material de recursos humanos y naturales no es posible realizarla bajo el amparo de una democracia liberal que pretenda respetar, aunque sea de manera cosmética, los derechos humanos; por ello es preciso curar de democracia, esa enfermedad, a los Estados.

Esa es la premisa del pensamiento reaccionario que guía a los grandes multimillonarios que hacen de escuderos de Donald Trump. Como dijo Peter Thiel, el benefactor del vicepresidente J. D. Vance, no es posible casar nuestra concepción de libertad con la democracia. Esa afirmación, que el multimillonario dueño de PayPal formuló en 2009 en el Cato Institute, es una manera de simplificar el pensamiento más elaborado del filósofo británico Nick Land y del bloguero estadounidense Curtis Yarvin, que se desarrolla en la obra del primero y que recibe el nombre de «Ilustración Oscura» o *NRx* en formato cibernético.

Mencius Moldburg, el seudónimo bajo el que Custis Yarvin escribe en internet, fraguó las bases fundamentales del pensamiento que influye en la tecnocasta de Silicon Valley. Las fuentes intelectuales de las que se nutre son el pensamiento del filósofo escocés del siglo XIX Thomas Carlyle, con su vindicación del héroe y unas ideas antiigualitaristas y antidemocráticas; el de Julius Evola y su protofascismo ocultista, y el pensamiento anarcocapitalista y paleolibertario de filósofos como Hans-Hermann Hoppe. Una amalgama que considera un error la democracia, que la igualdad no es un fin deseable por sí mismo y que al Estado, puesto que no puede desaparecer como les agradaría a ellos, hay que liberarlo de la democracia. La consecuencia es que el Estado debe ser gestionado como una empresa y el presidente ser un CEO autoritario.

Elon Musk afirmó en el primer mitin de Donald Trump en el que participó que él era el representante de *MAGA dark,* en una poco velada alusión a la «Ilustración oscura». El gobierno corporativo en el que creen él y sus seguidores –que tiene muchas similitudes con el corporativismo estatal de los años treinta del siglo pasado– no tiene fe en la democracia de acuerdo con la siguiente lógica: los plutócratas tecnológicos como Musk carecen de incentivos para abrazar la democracia porque las mejoras tecnoeconómicas –que precisan de largo alcance– no son de interés para quien no las puede capitalizar y se halla inmerso en un sistema que propicia la alternancia de partidos y liderazgos. Es por ello, y por las grandes inversiones –los 500.000 millones de dólares de inversión en inteligencia artificial–, por lo que no parece previsible que Donald Trump esté dispuesto a someterse a la enmienda constitucional que prohíbe a un presidente más de dos mandatos. Lo que se mantiene, a la postre, es que los políticos en democracia no desean dejar nada a sus adversarios, ya que lo que queda atrás lo puede usar el enemigo en contra de sus intereses. Igualmente, se considera la democracia como algo corrupto, porque los incentivos por lucrarse el poco tiempo que se está en el poder son masivos, y se es consciente del escaso tiempo que se estará en el poder antes de ser desalojado.

La teoría *NRx* considera que la Ilustración histórica crea verdades consensuadas que anulan el conservadurismo; en otras palabras, que la hegemonía que fraguó invalida las ideas antiigualitarias. Por eso conciben la batalla cultural y de poder como una huida de la democracia, como una salida para unos pocos privilegiados. Se teoriza sobre tres lugares desde donde se puede huir de los Estados democráticos hasta poder tomarlos y convertirlos en autoritarios: esas salidas se hacen a través del ciberespacio, el espacio exterior y la colonización de los océanos, una idea teorizada por Patri Friedman (nieto, por cierto, de Milton Friedman). Los libertarios tecnocráticos consideran que la democracia es indistinguible de la expansión del Estado y por eso proponen la abolición de la democracia. Como dijo Curtis Yarvin: «Los libertarios no pueden presentar una imagen realista de un mundo en el que ganen la batalla y logren mantener la victoria».

Los empresarios tecnológicos que aparecieron en la toma de posesión de Donald Trump tienen el mismo plan que aquellos que se reunieron el 14 de abril de 1931 para derribar la naciente República española: acabar con la democracia para asegurar su riqueza y garantizarse sus privilegios. El fascismo de los años treinta ha mudado en un proyecto llamado «neocameralismo», que considera que el Estado es una empresa que posee un país, y que hay que combatir a un monstruo llamado «La Catedral» –la representación de una hegemonía gramsciana de respeto hacia los derechos humanos y los preceptos democráticos– para poder llevar sus planes económicos a término, sin entrar en consideraciones poco efectivas de respeto a la diversidad. El objetivo ya lo tenemos a la vista en muchos países: alcanzar Estados que ofrezcn una calidad de servicio muy alta, pero sin democracia; niveles de delincuencia mínimos y altos niveles de libertad personal y económica (para los pocos muy prósperos), pero sin libertad política. El fin último es convertir las democracias liberales en Singapur, Hong Kong o Dubái. Al fin y al cabo, los padres fundadores de EEUU no creían que la democracia fuera un bien superior, y estos empresarios apoyan a Trump para que esos principios fundacionales se cumplan.

En el fondo, todo este modus operandi no es otro que un modo de salvaguardar la riqueza de una oligarquía civil antaño encarnada por los industriales siderometalúrgicos en Alemania o los terratenientes en España, y que ahora adopta la forma de los CEOs de Silicon Valley, EEUU. Al menos no se andan con subterfugios ni se esconden, los tenemos ante nosotros y lo dicen a las claras. No debemos nunca olvidar, sea cual sea el momento de época, que un empresario acojonado es un potencial nazi dispuesto a llevar a comunistas de la mano hacia la cámara de gas.

Prólogo
La imprudencia necesaria

> *Ninguna herencia… ¡Cigarra hasta el final, el triste Abel Pinzón por fin cadáver! Sin embargo, siendo como era brigada de intendencia del ejército, hubiera podido hacer una fortuna. O, al menos, amasarse un sólido patrimonio durante los generosos años de la Victoria, inmediatamente después de la guerra. El presupuesto del ejército era ilimitado. O casi. Todo dios se aprovechaba de ello. Incluso sin medallas (o sin apenas grado), un uniforme victorioso abría de par en par las puertas del éxito. Compraventa de terrenos, construcción, transportes, estraperlo, importación-exportación, cebos que el régimen lanzaba a las familias de la clase dirigente, rebosante de uniformes reputados heroicos puesto que vencedores.*
>
> Agustín Gómez Arcos, *Un pájaro quemado vivo.*

Este es un libro de lo que nos robaron. Del hurto de la memoria, pero también de lo concreto. Del expolio a muchos por parte de unos pocos. Por eso era necesario empezar con una cita de Agustín Gómez Arcos que resume el contenido y espíritu de lo que he intentado mostrar en esta obra. El autor andaluz representa lo poco que en este país ha importado el mérito cuando eras de los que perdieron la guerra. Un escritor, dramaturgo y pensador con un talento como pocos ha habido en nuestro país. Y que tuvo que vagar por el exilio para que le reconocieran la inmensa valía de su trabajo. A Gómez Arcos los vencedores le robaron su lugar en la historia de la literatura española; a otros, la vida. A muchos otros españoles les robaron su casa, su empresa, su dinero, la posición social que se habían ganado sin agredir ni levantarse en armas contra nadie. Vamos a hablar de aquellas familias y empresas que hoy en día tienen su posición ganada gracias a la guerra y a la dictadura.

Este no pretende ser un libro valiente, a pesar de que la aparición de muchos nombres de grandes empresarios y corporaciones pueda en algunos pasajes hacerlo parecer, es solo algo que nace de mi propia inquietud. Es un libro que nace de la imprudencia de querer contar algo que creo necesario. Con nombres y apellidos. No es, tampoco, un libro de historia, es un ejercicio de investigación periodística que busca asomar al lector a un mundo disperso para concretarlo en un pequeño libro. Un puzle que recoge el trabajo de historiadores y académicos, de periodistas que me precedieron y de escritores que encontraron las palabras precisas.

Durante muchos años he llenado mi vida leyendo sobre memoria histórica y nunca he encontrado una obra que acerque al lector menos especializado al papel que desempeñaron las empresas y las familias pudientes en la represión franquista. Este es el libro que me hubiera gustado leer para comprender los procesos de acumulación de la riqueza de la burguesía franquista y de aquellos que abusan en la lucha de clase y niegan a los que son como mi padre o mi madre, gente humilde que se mató a trabajar sin una recompensa mayor que sacar adelante a sus hijos. Es un libro sobre aquellos que dan lecciones de esfuerzo sin más mérito que haber nacido en una familia de vencedores frente a los que tienen las manos arrasadas y a aquellos que nacieron con la mácula de vencidos y cuyos predecesores no pudieron levantar la testa.

Es, también, un libro posibilista que intenta ensanchar los márgenes de lo decible, de lo que se puede contar sin inmolarse de forma imprudente, aun siendo consciente de que sus letras pueden abrasar. Un libro que no cuenta todos los que son, pues son demasiados, pero que, con los que están, pretende mostrar un mapa del poder y el dinero en la España arrasada por el fascismo y que el franquismo sociológico mantuvo en ascuas. Este es un libro de aprovechados, de conniventes, de comprometidos con la dictadura, de aquellos que prefirieron aprovecharse de la ventaja que les ofrecía el crimen.

El objetivo último del libro es trasladar a la sociedad la necesidad de impulsar un profundo proceso de reflexión que lleve a la institucionalización de las políticas de reparación y responsabilidad de muchas empresas que colaboraron de diversas formas con la represión franquista para conformar sus fortunas personales y empresariales. Unas responsabilidades que no decaen con la muerte y que se heredan del mismo modo que se hereda el patrimonio consolidado con esos crímenes. Quiero plantear preguntas no respondidas en el proceso de conformación de nuestra democracia.

¿Por qué se abren los salones al empresariado español que se lucró con los escombros de fábricas alemanas que usaban presos en Auschwitz? ¿Por qué en España nadie se avergüenza o pide perdón por haber conformado su fortuna al calor de una dictadura genocida como la franquista? Preguntas que deben estar presentes en la sociedad contemporánea española.

Este no es un libro sobre empresarios y familias que hicieron lo que pudieron para no perecer en un entorno tóxico y totalitario. Aquellos que por miedo solo intentaron sobrevivir. No es un libro que busque avergonzar a los que solo intentaron ser honestos en el terreno de juego dado, ni a los herederos de actitudes de oprobio ajeno; es un libro que, a pesar de ser posibilista, homenajea a los Alfonso Sastre del empresariado y a las víctimas del expolio. A los que sí se comprometieron con la libertad. A aquellos que dieron su vida por la justicia y la democracia y no se plegaron a unas normas injustas. Pero es, sobre todo, un libro sobre los Pemanes, sobre los cobardes y traidores. Criminales y adyacentes. De carroñeros y huesos.

Porque no importa dónde te deje la vida, no importa lo que la vida te dé. Importa lo que haces con ella y reconocer las manos que te dieron el sustento. La morralla, que diría Carlos Cano, se reconoce en los ojos y en la tierra. Este es un homenaje a las manos de nuestros padres y madres. A las que amasaban pan, a las que se ajaban al sol. La morralla que nunca falla, porque de esa misma morralla, de esa morrallita, soy yo.

1. Introducción
La desfranquización ausente

El Protectosil es un producto químico que sirve para impedir realizar grafitis sobre monumentos o paredes. Un invento que mantiene impoluta la superficie de escribas ajenos y que impide actos de vandalismo. O de reparación. La creadora del Protectosil es una empresa alemana llamada Degussa, que fue también la fabricante del Zyklon B con el nombre de Degesch y que estaba integrada en el emporio IG Farben. En el año 2003 se conoció que el producto químico impregnaría el monumento al Holocausto que se construía en Berlín. Parecía una broma macabra, cubrir el monumento de un producto químico fabricado por los mismos que crearon el veneno que gaseó a los homenajeados. «El incidente Degussa» lo llamaron, una polémica que generó mucho ruido en la que el autor del monumento, el arquitecto Peter Eisenman, defendió que la empresa ya había pagado por sus crímenes y no se la podía culpar en el presente por los actos del pasado: «No podemos dejarnos convertir en rehenes de lo políticamente correcto»[1]. Finalmente venció la eficiencia del producto. El mejor del mercado. Ahora, un guía de Berlín nos explica que el Protectosil impregna los enormes bloques por deseo del autor para poner de manifiesto la implicación de la empresa en los crímenes. La perversión del relato hasta en las visitas guiadas.

En España los derechos del producto químico los tiene la empresa BASF Española S.A., que según la historia oficial de

[1] «Despite Nazi Gas Link Berlin Holocaust Memorial Goes Ahead», *Haaretz,* 13 de noviembre de 2001 [https://www.haaretz.com/1.4760359].

la propia entidad fue creada en el año 1966. Antes no existió en el relato oficial de la corporación. Una buena capa de Protectosil sobre la historia de la filial española de la empresa suministradora del gas que asesinó a millones de personas durante la Segunda Guerra Mundial. Capas de olvido, pátinas de pintura, y litros de Protectosil para impedir escribir sobre la memoria de empresas, cómplices y responsables que han anotado con sangre los balances y las cuentas de resultados.

En España, la represión franquista se tiende a analizar y valorar únicamente desde el punto de vista social y político olvidando, sobre todo en el debate público, la importancia que tuvo la represión económica y la obtención de beneficios empresariales y patrimoniales relacionados con la opresión de libertades. No escatimaron en modos y formas de extraer las rentas y los bienes de los perdedores de la guerra. Algunas de las empresas más cercanas a las elites franquistas usaron mano de obra forzada –rojos, vagos y maleantes– apelando al programa de redención de penas por el trabajo ideado por el jesuita Antonio Pérez del Pulgar. Otras empresas se aprovecharon de la represión de sus competidores por pertenecer al bando fiel a la legalidad republicana y otras, simplemente, se lucraron gracias a la cercanía con el dictador Francisco Franco cuando el régimen efectuó su inmensa labor de obra pública, carreteras, monumentos, reconstrucción de pueblos, ciudades y pantanos. Tráfico de influencias, corrupción, nepotismo y enchufes. Como dios manda. Además, el franquismo propició unas condiciones laborales muy ventajosas para las empresas que se acercaban a las oligarquías del dictador. No existía el sindicalismo ni se podían negociar condiciones salariales y de trabajo dignas. Todo eran ventajas para el libre desarrollo del capitalismo español.

Algunas empresas que cotizan en el IBEX 35, como Naturgy, OHL o Iberdrola, se lucraron con la represión y el modelo autárquico que impuso el dictador y, hoy día, siguen sin reparar a las víctimas. Es una obviedad que muchas de ellas no existían durante el franquismo tal como las conocemos, pero muchas de las que hoy operan en la bolsa española han sido constituidas a base de adquisiciones de otras empresas y absorción de otras muchas que no solo trabajaban durante el franquismo, sino que se lucraron de forma directa gracias a la represión durante la dictadura.

En el archivo del diario *ABC* existe una fotografía realizada durante la construcción de El Valle de los Caídos. En el reverso de la instantánea aparece una anotación manuscrita en la que se advierte de la necesidad de borrar el cartel de la constructora Huarte que aparece en la imagen. La rúbrica es un perfecto ejemplo que sirve para ilustrar cómo las grandes empresas españolas intentan borrar, con la connivencia de los medios de comunicación y los gobiernos de esta democracia, los vestigios de la instrumentalización que hicieron del franquismo para construir su imperio económico. Mantener la apariencia ocultando el modo en el que se hicieron ricos.

La apariencia. El elemento troncal que da esplendor al discreto encanto de la burguesía. El constructo que le permite desarrollar una ficción que deslumbra a las clases bajas para mostrarse bella y apetecible. Un ejemplo a imitar. Un modelo aspiracional que permita domar los más revolucionarios impulsos de quien no tiene nada o de aquellos a los que se lo han arrebatado. Se trata de mostrar lo atractivo, lo dorado, lo brillante. Lo excitante. Pero ocultar en la trastienda aquello que permitió dar lustre a la efigie pública. Guardar en el trastero el cuadro que va deteriorándose y envejeciendo mientras muestra a la opinión pública un cutis impecable. No desdeñar, sin duda, el fruto de aquella explotación de la miseria ajena, pero ocultar el modo en el que se cosechó. Reputación lo llaman en la familia; Responsabilidad Social Corporativa en la empresa; Transición en la política.

En España no ha existido ningún proceso de reparación ni de indemnización por parte de las empresas que participaron de forma activa en la utilización de mano de obra esclava ni del expolio del patrimonio de los represaliados, como sí ocurrió en otros países de nuestro entorno tras el final de la Segunda Guerra Mundial. Precisamente para eso ganaron la guerra, para no tener que hacerlo, ni pedir disculpas, ni perder. Algo. Alguna vez.

En el año 2007 ese proceso de reparación –y decencia– finalizó en Alemania. No fue solo un ejercicio de contrición moral y dignidad, sino algo más crematístico y concreto: indemnizaciones económicas a más de 1,6 millones de víctimas del nazismo[2]. El 11 de junio de ese año se celebró el final del proceso de reparación económica tras el pago de 4.370 millones de euros por parte de importantes empresas como Deutsche Bank, Volkswagen, Daimler Chrysler o Bayer a través de la fundación Memoria, responsabilidad y futuro (EVZ)[3].

La fundación Memoria, responsabilidad y futuro es un proyecto coparticipado del Gobierno Federal y empresas del país creado para indemnizar a las víctimas del nazismo que fueron obligadas a trabajar forzadamente durante su dictadura. Se constituyó en el año 2000 sobre la ley aprobada en agosto de ese mismo año en el Bundestag que establecía el pago individual de indemnizaciones a antiguos esclavos y trabajadores forzados del nacionalsocialismo. Según la memoria de la EVZ, el presidente alemán, Horst Köhler[4], en el prólogo final de la ley estableció que el ejercicio de la fundación «ayudaría a pro-

---

[2] «Alemania.– Finalizan las indemnizaciones económicas a más de 1,6 millones de víctimas del nazismo alemán», *Europa Press,* 11 de junio de 2007 [http://www.europapress.es/internacional/noticia-alemania-finalizan-indemnizaciones-economicas-mas-16-millones-victimas-nazismo-aleman-20070611204709.html].

[3] Orígenes de la Fundación EVZ [http://www.stiftung-evz.de/eng/the-foundation/history.html].

[4] Horst Köhler (n. Skierbieszów, Gobierno General, Polonia; 22 de febrero de 1943) es un economista y político alemán. Fue presidente de la República Federal de Alemania desde 2004 hasta su dimisión en mayo de 2010. Ocupó anteriormente el cargo de director gerente del Fondo Monetario Internacional durante cuatro años, desde 2000. Desde el 16 de agosto de 2017, y hasta mayo de 2019, fue el enviado especial de la ONU para el Sáhara Occidental.

mover el reconocimiento público de que este [trabajo forzado] era un delito y que su responsabilidad debía expresarse en términos tangibles financieros». Vistas las cifras, comparar hoy este proceso de reparación con el que [no] se ha producido en España es un ejercicio de masoquismo democrático. Pero precisamente por eso es preciso realizarlo, para encontrar las hondas vergüenzas de nuestro país y su clase política y empresarial. Aquella que se escondió bajo el manto de la dictadura y utilizó el miedo de los sables para proteger la fortuna y los secretos de cada una de sus pesetas.

Fritz Bauer fue un destacado jurista alemán que llegó a ser fiscal general del Estado federal de Hesse tras el final de la Segunda Guerra Mundial, miembro del SPD (Sozialdemokratische Partei Deutschlands) desde 1920 y activo militante durante el ascenso del nazismo. Un hombre comprometido que fue encarcelado en 1933 por su activa participación en una huelga general que protestaba contra la estrategia nazi de conversión de la República de Weimar en una dictadura, la *Machtergreifung*[5]. Su lucha contra el nazismo la continuó tras su vuelta a Alemania en el año 1949 desde la justicia. Su nombramiento en 1950 como fiscal general del Estado en el tribunal superior provincial de Braunschweig le permitió emprender una serie de procesos enmarcados dentro de la desnazificación del nuevo Estado alemán. Aunque la nueva coyuntura geopolítica con la Guerra Fría presente le dejó claro que ese proceso contaría con muchos obstáculos, tanto dentro del propio país como por parte de EEUU, que era el tutor del nuevo Estado.

---

[5] La *Machtergreifung* o *Machtübernahme* (traducido como «toma del poder», «adquisición de poder» o «transferencia de poder», dependiendo de la ideología de los historiadores) es el término utilizado para denominar la toma del poder gubernamental en Alemania por el partido nazi y sus aliados nacionalistas conservadores, y la posterior conversión de la democracia existente de la República de Weimar a la dictadura nazi o Tercer Reich de Adolf Hitler en 1933.

La lucha contra la desnazificación de Fritz Bauer tuvo su primer combate en el proceso que se sucedió en 1952 contra el general nazi Otto Ernst Remer por difamación y calumnia contra los conspiradores de la Operación Valkiria que intentaron matar a Hitler el 20 de julio de 1944. El general Remer los llamó «traidores a la patria». Tras el final de la Segunda Guerra Mundial el sistema judicial cuestionaba que el Reich nazi no fuera un Estado de derecho *(Rechtsstaat),* aceptaba la legalidad y las consecuencias que derivaba plegarse a dicha estructura jurídica. El alegato de Fritz Bauer en el juicio consistió en desmontar esa premisa para considerar el Estado nazi como *Unrechtsstaat,* un Estado injusto en el que todos sus ciudadanos serían responsables a pesar de seguir las leyes vigentes en aquel momento: «Un Estado de injusticia como el Tercer Reich es en ningún caso susceptible de traición a la patria»[6]. El proceso culminó con la exoneración legal de los integrantes del complot para asesinar a Adolf Hitler, pero sería el primer capítulo de la lucha por la desnazificación por parte de Fritz Bauer.

«No solo no hubo desnazificación, sino que hubo una renazificación, no en el sentido de que los antiguos nazis estuvieran otra vez en su puesto para construir un nuevo Auschwitz, sino en el de que ayudaron a levantar esta Alemania conservadora, democrática y capitalista», contó el profesor Ossip K. Flechtheim a Rafael Poch, periodista de *La Vanguardia*[7]. La batalla de Fritz Bauer por dotar de una memoria democrática decente a su país tuvo su cénit con el proceso contra Robert Karl Ludwig Mulka, adjunto a Rudolf Hoess, comandante del campo de exterminio de Auschwitz, y otros miembros de las SS en los procesos de Auschwitz (1963-1981).

---

[6] Irmtrud Wojak, «Fritz Bauer (1903-1968). Jurista por el sentido de la libertad», *Cuadernos Judaicos* 32 (diciembre 2015).

[7] Rafael Poch, «Fritz Bauer», *La Vanguardia,* 5 de marzo de 2010 [http://blogs.lavanguardia.com/berlin-poch/fritz-bauer].

En 1956, cuando Fritz Bauer fue nombrado fiscal general del Estado federal de Hesse se propuso como prioridad llevar ante la justicia a todos los que participaron en el Holocausto y en los crímenes cometidos durante el nazismo. En la Alemania de los años cincuenta el proceso de desnazificación consistía en un trámite burocrático que permitía borrar el pasado en las SS o en la Gestapo para reincorporarse a la vida pública alemana sin mayor problema. Según el historiador Frank McDonough: «Después de la Guerra, hubo una política de desnazificación; pero para desnazificarse, solo hacía falta rellenar un impreso y tener dos avalistas. La mayoría de los altos cargos de la Gestapo fueron desnazificados y reubicados en la administración pública o en el sistema jurídico. El 60 por 100 de ellos pasaron a ser jueces en Alemania Occidental»[8].

Los procesos de Auschwitz no solo sirvieron para dotar de los cimientos necesarios para construir la cultura de la memoria democrática, si no ejemplar, sí muy avanzada con respecto a la que tenemos en España. El hispanista y profesor de la Universidad de Núremberg Walther Bernecker, en una conferencia durante el Encuentro Internacional de Investigadores del Franquismo que se celebró en Granada en 2016[9], explicó de forma clarificadora la diferencia memorialística entre España y Alemania: «El modo alemán de afrontar el pasado con una profunda investigación histórica desde la política y las instituciones contrasta con otras formas menos concienzudas que relativizan su historia o la abocan al olvido».

Según Bernecker la manera en la que afrontó Alemania la historia del nacionalsocialismo y construyó su cultura demo-

---

[8] «Amigos y enemigos de la Gestapo», *La Vanguardia,* 23 de agosto de 2016 [http://www.lavanguardia.com/cultura/20160823/404136394894/frank-mcdonough-gestapo-colaboracion-multinacionales-regimen-nazi.html].

[9] Walther Bernecker, «Culturas de la memoria en Alemania y España: Una comparación», Youtube, 26 de junio de 2017 [https://www.youtube.com/watch?v=3WTQkVllgO8].

crática es especial por la coyuntura histórica con una serie de características bien definidas: «En primer lugar por la ruptura radical y traumática que el nazismo tuvo en la historia alemana, en segundo lugar por el hecho de que el régimen nazi cometió crímenes especialmente monstruosos en nombre de Alemania y el pueblo alemán. La sombra de Auschwitz y los campos de concentración se extiende sobre toda una parte de la memoria alemana, y la memoria nazi se ha convertido casi exclusivamente en el recuerdo de sus crímenes». Es por esto por lo que el proceso de construcción de la memoria es completamente divergente con el español, y encuentra explicación a sus diferencias en el modo en que se construyó la democracia en ambos países. Tal como cuenta el propio Bernecker citando a Hans Magnus Enzensberger, existen solo dos prototipos de disolución de régimen dictatorial con un traspaso de poderes que incluye a miembros del régimen finiquitado: uno es el presidente polaco Wojciech Jaruzelski, que comandó durante el periodo 1989-1990 la transición en el país; el otro es Adolfo Suárez. Este proceso de democratización es el que marca las diferencias sustanciales en el modo de construir la cultura democrática. Precisamente por ellas es imposible replicar los procesos surgidos en Alemania y alcanzar las cotas de reparación y justicia que se han vivido en el país germánico. Pero es necesario usar el caso alemán de guía cada vez que se intenta construir un Estado que quiera dejar atrás su indignidad y los crímenes de toda dictadura.

En Alemania el proceso de reparación, introspección y memoria tiene incluso un concepto acuñado, la *Vergangenheitsbewältigung*[10], que según Timothy Garton Ash, catedrático de

[10] Es el intento de analizar, asimilar y aprender a vivir con el pasado; en Alemania, en particular, con la época del Holocausto y las atrocidades cometidas durante el Tercer Reich mientras Adolf Hitler estaba en el poder. Refleja la preocupación sobre la colaboración de muchas instituciones culturales, religiosas y políticas alemanas con el nazismo. El término, por lo tanto, trata sobre la responsabilidad concreta del Estado alemán (la República Federal de

Estudios Europeos en la Universidad de Oxford, no tiene que ser replicado como modelo para cualquier proceso de democratización y reparación pero sí dotar de las herramientas necesarias para implementar un modelo propio de éxito.

No es una broma del destino que el general nazi y jefe de seguridad de Adolf Hitler, que marcó el inicio de la lucha del fiscal Fritz Bauer por dotar de una memoria histórica incipiente a la Alemania postnazi, acabara refugiado en España. Es la lógica consecuencia de lo que ocurre cuando un país tiene una calidad democrática sana y otro ha dejado pudrirse la dignidad y hace gala del maltrato sistemático a las víctimas amparándose en el olvido y la impunidad. Otto Ernst Remer creó en los años cincuenta el Partido Socialista del Reich, ilegalizado en 1952 después de haber conseguido 16 representantes en la Baja Sajonia; tras varios años de periplo por diversos países, fue condenado en el año 1992 a 22 meses de prisión por «incitación al odio, la violencia y el racismo» por sus escritos negacionistas del Holocausto en la revista *Remer Depeche.* En el año 1994, en un programa de RTVE llamado *Línea 900,* Remer se reafirmó en las declaraciones negacionistas al sentenciar que las cámaras de gas fueron una invención sionista y que el holocausto de los judíos es un mito.

Tras la emisión del programa, el juez de la Audiencia Nacional Baltasar Garzón decretó una orden de prisión atenuada[11] para el antiguo oficial de las SS, que fue detenido en el aeropuerto de Málaga, donde residía, antes de un viaje a Madrid. Sin embargo, el fiscal de la Audiencia Nacional pidió su puesta en libertad amparándose en que no existía el principio de «doble incriminación» ya que el delito por el que se le condenó en Alemania no existía en España. Aquí la negación

---

Alemania como sucesora del Tercer Reich) y de los alemanes, individual y colectivamente, por todo lo sucedido bajo el régimen de Hitler.

[11] «Garzón ordena "prisión atenuada" en Marbella para el ex jefe de seguridad de Adolf Hitler», *El País,* 2 de junio de 1994 [https://elpais.com/diario/1994/06/02/internacional/770508018_850215.html].

del Holocausto no está tipificada. Finalmente, la Audiencia Nacional denegó la extradición amparándose en dicho precepto de doble incriminación y el criminal de guerra nazi pudo seguir viviendo en Marbella hasta su muerte, en el año 1997, acaecida en su residencia de la urbanización Elviria[12].

[12] «Muere en Marbella a los 84 años Otto Remer, ex jefe de seguridad de Adolf Hitler», *El País,* 6 de octubre de 1997 [https://elpais.com/diario/1997/10/06/internacional/876088810_850215.html].

2. Desnazificación y desfranquización

La mitificación del proceso de desnazificación

El riesgo de mitificar el proceso de desnazificación en Alemania es muy elevado desde España debido a las enormes diferencias en lo que respecta a la reparación de las víctimas o a la asunción de la culpa, por parte del Estado alemán, de los crímenes ocurridos durante el nazismo. Sin embargo, como en todos los procesos complejos de construcción de la memoria democrática, en Alemania también hubo momentos de penumbra y oscuridad.

Después de la Segunda Guerra Mundial los norteamericanos comenzaron el proceso de desnazificación de forma muy agresiva. En el año 1946 las medidas tomadas por EEUU se parecieron más a una imposición destinada a vengarse que a un afán por hacer justicia. Tony Judt expone en su obra *Postguerra. Una historia de Europa desde 1945* los problemas que ocasionaban estas decisiones draconianas impuestas sobre la población alemana:

> A los civiles alemanes se les obligó a visitar los campos de concentración y a ver películas documentales sobre las atrocidades nazis. Los profesores nazis fueron despedidos, las existencias de las librerías se renovaron, la tinta de periódico y el suministro de papel fueron puestos bajo el control directo de los aliados y asignados a nuevos propietarios y editores con auténticas credenciales antinazis. Incluso estas medidas toparon con una oposición considerable. El 5 de mayo de

1946, el futuro canciller alemán, Konrad Adenauer, protestó contra las medidas de desnazificación en un discurso público pronunciado en Wuppertal en el que exigía que dejaran en paz a los «compañeros de viaje» de los nazis.

La adopción de este tipo de medidas provocaba una reacción contraria a la que en un principio se presuponía que debería ocasionar. La desnazificación en los primeros años de la posguerra no tenía como principal meta construir una sociedad digna y democrática que repudiara lo que el régimen nazi llevó a cabo, sino imponerse y vengarse por el sufrimiento que provocó a la población vencedora de la guerra. Esta es una característica importante que nos separa. Aquí, en España, se produjo el mismo proceso vengativo, pero los perdedores en Alemania aquí habían ganado.

Así pues, la población civil alemana comenzó a reaccionar en contra de todas aquellas resoluciones y órdenes destinadas a producir el repudio de los nacionalsocialistas. Los cuestionarios *[Fragebogen]* que se necesitaban para obtener el certificado de desnazificación comenzaron a falsificarse o adulterarse para convertirse en un salvoconducto de los nazis para poder limpiar su hoja de servicios y trabajar en las instituciones alemanas; eran los certificados «persil»[1], llamados así por el detergente, que ya existía en aquella época. El blanqueamiento fascista al que tanto se alude en nuestra política tiene un referente histórico de nombre higiénico.

La Conferencia de Potsdam había incluido en sus conclusiones la necesidad de que los civiles que no intervinieron en los crímenes aceptaran la «culpa y la responsabilidad colectiva» por los actos y las consecuencias del nazismo, así que estas medidas iban dirigidas a provocar esa emoción en un pueblo que, tras la guerra, solo podía centrar sus esfuerzos en la

[1] Tony Judt, *Postguerra. Una historia de Europa desde 1945,* Madrid, Taurus, 2010.

reconstrucción y la supervivencia. Uno de los puntos principales del proceso de desnazificación era dar a conocer e informar a la población civil de los crímenes causados por el nazismo. Los ciudadanos alemanes próximos a los campos de concentración eran obligados a visitarlos y ver y oler los cadáveres que todavía atestaban las morgues y las fosas, e incluso a atender a las víctimas que habían sobrevivido. En las ciudades se obligaba a los pobladores a ir al cine a ver los documentales grabados por las fuerzas aliadas tras la liberación de Dachau, Auschwitz, Buchenwald y el resto de campos que los nazis no lograron destruir por la premura del avance de las tropas soviéticas.

El escritor Stephan Hermlin narraba una de las proyecciones que pudo ver en Fráncfort del Meno a su vuelta del exilio: «En la media luz del proyector vi cómo mucha gente giró la cabeza y apartó la vista a principio de la película y se quedó así hasta el final de la proyección. Hoy pienso que esta mirada apartada fue y sigue siendo la actitud de millones. El pueblo desafortunado al que pertenezco era sentimental y endurecido a la vez. No iba a dejarse sacudir y reconocerse»[2].

Los aliados pronto empezaron a ser conscientes de que sería imposible la reconstrucción de Alemania sin la participación de muchos de los ciudadanos alemanes que habían sido actores secundarios e incluso principales durante la dictadura de Adolf Hitler. La inmensa mayoría del funcionariado de Justicia, Interior y del resto de la administración pública había sido parte importante de la maquinaria nazi, y un expurgo completo y exhaustivo del nazismo de las institucio-

---

[2] Stephan Hermlin, «Rückkehr», en *Bestimmungsorte*, Berlín, Klaus Wagenbach Verlag, 1985 [ed. cast.: «Regreso», en Ibon Zubiaur (ed.), *Al otro lado del muro. la RDA en sus escritores,* Madrid, Errata Naturae, 2014]; Martina Thiele, *Publizistische Kontroversen über den Holocaust im Film,* Gotinga, Dissertation zur Erlangung des Doktorgrades der Mathematisch-Naturwissenschaftlichen Fakultäten der Georg-August-Universität zu Göttingen, 2001.

nes significaría la completa paralización del Estado en un momento en el que era imprescindible para la reconstrucción física del país. Así que los «persiles» comenzaron a ser aceptados por la administración norteamericana como excusa para permitir que los nazis que aún existían en el país formaran parte de la nueva administración de la democracia alemana. Según datos de Tony Judt, «el 94 por 100 de los jueces y fiscales, el 77 por 100 de los empleados del Ministerio de Economía y el 60 por 100 de los funcionarios del Ministerio de Agricultura eran antiguos nazis. Para 1952, uno de cada tres funcionarios del Ministerio de Asuntos Exteriores de Bonn había sido miembro del partido nazi. Del recién constituido Cuerpo Diplomático de Alemania Occidental, el 43 por 100 había pertenecido a las antiguas SS y otro 17 por 100 había servido en la SD o en la Gestapo».

Pero la infestación de nazis no solo alcanzaba las capas funcionariales. Al más alto nivel la administración de Konrad Adenauer[3] estuvo plagada de nazis. El canciller de la Alemania Occidental se rodeó de insignes miembros de la cúpula de Adolf Hitler para comandar la transición de la posguerra. Adenauer nombró como director de la cancillería y asesor de seguridad nacional de la Alemania Occidental a Hans Globke (1898-1973), que fue un eminente jurista partícipe de una de las más ignominiosas leyes del nazismo temprano que permitió revestir al régimen de Adolf Hitler de una apariencia de legalidad. En el año 1935 se promulgaron las Leyes de Núremberg que privaban de la ciudadanía a todos los judíos de Alemania. Hans Globke y Wilhelm Stuckart fueron los dos funcionarios de la oficina del Ministerio del Interior para asuntos judíos que se encargaron de dotar de armazón legal y de perfilar las disposiciones y consecuencias que la Ley de

---

[3] Konrad Hermann Joseph Adenauer (Colonia, 5 de enero de 1876-Rhöndorf, 19 de abril de 1967) fue el primer canciller de la República Federal de Alemania (Alemania Occidental).

Ciudadanía del Reich de 15 septiembre de 1935[4] tendría para la población judía. La ley redactada por Globke y Stuckart fue la precursora del Holocausto, de hecho Wilhelm Stuckart fue uno de los participantes de la Conferencia de Wannsee, celebrada el 20 de enero de 1942, en la que Reinhard Heydrich se encargó de coordinar y plantear los preceptos principales para la total exterminación de los judíos de la Europa ocupada por los nazis. La conocida Solución Final.

La participación de Hans Globke en la legislación nazi no se circunscribió a las Leyes de Núremberg, también fue uno de los partícipes principales de la Ley Habilitante de 1933 que permitió derruir la República de Weimar y convertir a Adolf Hitler en un sátrapa con plenos poderes. Pero, sin duda, una de las colaboraciones más efectivas en la implantación del exterminio efectivo del pueblo judío por parte del que sería mano derecha de Konrad Adenauer fue un pequeño decreto que facilitó la tarea a los genocidas nazis. El 17 de agosto de 1938 se publicó la Orden Ejecutiva sobre la Ley sobre la Alteración de Nombres y Apellidos que se había promulgado en enero de ese mismo año. En la directiva se exige que los judíos cuyos nombres fueran de origen «no judío» adoptaran un «Israel» para los hombres y «Sara» para las mujeres, lo que permitiría su identificación burocrática y que, a la postre, fue una directiva que permitió a las SS y la Gestapo organizar de manera muy eficiente su deportación y exterminio debido a la fácil identificación que la ordenanza de Globke había permitido.

La participación de Hans Globke en la legislación de la dictadura nazi fue posteriormente negada por el colaborador de Adenauer durante los años sesenta, a pesar de la amplia documentación que probaba su implicación directa en las leyes que permitieron realizar de manera ágil el genocidio judío.

---

[4] Ley de Ciudadanía del Reich del 15 de septiembre de 1935, redactada por Wilhelm Stuckart y Hans Globke. Véanse «Anexos», *infra.*

DR. GLOBKE DENIES LINK TO NAZI PROGRAM FOR ANNIHILATION OF JEWS

HAMBURG, April 30, (JTA) -- Dr. Hans Globke, State Secretary and principal aide of Chancellor Konrad Adenauer, denied on a television broadcast here this weekend the renewed charges by a film produced in Communist East Germany, linking him with the Nazi program for the annihilation of the Jews. Dr. Globke asserted in an interview over the West German television network that the film presented "false" and "distorted" material and, in some instances, forged his handwriting.

Dr. Globke was accused in the Communist film of having collaborated in the drafting of the Nuremberg Laws in 1935 which gave "legal" status to the Nazis' program of anti-Semitism. In the interview, Dr. Globke denied he had helped draft those laws, insisting he only participated in applying the laws after they were enacted.

The State Secretary admitted he had implemented a decree ordering all Jews to use the names of "Israel" and "Sara." But he said that order was actually a moderation of the original plan, which would have required German Jews to add the name "Jew" to their family name. He denied he had anything to do with ordering that all passports for Jews be marked with the initial "J." He said also he had nothing whatever to do with implementing the Nuremberg Laws in countries occupied by the Nazi regime.

Teletipo de la Jewish Telegraphic Agency (JTA) de 1961.

En el año 1961 un teletipo de la Jewish Telegraphic Agency (JTA)[5] recogía las declaraciones de Hans Globke en una entrevista en la televisión de la Alemania Occidental negando su participación directa en las Leyes de Núremberg, tal como había denunciado un documental emitido por una cadena de televisión de la República Democrática de Alemania (RDA). En su declaración, si bien reconocía que había sido el creador de la directiva que obligaba a los judíos a incluir el nombre de Israel o Sara en su documentación, aclaraba que era una versión mucho más moderada de la que se pretendía en un principio, que intentó incluir la palabra «judío» en todas las identificaciones.

En el año 1963 un tribunal de la República Democrática de Alemania (RDA) condenó a Hans Globke en ausencia a cadena perpetua por su participación en la preparación del exterminio sistemático de los judíos[6]. La condena fue vista por el Partido Demócrata Cristiano al que pertenecía Hans Globke como un juicio político, a pesar de que su participación estaba plenamente documentada.

---

[5] Jewish Telegraphic Agency, *Daily News Bulletin,* 1 de mayo de 1961 [http://pdfs.jta.org/1961/1961-05-01_083.pdf].

[6] Jewish Telegraphic Agency, *Daily News Bulletin,* 25 de julio de 1963 [http://pdfs.jta.org/1963/1963-07-25_140.pdf].

La presencia de jerarcas nazis como Hans Globke en el gobierno de la Alemania Occidental de Konrad Adenauer no fue una excepción. El canciller alemán situó al frente del Bundesnachrichtendienst (BND)[7], los servicios secretos de Alemania Occidental, a Reinhard Gehlen (1902-1979), un alto cargo de la Wehrmacht en el Frente del Este durante la guerra contra la URSS ascendido al alto mando de la contrainteligencia. Fueron sus conocimientos al respecto los que le valieron un puesto de preeminencia para los EEUU, ya que logró ocultar los archivos de la Fremde Heere Ost (FHO)[8] para ponerlos a disposición de la inteligencia militar y así evitar la cárcel. Tras lograr un acuerdo con los EEUU, Reinhard Gehlen salió de prisión y a través de la «Organización Gehlen» formó un equipo mercenario de inteligencia anticomunista que estuvo dando apoyo a la Bund Deutscher Jugend (BDJ), una estructura paramilitar formada por miembros de la Wehrmacht o las SS construida para luchar contra el comunismo y que contó con elementos del nazismo tan relevantes como Klaus Barbie[9]. Sus actuaciones tras la Segunda Guerra Mundial en contra del comunismo llamaron la atención de Konrad Adenauer, que en 1956 transformó esa red de mercenarios en el Bundesnachrichtendienst, poniendo a Reinhard Gehlen a dirigirlo y conformando así el que es, a día hoy, el Servicio Federal de Inteligencia de Alemania.

---

7 El Servicio Federal de Inteligencia de Alemania, un servicio de inteligencia exterior Alemán dependiente directamente de la Oficina del Canciller [http://www.bnd.bund.de/DE/_Home/home_node.html].

8 Inteligencia militar del Oberkommando des Heeres (OKH), el Alto Mando Supremo del Ejército Alemán durante la Segunda Guerra Mundial, dedicada a investigar a la URSS.

9 Klaus Barbie Altmann (Bad Godesberg, Alemania; 25 de octubre de 1913-Lyon, Francia; 25 de septiembre de 1991). El carnicero de Lyon. Alto oficial de las SS y de la Gestapo durante el régimen nazi, estuvo involucrado en numerosos crímenes de guerra durante la Segunda Guerra Mundial, especialmente en Francia.

La decisión de la administración Adenauer de situar a antiguos nazis al frente de los órganos más relevantes de la inteligencia de la Alemania Occidental tuvo implicaciones directas en el apoyo y la protección dados a la multitud de miembros del nazismo implicados directamente en el Holocausto huidos por todo el mundo. Las investigaciones de Bodo Hechelhammer, historiador alemán al mando del grupo de investigación y trabajo «Historia del BND», dedicado a estudiar los orígenes del servicio alemán de inteligencia, sacaron a la luz cómo el gobierno de Konrad Adenauer tuvo a sueldo a Walter Rauff, inventor de las cámaras de gas. Entre los años 1958 y 1962 cobró más de 70.000 marcos del Estado alemán y dietas por viajes de trabajo al servicio del BND[10].

El historiador Klaus-Dietmar Henke identificó cómo el BND eliminó archivos que mostraban la relación del servicio de inteligencia alemán con al menos 250 miembros del régimen nazi. En el año 2010 el diario *Der Spiegel* afirmó que por lo menos un 10 por 100 de los agentes del BND tenían vínculos con el nazismo. Entre los nombres que aportó destacaban dos, los de Johannes Clemens y Georg Wilimzig[11]. Clemens fue miembro del Sicherheitsdienst des Reichsführers-SS (SD)[12] y uno de los responsables directos de la matanza de las Fosas Ardeatinas, un fusilamiento masivo de 335 civiles en Roma en represalia por una acción partisana contra un batallón nazi. Por su parte, Georg Wilimzig fue miembro de la Gestapo y del Einsatzgruppen IV (escuadrones de la muerte) destinado en Polonia durante su invasión.

---

[10] «La administración Adenauer protegió al inventor de las cámaras de gas», *El Mundo,* 26 de septiembre de 2011 [http://www.elmundo.es/elmundo/2011/09/26/internacional/1317024831.html].

[11] «On the Trail of Holocaust Organizer Adolf Eichmann», *Der Spiegel,* 31 de marzo de 2011 [http://www.spiegel.de/international/germany/a-triumph-of-justice-on-the-trail-of-holocaust-organizer-adolf-eichmann-a-754133.html].

[12] Servicio de inteligencia de las SS dirigido por Reinhard Heydrich.

Todas estas relaciones de miembros del nazismo con las estructuras de la Alemania Occidental, que acabaron conformando las estructuras mismas de la Alemania que hoy conocemos, aconsejan tomar distancia al considerar el caso alemán como un ejemplo a seguir en sus estadios iniciales para establecer una mitificación del proceso de desnazificación. Porque ni fue tal, ni fue ejemplar. La Guerra Fría y la confrontación con el mundo comunista provocaron que se mirara hacia otro lado en cuanto pasaron los primeros años tras la guerra y que se olvidara la política aliada de culpabilización de todo el pueblo alemán por los crímenes nazis. No obstante, se puede establecer como paradigma lo que sucedió en los últimos años, sobre todo a finales de los años noventa, en los que Alemania comenzó un proceso de reparación que sí puede servirnos para establecer unos estándares mínimos de memoria democrática que permitieran que España comenzara a hacer justicia a las víctimas del franquismo y estableciera el marco general para hacer efectivo un proceso institucional de reparación económica y de reestablecimiento del patrimonio expoliado durante la Guerra Civil y la posterior dictadura.

Comprender los procesos de formación de la democracia española es imprescindible para entender la forma en la que se construyó la memoria histórica. La pervivencia de los elementos políticos, económicos y judiciales en la vida pública española es indisoluble de la nula cultura memorialística necesaria para dotar a España de los instrumentos necesarios para proporcionar justicia y reparación a las víctimas del franquismo. La Transición española y sus límites a la hora de construir una democracia que proporcione unos estándares mínimos de cultura de la memoria han sido ampliamente tratados en multitud de obras académicas y libros de divulgación. Así que nos centraremos en la presencia de miembros de la dictadura en los procesos democráticos y los orígenes de muchas de las instituciones que tendrían que dotar de estas herramientas que permitieran a las víctimas ser reparadas, moral, judicial y económicamente, que es en última instancia la verdadera resistencia a la memoria histórica. La posibilidad de iniciar una serie de procesos que indemnizaran económicamente a todos los represaliados durante el régimen franquista supondría un grave quebranto en el patrimonio de muchas empresas y sagas familiares. Ese tiene que ser el objetivo final de un proyecto de reparación ambicioso que no se llevará a cabo de forma sencilla, temprana y sin despertar tensiones con quienes pueden perder una fortuna lograda de forma ilegítima. Solo una cultura de memoria integral construye una democracia digna.

Las instituciones, administraciones, partidos, fundaciones y organizaciones empresariales que surgieron tras la Transición estuvieron infestadas de miembros del franquismo. El proceso democrático en España, por sus características únicas, no fue completo y en la mayoría de las instituciones importantes del país se produjo un trasvase de elementos del franquismo que blanquearon sus posiciones y las hicieron compatibles con la democracia sin que se produjera una limpieza, curación y sepsis de las heridas que esos mismos agentes produjeron durante su participación directa en la dictadura franquista. Es imprescindible plantear cuáles fueron los orígenes de las instituciones democráticas españolas para comprender las razones por las que no hubo un proceso de memoria democrática en nuestro país durante la Transición ni tampoco lo ha habido cuarenta años después de la muerte del dictador. Las elites españolas siguen bebiendo de las mismas fuentes al haber seguido el proceso de «acaparamiento de oportunidades»[13] que describió Max Weber.

---

[13] Circunstancia por la cual si un empleo confiere a sus titulares ingresos elevados y ventajas especiales, es importante que aquellos dispongan de medios para excluir a otra gente del acceso a esos mismos trabajos. Véase al respecto Erik Olin Wright, *Comprender las clases sociales,* Madrid, Akal, 2017.

La relación directa de la Alemania nazi con el régimen franquista hace imprescindible tomar como referencia el proceso de reparación llevado a cabo por Alemania en contraposición con España, porque la relación alcanzó también a la capa empresarial sin que el proceso de reparación llevado a cabo por Berlín se trasladara a Madrid.

Empresas y nazismo en España. La burguesía catalana que se enriqueció con el Holocausto

Cerca de La Boquería, donde ahora se agolpan turistas intentando comer unas almejas con un cava en una copa de plástico o un pincho de frutas con cobertura de chocolate, hace no mucho celebraba sus fiestas la colonia empresarial nazi en España en perfecta armonía con las oligarquías franquistas. El teatro del Liceo rendía homenaje en los años cincuenta al compositor preferido de Adolf Hitler cada vez que podía a través del Patronato de Festivales de Wagner. En su directiva se encontraban multitud de nostálgicos germanófilos españoles y una nutrida presencia de miembros del NSDAP (Nationalsozialistische Deutsche Arbeiterpartei o partido nazi) que aún mantenían su poder empresarial en la Barcelona franquista. Como en la Alemania nazi, no se asistía a los festivales de Bayreuth a disfrutar de Wagner, sino a mirarse y dejarse ver, a lucir sus mejores estolas de visón, o de conejo, y los uniformes de gala con toda la panoplia de medallas logradas en la cruzada. Las noches wagnerianas engalanaban la ciudad condal con un espectáculo de luces por la calle Pelayo y el Paseo de Gracia.

El patronato realizaba multitud de representaciones wagnerianas dirigidas por la familia Wagner, que durante la posguerra en España no tenía necesidad de quitarse el estigma nazi, que les acompañó tras la derrota, por la vinculación del Festival de Bayreuth con el Tercer Reich. En España, los encargados de dirigir las representaciones eran Wieland y Wolfgang Wagner, hijos de Winnifred Wagner, insigne nazi, y que profesaban las mismas filias políticas maternas[14]. Junto a ellos aparecían, en el órgano rector de las jornadas wagnerianas en el Liceo, insignes familias de la burguesía catalana que se codeaban sin prejuicios ni complejos con los jerarcas nazis que el franquismo había protegido y con todos los empresarios que habían conseguido quedarse con los restos de la industria alemana que se había lucrado en Auschwitz con el trabajo esclavo para su fábrica de Buna.

El director del patronato[15] era Antonio Sala Amat, conde de Egara, hijo de Alfonso Sala Argemí, quien fuera uno de los promotores intelectuales del golpe de Estado en Cataluña y ferviente seguidor durante el franquismo del dictador. Como subdirector constaba Jorge Puig Palau, miembro de una familia de industriales textiles. Consta que Puig Palau financió con donaciones de 100.000 pesetas al ejército franquista a nombre de las sederías Puig[16]. Un donativo compartido con Emilio Vidal-Ribas Güell, cuyo hijo fue colocado en los años cuarenta por las autoridades franquistas como presidente del FC Barcelona[17]. Otros miembros del patronato fueron Federico Marimón Grifells, abogado, que curiosamente se especializó en atender a clientes alemanes, algo que el actual bufete lleva a gala en su página web, sin incidir en las peculiaridades de aquellos alemanes con los quc trataba cl socio fundador y sus in-

---

[14] «El bisnieto de Wagner denuncia el pasado nazi de su familia», *El País,* 31 de marzo de 1997 [https://elpais.com/diario/1997/03/31/cultura/859759202_850215.html].

[15] *Festivales Wagner 1955.* Libro y programa oficial, Gran Teatro del Liceo, Barcelona [https://ddd.uab.cat/pub/societatliceu/societatliceupro/1955/42322-004@societatliceu.pdf].

[16] *La Vanguardia Española,* 10 de noviembre de 1939 [http://hemeroteca.lavanguardia.com/preview/1939/11/10/pagina-4/33114162/pdf.html?search=%22jorge%20Puig%20Palau%22].

[17] Josep Vidal-Ribas (1942), web del Fútbol Club Barcelona [https://www.fcbarcelona.es/es/ficha/645373/josep-vidal-ribas-1942].

tereses empresariales con compañías directamente vinculadas al Tercer Reich[18]. Carlos Godó Valls, conde de Godó y dueño de *La Vanguardia,* también formó parte de dicho patronato, además de otros miembros ilustres de la burguesía barcelonesa como el conde de Montseny. La utilización de la gran cultura como método de distinción social y como elemento para configurar los espacios de privilegio llega a nuestros días a través de un nombre: Miguel Mateu Pla. Este formó parte de ese patronato wagneriano que difuminó y unió para siempre los intereses de la oligarquía franquista en Cataluña con la de los empresarios alemanes que intentaban huir de la depuración impuesta por los aliados tras el final de la Segunda Guerra Mundial. Mateu Pla fue un diplomático y empresario muy vinculado a Francisco Franco; de hecho, fue embajador español en París con muy importantes atribuciones para la represión de los republicanos que huían al país vecino. Alcalde de Barcelona tras la entrada en la ciudad de las tropas fascistas hasta el año 1945, fue, además, amigo personal del dictador como prueba que Franco eligiera el Castillo del Industrial en Peralada para pernoctar en el viaje que realizó a Bordighera para reunirse con Benito Mussolini. Fue presidente de La Caixa durante treinta años. Su hija, Carmen Mateu Quintana, era la heredera del industrial hasta su fallecimiento en 2018. La empresaria, como muchos de los descendientes de estas camarillas, se dedicó al mundo de la cultura como método de integración social y para blanquear las actividades pasadas que proporcionaron su posición. Es lo que han aprendido. Carmen Mateu Quintana fue medalla de oro del Círculo del Liceo[19]

---

[18] «German Desk», en la web de Marimón Abogados [https://marimon-abogados.com/areas_de_practica/german-desk/]. Safehaven: Reports And Correspondence (1944-1945), NARA M1922, Records of the External Assets Investigation Section of the Property Division,OMGUS, 1945-1949, 007 (archivo digitalizado).

[19] *Círculo del Liceo* 9 (2018) [https://www.circulodelliceo.es/publicaciones/CL9.pdf].

gracias al festival Castell de Peralada. En la actualidad el propietario del emporio es Artur Suqué Puig, quien fuera íntimo amigo de Jordi Pujol desde que estudiaron juntos en el Colegio Alemán. Como estas familias solo saben de poder y dinero, no tuvieron ningún problema en pasar de dar un apoyo cerrado al franquismo a dárselo a CiU, llegando a estar relacionadas en un caso de corrupción y financiación ilegal de este partido: el caso Casinos[20].

Su hijo, Miguel Suqué Mateu, controla el imperio familiar del juego en Cataluña además de presidir la Asociación Española de Casinos de Juego. También con las apuestas. Pero eso, es otra historia.

Los festivales wagnerianos sirven como elemento concreto para comprender el proceso de acumulación de riqueza de las elites catalanas y cómo se vincularon de manera directa con los industriales nazis, ocultando su procedencia y sus intereses para no hacer ascos a los escombros del imperio del Tercer Reich y las ingentes cantidades de millones de pesetas manchadas con el genocidio de los campos de exterminio. Un emporio que se puede destramar a través de la compañía IG Farben.

La IG Farben en España

Una de las empresas más estrechamente vinculadas al régimen nazi de Adolf Hitler y a su maquinaria política de exterminio fue el emporio químico Interessen-Gemeinschaft Farbenindustrie AG, más comúnmente conocida por su versión corta, IG Farben. La estrecha relación de la empresa con el nazismo comenzó con la construcción de la planta

---

[20] «Los Suqué: juego y financiación ilegal de CiU», *El Mundo,* 15 de julio de 2016 [https://www.elmundo.es/cataluna/2016/07/15/5787f0a0ca4741af718b45a6.html].

química de Buna en el subcampo de Auschwitz denominado Monowitz. Este era uno de los más de cuarenta subcampos que, según el historiador Laurence Rees, existían en Auschwitz, entre los que también se encontraba una planta de cementos en Goleszow y una central eléctrica para la Energie-Versorgung Oberschlesien[21]. En el campo de concentración de Monowitz, creado única y exclusivamente para el desarrollo empresarial de IG Farben, se fabricaba un caucho sintético llamado Buna y se estima que perecieron en él más de 20.000 judíos y presos políticos utilizados como trabajadores esclavos. Durante los años de la guerra se calcula que la empresa química alemana utilizó más de 80.000 trabajadores esclavos para su cometido empresarial, repartidos en otros subcampos como la mina de carbón de Fürstengrube, en la población de Wisola, o las de Janinagrube, en Libiaz, y la de Günthergrube, en Ledziny. El escritor italiano Primo Levi narró en su libro *Si esto es un hombre* su estancia en el *Arbeitslager* de Buna; así describe cómo era el trabajo en Monowitz:

> La Buna es desesperada y esencialmente opaca y gris. Este desmesurado enredo de hierro, de cemento, de barro y de humo es la negación de la belleza. Sus calles y sus edificios se llaman como nosotros, con números o letras, o con nombres inhumanos y siniestros. Dentro de su recinto no crece una brizna de hierba, y la tierra está impregnada por los jugos venenosos del carbón y del petróleo, y nada más que las máquinas y los esclavos están vivos: y más aquellas que estos.
>
> La Buna es grande como una ciudad; allí trabajan, además de los dirigentes y los técnicos alemanes, cuarenta mil extranjeros, y se hablan quince o veinte idiomas. Todos los

[21] Laurence Rees, *Auschwitz, los nazis y la solución final,* Barcelona, Crítica, 2005.

extranjeros viven en distintos *Lagers,* que rodean la Buna como una corona: el *Lager* de los prisioneros de guerra inglesa, el *Lager* de las mujeres ucranianas, el *Lager* de los voluntarios franceses, y otros que no conocemos. Nuestro *Lager (Judenlager, Vernichtunslager, Kazett)* aporta, solo él, diez mil trabajadores, que provienen de todas las naciones de Europa; y nosotros somos los esclavos de los esclavos, a quienes todos pueden mandar, y nuestro nombre es el número que llevamos tatuado en el brazo y cosido en el pecho.

La torre del carburo, que surge en medio de la Buna y cuyo pináculo es raramente visible entre la niebla, la hemos construido nosotros. Sus ladrillos han sido llamados *Ziegel, briques, tegula, cegli, kamenny, bricks, téglak,* y el odio los ha cimentado; el odio y la discordia, como la Torre de Babel y así la llamamos: *Babelturm, Bobelturm;* y odiamos en ella el demente sueño de grandeza de nuestros amos, su desprecio de Dios y de los hombres, de nosotros los hombres.

La participación de IG Farben en la estructura operativa del Holocausto fue imprescindible que para que el nazismo cometiera todos sus crímenes hasta el punto de proporcionarle el arma con el que asesinaron a muchos de los 11 millones de muertos. IG Farben poseía la mayoría de las acciones de Degesch (Deutsche Gesellschaft für Schädlingsbekämpfung), la filial que desarrolló el pesticida Zyklon B, el agente químico utilizado por los nazis para gasear en los campos de exterminio.

La participación de IG Farben en los crímenes nazis fue de tal calado que, tras la Segunda Guerra Mundial, sus líderes fueron juzgados en los procesos de Núremberg. El juicio comenzó el 27 de agosto de 1947 y encausó a 24 de sus directivos y trabajadores. En él trece de ellos fueron condenados a penas que fueron de uno a ocho años y, posteriormente, se reincorporaron a diversas empresas. Algunos de los ejemplos de las condenas y su posterior reincorporación con normalidad a la vida empresarial de la República Federal de Alemania fueron bastante polémicos. Carl Krauch, que era presidente del consejo de administración de IG Farben, fue condenado a seis años por esclavitud, salió en 1955 y comenzó a trabajar en la empresa Hülsta-Werke Hüls GmbH & Co. Heinrich Bütefisch, miembro de la sección de combustible de la IG Farben, también fue condenado a seis años por esclavitud, y a su salida de la cárcel se reincorporó al ámbito empresarial con diversos puestos en corporaciones como la Ruhrchemie. En el año 1964 se le concedió la Gran Cruz del Mérito de la República Federal de Alemania. Pero el caso más sangrante es el de Fritz ter Meer. Miembro de una familia de ilustres químicos alemanes, era uno de los máximos responsables de la IG Farben, además de haber tenido responsabilidades en la política armamentística del Tercer Reich durante la guerra. Fue condenado a siete años de prisión en 1948, pero en 1952 salió en libertad por su buen comportamiento y se reincorporó a multitud de empresas en sus consejos de administración, desde el Commerzbank al Union Bank; también al consejo de administración de Bayer, que tras su muerte en 1967 lo homenajeó creando la «Fritz ter Meer Stiftung», una fundación destinada a dar apoyo a estudiantes y que posteriormente renombraron como Bayer Science & Education Foundation. Pese al cambio de nombre, la compañía sigue honrando la memoria de su directivo: en el año 2006 una serie de inversores denunciaron que la Bayer había pagado una corona de flores el día de todos los santos en la tumba del químico alemán en Krefeld-Uerdingen[22].

En el proceso contra los jerarcas de la empresa química, los aliados consideraron que la empresa debía disolverse en las filiales que originaron la corporación. La mayoría de las

---

[22] Carta de los inversores de Bayer en su reunión de 27 de abril de 2007 difundiendo la denuncia de la Coordination gegen BAYER-Gefahren (coordinadora contra los peligros de Bayer) de la honra floral a Fritz ter Meer por parte de la empresa.

empresas fueron adquiridas por las grandes empresas alemanas del momento, Basf, Bayer, Agfa y Hoechst. Pero esa disolución no fue igual en todos los lugares. En España, la corporación siguió operando con total normalidad enmascarada por la burocracia franquista.

En el año 1946, un periódico español en el exilio llamado *España Popular* publicó un artículo que denunciaba la presencia de empresas y empresarios nazis en la España franquista tras el final de la Segunda Guerra Mundial. La pieza citaba varias informaciones y teletipos de periódicos y agencias internacionales, como *Financial Times* o Associated Press, en los que se denunciaba que el régimen de Franco estaba siendo refugio de criminales de guerra que utilizaban la legislación española para blanquear sus intereses empresariales. Una de esas empresas era la IG Farben, que tras su disolución por parte de los aliados se enmascaró en España con una serie de testaferros españoles, que se quedaron con el 51 por 100 del accionariado, pero manteniendo a los directivos alemanes que habían operado durante la Segunda Guerra Mundial en España.

La presencia de IG Farben en España se remonta a la colaboración con la Fabricación Nacional de Colorantes y Explosivos (FNCE) que, en el año 1926, compartían accionariado en una relación del 50/50. La industria química en España ha sido analizada con detalle por Núria Puig Raposo, profesora de la Universidad Complutense de Madrid, que explica cómo la estrecha colaboración de la empresa alemana con el nacionalsocialismo convirtió la FNCE en un negocio tremendamente fructífero.

La marcada vinculación de la FNCE con el bando sublevado durante la guerra propició unos beneficios enormes a la empresa, así como la consolidación de uno de los máximos directivos de la corporación, el empresario alemán Fernando Birk Crecelius. Los altos directivos de la IG Farben como Fritz ter Meer visitaban Barcelona con asiduidad entre los años 1940-1944 para consolidar las transacciones en España del gigante químico alemán. Al mismo tiempo, establecían prósperos negocios en el País Vasco, del que surgiría también el grupo Lipperheide-Guzmán. Pero Alemania perdió la guerra, y en 1945 comenzó el proceso de blanqueamiento y acaparamiento de los activos nazis por parte de las elites del régimen franquista.

El apoyo de la IG Farben al golpe de Estado fue claro, directo, conciso y concreto. El historiador alemán Janis Schmelzer[23] en su obra *Die Herren Generale*[24] narró de forma pormenorizada hasta qué punto el apoyo de la empresa química alemana fue constante y continuo desde el mismo alzamiento contra la República.

La liquidación de las empresas del Reich. El programa Safehaven en Bretton Woods

En los últimos años de la Segunda Guerra Mundial y tras el final de la contienda, los aliados aplicaron la resolución aprobada el 22 de julio de 1944 en la conferencia de Bretton Woods que consistía en la recomendación a los países aliados y satélites de localizar y confiscar los bienes de Alemania. El fin de la resolución era ahogar las ayudas encubiertas de los países neutrales a los nazis, inmovilizar los recursos y las materias primas y evitar la evasión de bienes de miembros y empresas nazis a países refugio. Uno de los programas específicos era el «Safehaven», que tenía como finalidad la restitución de los de bienes robados y expoliados a particulares y países, además de proporcionar los recursos suficientes para la repa-

---

[23] Coordinadora contra los peligros de Bayer, 10 de enero de 2013 [http://www.cbgnetwork.org/4785.html].

[24] Janis Schmelzer, *Die Herren Generale,* Bitterfeld, Elektrochemisches Kombinat, Kommission Betriebsgeschichte, 1966.

ración de las regiones devastadas. La aplicación del programa no fue fácil después de 1945 por la resistencia de los países neutrales y de aquellos, como España, que habían sido cómplices del Eje sin participar directamente en el conflicto. Las autoridades españolas fueron muy reticentes a la aplicación del programa «Safehaven»[25], pero, tras una comunicación de los gobiernos británico y estadounidense en términos muy agresivos el primero de mayo de 1945, el régimen franquista se vio obligado a dar cumplimiento de las resoluciones publicando el Decreto Ley de 5 de mayo de 1945[26] . Sin embargo, las resistencias del régimen de Francisco Franco para cumplir las exigencias aliadas no terminaron con la publicación del decreto, ya que las negociaciones con el Consejo del Control Aliado para Alemania (CCA), el órgano destinado a gestionar los bienes del país teutón, fueron largas por el interés del franquismo en controlar los bienes públicos alemanes en territorio español además de exigir que las propiedades de los ciudadanos alemanes quedaran fuera de los términos de la negociación. Los aliados finalmente aceptaron que las represalias contra los bienes de los intereses privados de los nazis en España no se llevaran a cabo[27]. La protección que el régimen franquista brindó a los intereses privados comerciales e individuales de los miembros del partido nacionalsocialista en España fue bastante fructífera. La IG Farben y sus direc-

[25] Esperanza Frax Rosales y M.ª Jesús Matilla Quiza, «Los seguros negocios del franquismo, el proceso de bloqueo, expropiación y liquidación de las compañías de seguros con capital alemán», en J. Pons Pons y M. A. Pons Brías (coord.), *Investigaciones históricas sobre el seguro español,* Madrid, Mapfre, 2010, pp. 227-258.

[26] Decreto Ley de 5 de mayo de 1945 sobre solidaridad del Gobierno español a la resolución VI de la Conferencia internacional financiera y monetaria de Bretton Woods, New Hampshire, y subsiguiente bloqueo de bienes de propiedad extranjera [https://www.boe.es/datos/pdfs/BOE//1945/128/A03736-03737.pdf].

[27] Rafael García Pérez, *Franquismo y Tercer Reich,* Madrid, Centro de Estudios Políticos y Constitucionales, 1994.

tivos nazis fueron de los más beneficiados por esa estrecha colaboración con las altas jerarquías franquistas.

El periódico *España Popular* se hizo eco, el 6 de mayo de 1946[28], de un informe oficial del Departamento de Estado de EEUU destinado a controlar los bienes alemanes en el extranjero en el que se advertía de la presencia de elementos nazis de la IG Farben en empresas españolas:

> Las acciones nazis en España, conocidas u ocultas, pueden calcularse entre 100 y 200 millones de dólares. La IG Farben controla la industria química y farmacéutica española directamente a través de Unicolor S.A. La IG Farben posee el 51 por 100 de las acciones de la Sociedad Electroquímica de Flix [...] La IG Farben tiene un capital de 3,6 millones de pesetas. Representa a 16 firmas alemanas y tiene relaciones de dirección con diversas grandes compañías químicas de España. Por medio de paquetes de acciones Unicolor tiene amplios intereses en otras compañías. Otra firma, la Unión Química del Norte de España, con un capital de 70 millones de pesetas, opera con patentes otorgadas por IG Farben. Ningún país depende tanto del personal alemán como España [...] Negocios alemanes fueron convertidos en intereses españoles con directores españoles mientras que cerebros alemanes ocupan posiciones menos importantes en apariencia, pero que en realidad son todopoderosas. El consejo de dirección de la Unicolor, que es la sección española del trust IG Farben, es característico. Unicolor es ahora una firma española que según las leyes de España no puede ser tocada por los aliados. Sin embargo, el consejo incluye a Ernest Asselman, Ernest von Steindorf, Dr. Steinhauser, Erich Ochs, Alfonso María Gallardo, Wal-

[28] *España Popular* VII/292 (10 de mayo de 1946) [http://prensahistorica.mcu.es/es/catalogo_imagenes/grupo.cmd?path=3107476&interno=S&posicion=3&presentacion=pagina].

ter Fischbach, Juan Santiagosa, Ernest Fischer, Erich Fischer, Gustav Zabel, Josef Mayer-Sliess, José María Planella, Salvador Mayoles, Juan Pittier, Félix Kotegan, Tomás Casanovas y Juan Llorena.

En el año 1950 la comisión de bienes extranjeros adjudicó a la FNCE las acciones de la IG Farben por una exigua cantidad de 14 millones de pesetas más 5 millones más para el CSIC, si bien tardó un tiempo más en lograr el paquete accionarial de la empresa alemana en Unicolor S.A. La labor de José Pellicer y Demetrio Carceller fue vital para que no se perdiera el control de la IG Farben tras la disolución impuesta por los aliados. El resultado de las maniobras fue ocultar que los dueños de la IG Farben en España seguían con la propiedad tras el final de la Segunda Guerra Mundial a pesar de las sanciones impuestas, como se puede ver en la composición del consejo de administración, que siguió ocupado por multitud de directivos alemanes que habían colaborado estrechamente con el Tercer Reich.

Los puestos visibles de representación de Unicolor estaban copados por españoles, pero el cerebro era Ferdinand Birk Crecelius, conocido como Fernando tras su blanqueamiento por el régimen franquista. Birk era miembro del NSDAP desde 1940[29]. Nacido en Alemania, pero residente en Barcelona desde 1926 como empleado de la Unión Química y Lluch S.A. (la comercializadora de la IG), Birk pudo esquivar las sanciones aliadas con ayuda del régimen franquista y asumió la presidencia de la Cámara de Comercio Alemana en España en 1944. La española fue la única cámara de comercia alemana operativa en todo el mundo tras la Segunda

[29] Núria Puig Raposo, «La conexión alemana. Redes empresariales hispano-alemanas en la España del siglo XX», ponencia presentada al *VIII Congreso de la Asociación Española de Historia Económica. La formación del tejido empresarial en España (siglos XIX y XX): el papel de los grupos y las redes empresariales,* Galicia, 16-18 de septiembre de 2005 [http://www.usc.es/estaticos/congresos/histec05/b12_puig.pdf].

Guerra Mundial[30], según consta en el libro homenaje a los 100 años de existencia de la cámara[31].

Ferdinand Birk Crecelius pudo hacer carrera en España sin ningún problema gracias a la ayuda del régimen franquista pese a que su nombre estaba marcado en rojo por los aliados. En el año 1947 el Consejo General Aliado envió un listado de 104 miembros del régimen nazi que se encontraban en España después del final de la Segunda Guerra Mundial. La «Lista de repatriación», que así se llamaba el documento, incluía el nombre de empresarios, espías y miembros del NSDAP. Algunos, como Birk Crecelius, se libraron de aparecer gracias a las maniobras de Emilio de Navasqüés y Ruiz de Velasco, que era entonces director general de Política Económica e informaba directamente al ministro de Asuntos Exteriores de Franco, Alberto Martín Artajo. En cualquier caso, ninguno de los nombres exigidos por los aliados fueron entregados por la dictadura y pudieron continuar su vida con total normalidad en el país[32].

La Fábrica de Flix, IG Farben y Ercros S.A.

La IG Farben tenía uno de sus activos principales y de más valor en la fábrica de Flix (Tarragona). Una factoría con más de un siglo que abrió sus puertas en el año 1897, con el nombre de Sociedad Electroquímica de Flix (SEQF), de la

---

[30] Núria Puig Raposo y Adoración Álvaro Moya, «La huella del capital extranjero en España: un análisis comparado», *Revista de Historia Industrial* 58/XXIV (2015), pp. 249-285 [https://www.raco.cat/index.php/HistoriaIndustrial/article/viewFile/297672/386636].

[31] Libro conmemorativo de la Cámara de Comercio de Alemania en España [https://downloads.ahk.es/centenario/libro-100-años/files/assets/common/downloads/libro%20centenario%20calidad%20media.pdf.pdf].

[32] «El cónsul alemán en Málaga fue considerado espía nazi por el Gobierno de Franco», *El País,* 11 de mayo de 1997 [https://elpais.com/diario/1997/05/11/cultura/863301602_850215.html].

mano del grupo industrial alemán Chemiske Fabrik Elektron. En los años veinte pasaría a ser ya propiedad del emporio alemán de la IG Farben y siguió operando hasta que, durante la Guerra Civil, fue destruida parcialmente durante la Batalla del Ebro, aunque no sería el final de la factoría, o de «La Fábrica», como se la llamaba en la región.

La cercanía de la empresa al régimen franquista y su vinculación con el Tercer Reich aparece incluso en el libro conmemorativo de los cien años de la empresa química Sociedad Electro-Química de Flix: «Durante los años 1940 y 1944 fueron múltiples las visitas de los directivos alemanes [de la IG Farben] a Flix, hecho que demuestra el interés en la rápida restauración de la normalidad. Ello quedó en evidencia en el libro de firmas de la empresa, con fecha del 11 de junio de 1943 y firmado por E. Weber-Andreae, G. Von Schnitzler y E. Bürgin: "La voluntad española de volver a construir y el espíritu alemán de revisión ha hecho posible, una vez finalizada la sangrienta Guerra Civil, una nueva empresa"»[33].

Su implicación con los intereses franquistas y nazis fue total, como prueban incluso sus donaciones y aguinaldos a la División 250 de la Wehrmacht nazi, más conocida en España como División Azul[34].

Flix, en Tarragona, fue un punto caliente de los miembros nazis en España. La factoría de la IG Farben atraía a muchos de ellos, que operaban con total normalidad en un momento en el que la germanofilia en la España franquista no se ocultaba y era un punto a favor.

La colonia alemana en Flix consiguió que las autoridades de «La Fábrica» dejasen entrar a cuatro miembros de las SS como torneros y mecánicos especialistas. Georg Mae Klein-

---

[33] Libro de visitas de la fábrica de Flix con la firma de los directivos de IG Farben. Véanse «Anexos», *infra.*

[34] *La Vanguardia,* 23 de noviembre de 1941 [http://hemeroteca.lavanguardia.com/preview/1944/04/27/pagina-1/33107497/pdf.html?search=Flix].

schmidt[35] era el capataz del taller mecánico en Flix y, además, cabo provincial del partido nazi, lo que le granjeó gran popularidad entre las autoridades locales falangistas. El punto culminante del ardor nazi de la colonia alemana en Flix tuvo su apogeo el 14 de agosto de 1942 con motivo de la inauguración del Monumento a los Caídos por Dios y por España, en el que las autoridades locales realizaron un importante homenaje con la presencia del cónsul general de la Alemania nazi, quien fue recibido con honores de jefe de Estado en la población tarraconense.

La fábrica de Flix fue refugio de multitud de huidos nazis, destacando entre ellos la presencia de Otto Wiedemann, el primer investigador del DDT (dicloro-difenil-tricloroetano). Otro de los nombres de refugiados nazis en Tarragona bajo el auspicio de la IG Farben e identificados por la documentación desclasificada de la OSS fue J. Michel, un científico que trabajó junto a Wernher Von Braun en la construcción de las bombas V-2. La comunidad alemana en Flix proveniente del Reich alemán fue muy nutrida; según el censo del año 1950, la población germana en el pueblo era de 39 sobre un total de 545 vecinos[36].

La factoría de Flix acabó en manos de una sociedad española en su totalidad a finales del año 1951, un proceso que se inició en el año 1949. Concluiría así la transición, desde la titularidad nazi a manos patrias, sin tocar la composición administrativa de los jerarcas nazis que habían encontrado refugio bajo el paraguas franquista. La Sociedad Anónima Cros se quedó con la propiedad de la totalidad de la compañía, que incluía la fábrica de Flix en Tarragona. Una de las empresas segregadas de la IG Farben, la alemana Hoechst, aceptó la oferta de la compañía española por sus acciones y acabó por

---

[35] Fotografía de la fiesta de despedida de Georg Mae Kleinschmidt. Véanse «Anexos», *infra*.

[36] Libro conmemorativo de la fábrica de Flix editado por ERCROS.

fin constituida la Electro-Química de Flix, S.A. (EQFSA), según consta en el libro conmemorativo de la empresa. El proceso de absorción empresarial continuó con la integración total de la EQFSA en la S.A. Cros en el año 1974 para, tras la fusión de dicha sociedad con la Unión Explosivos Rio Tinto S.A. (ERT), crear la empresa ERCROS en el año 1989. La empresa actual heredera de los bienes y beneficios de la IG Farben en España[37].

Los herederos en España de los enriquecidos con el Holocausto

La maniobra orquestada por parte de las autoridades franquistas para ocultar los activos del empresariado nazi aprovechando los resquicios del acuerdo Safehaven proporcionó la oportunidad de acrecentar su peculio a numerosas personalidades del momento. Una ocasión de oro que tampoco fue desdeñada por la multitud de familias de la burguesía catalana y española que aprovecharían para apropiarse de muchos de los recursos de unas corporaciones que se habían lucrado con el trabajo de los internados en el campo de concentración de Auschwitz.

El dueño de la S.A. Cros era José Valls Taberner, presidente del Círculo del Liceo y uno de los ilustres miembros de la burguesía catalana que, junto a su sobrino Luis Valls-Taberner, presidente del Banco Popular desde 1972 a 2004, dieron un cerrado apoyo a la dictadura de Francisco Franco. Estaban asimismo emparentados con Félix Millet i Maristany, consejero del Banco Popular y uno de los fundadores de Òmnium Cultural, que volvió de Trieste en plena Guerra Civil para lu-

---

[37] Véase la historia de la compañía ERCROS disponible en su web [http://www.ercros.es/index.php?option=com_content&view=article&id=126&Itemid=765&lang=es].

char con los fascistas frente a la República. Luis Valls-Taberner fraguó su posición en el franquismo por la cercanía y apoyo de Camilo Alonso Vega, director de la Guardia Civil y ministro de la Gobernación, que fue fundamental en la consolidación de su posición en el Popular.

Las empresas que formaban parte de la IG Farben o que fueron subsumidas por otras corporaciones fueron muchas, y labraron la fortuna de sus consejeros. Como ya hemos explicado, una de las empresas que llegó a acuerdos con la química alemana fue la Fabricación Nacional de Conservantes Españoles (FNCE), que a partir de 1926 estuvo asociada con la IG Farben, un vínculo que mantuvo durante la participación activa de la segunda en el Holocausto hasta 1945. Entre los nombres ilustres de la burguesía catalana relacionados con la corporación alemana se encuentran varios de la familia Sagnier: Antonio Sagnier, Leopoldo Sagnier Villavecchia y, sobre todo, por la época en la que mantuvo su unión, el empresario Pablo Sagnier Costa, que tomó el relevo de su padre, Leopoldo, tras su muerte en el año 1941.

Al mismo tiempo que la Interessen-Gemeinschaft Farbenindustrie AG (IG Farben) estaba constituyendo la factoría de Buna de Monowitz, en Auschwitz, estaba firmando un contrato de fusión accionarial con varios miembros de la FNCE. El contrato[38], al que tenemos acceso por la investigación de la OSS y que fue desclasificado por la orden ejecutiva 12958 de 17 de abril de 1995 del presidente de EEUU[39], indica minuciosamente quiénes eran los miembros de la burguesía, lo mismo daba catalana que española, vinculados con la empresa nazi, así como el montante total de la composición accionarial. Los poseedores de las acciones consigna-

---

[38] Firmas del contrato de la IG Farben con los empresarios españoles. Véanse «Anexos», *infra.*

[39] Orden ejecutiva 12958, 17 de abril de 1995 (EEUU) [https://fas.org/sgp/clinton/eo12958.html].

dos en la firma del contrato con la IG Farben sirven para conocer los orígenes del capital del poder económico en Cataluña todavía en la actualidad, y cuál es el proceder siniestro y manchado de sangre de muchos de los recursos que, a día de hoy, mantienen en su poder.

En el punto II del contrato entre la FNCE y la IG Farben se detallan los nombres y las acciones que a cada uno corresponden. La familia Sagnier, una de las más poderosas de la historia de la Cataluña del siglo XX, aparece con muchos de sus representantes: Leopoldo Sagnier Villavecchia, Nuria Sagnier de Arena, Mercedes Sagnier de Cavestany, Montserrat Sagnier de Milá, Clementina Sagnier Costa y Pablo Sagnier Costa.

De hecho, los Sagnier tienen vínculos con la aristocracia política del país catalán. Laura Vilà Sagnier, hija de Ramón Vilà y Fefa Sagnier, está casada con Josep Pujol Ferrusola, el tercer hijo del matrimonio de la pareja (casi monárquica) en Cataluña durante tantos años[40]. Las relaciones económicas y políticas que tejen la red de intereses cruzados tienen como elemento principal a los Sagnier. Son el pegamento transversal del catalanismo. No solo están emparentados con los Pujol Ferrusola, sino también con la familia de Pasqual Maragall a través de una relación un poco más indirecta. Jordi Vidal i Maragall, primo segundo del expresident, está casado con Clementina Arana Puig, nieta de José de Arana Sagnier, otro de los ilustres miembros de esta aristocrática familia catalana.

Uno de los miembros más destacados de la familia es José Luis Milá Sagnier, abogado y piloto de guerra que luchó en la Guerra Civil junto a los fascistas en el Tercio de Montserrat y participó en la Batalla del Ebro. En la actualidad algunos de

---

[40] «Josep, el pijo de los Pujol, un empresario de oscuro pasado», *El Mundo,* 11 de marzo de 2015 [http://www.elmundo.es/loc/2015/03/11/54ff26f722601ddf648b4583.html].

los herederos y descendientes más conocidos son los periodistas Mercedes y Lorenzo Milá. Francisco y Cristino Belil Torres eran también beneficiarios accionariales cuando se conformó el contrato entre FNCE e IG Farben. El heredero actual, Francisco Belil Creixell, es en la actualidad consejero delegado de Siemens para España y Suroeste de Europa después de haber ocupado diversos puestos en Bayer desde 1972, además de ser patrono de la Fundación Princesa de Girona. Artur y Luis Sedó Guixart, junto a María Sedó Torres, eran los miembros de otra de las familias ilustres de la industria catalana con acciones en la transacción entre la industria alemana y la empresa española. Uno de los hijos de Artur, Juan Sedó Peris-Mencheta, fue miembro de la diputación de Barcelona durante el franquismo[41] y se dedicó al coleccionismo cervantino y caballeresco; su biblioteca de más de 2.000 volúmenes en los años cincuenta llegó a ser la más importante del mundo en su género. La burguesía siempre cultiva estos *hobbies* exquisitos. José Pellicer Llimona también formó parte de la compañía, siendo además consejero del Bancotrans (Banco Central Transatlántico), la filial del Deutsche Bank que se creó en España para manejar los intereses del banco alemán después de que los aliados congelaran sus activos. En el mismo consejo del Bancotrans aparece el nombre de José Euwens Dolleman[42], que también era miembro del patronato wagneriano; en realidad se llamaba Josef Euwens, pero los miembros del NSDAP en España se castellanizaron los nombres para intentar pasar inadvertidos. Fue uno de los nombres incluidos en la lista de nazis que los aliados facilitaron a las autoridades franquistas para su entrega, sin ningún éxito. Su hija, Cristina Euwens Hansen, se dedicó a la cría de caballos

---

[41] *ABC,* 3 de marzo de 1968 [http://hemeroteca.abc.es/nav/Navigate.exe/hemeroteca/madrid/abc/1968/03/03/073.html].

[42] *ABC,* 22 de febrero de 1966 [http://hemeroteca.sevilla.abc.es/nav/Navigate.exe/hemeroteca/sevilla/abc.sevilla/1966/02/22/056.html].

purasangre, viviendo en España con total normalidad. Sus herederos ahora poseen un hotel en Sitges, el Hotel Calipolis. El último de los accionistas de la compañía con intereses compartidos con la IG Farben fue Ignacio Coll Portabella, considerado uno de los cien empresarios más importantes del siglo XX por el Círculo de Empresarios.

No existe constancia de que ninguno de los herederos actuales haya expresado su voluntad para operar de la misma manera que las empresas alemanas tras el final de la Segunda Guerra Mundial y haya indemnizado o devuelto parte del patrimonio heredado de los intereses de la IG Farben en España.

No fueron los únicos empresarios españoles que lograron enriquecerse con la disolución imaginaria de la criminal empresa alemana. Los hermanos Gallego sacaron también un sustancioso rédito. Dos de las filiales de la empresa pasaron a manos de José Luis Gallego, un antiguo empleado de la IG Farben en España durante los años treinta. Además su hermano, Antonio Gallego, un ilustre médico que había aprovechado la guerra para crear el Instituto Farmacológico Español, consiguió financiación de Bayer para la provisión de medicamentos en el frente en Galicia. La empresa continúa operando hoy en día en Teo (A Coruña)[43].

---

[43] Núria Puig Raposo, «La conexión alemana. Redes empresariales hispano-alemanas en la España del siglo XX», cit.

3. Festín de buitres

Atrás quedaron los escombros:
humeantes pedazos de tu casa,
veranos incendiados, sangre seca
sobre la que se ceba –último buitre–
el viento.

Ángel González, «El derrotado».

«Nuestra Cruzada es la única lucha en que los ricos que fueron a la guerra salieron más ricos. Y es así, porque aquellos bienes y aquellas riquezas que estaban desvalorizadas y en trance de perderse cuando enarbolamos nuestra bandera; cuando los bienes materiales los daban por cualquier cosa con tal de conservar la vida, al terminar la guerra han sido sobrevalorizados»[1]. Este extracto pertenece a un discurso de Francisco Franco pronunciado en Lugo el 20 de agosto de 1942. En él, el Generalísimo deja claro que la Guerra Civil tenía como uno de sus motivos fundamentales preservar el patrimonio de las clases altas y asegurar un ecosistema propicio para que las riquezas estuvieran a salvo y poder engordarlas. Pero no todas las riquezas, sino las de aquellos que ayudaron a financiar el alzamiento, las de los afines al régimen y las de los que se comprometían políticamente con los preceptos del Movimiento y de la dictadura, y también las de los amigos de Francisco Franco y otros dirigen-

[1] *ABC,* 22 de agosto de 1942, edición de Madrid [http://hemeroteca.abc.es/nav/Navigate.exe/hemeroteca/madrid/abc/1942/08/22/006.html].

tes propensos a la corrupción. «El cambio de guardia empresarial»; así titula un apartado en un artículo académico el profesor Albert Carreras i Odriozola, de la Universitat Pompeu Fabra, en el que explica de manera detallada la revolución empresarial que se produjo en el capitalismo español tras la llegada de la dictadura de Franco. Este afirma: «El primer franquismo constituyó un episodio fundamental en la historia de la gran empresa española. Creó algunas de las mayores empresas españolas que han existido en la historia de la gran empresa española; cercenó la actividad de otras, bien sea por nacionalización o por presión sostenida, y repartió juego a algunas grandes empresas de propiedad privada española. Pocos momentos ha habido de recambio empresarial más intenso en la historia del capitalismo español».

El final de la Guerra Civil y la llegada del franquismo propiciaron que las compañías ferroviarias, mineras y energéticas que ejercían en los años treinta perdieran su preeminencia en favor de las que habían apoyado el levantamiento. Muchas de las empresas punteras de los años previos a la crisis eran de capital extranjero y fueron integradas en grandes empresas nacionalizadas, como es el caso de la Compañía de los ferrocarriles de Madrid a Zaragoza y Alicante (MZA), que era propiedad de los Rothschild y terminó en Renfe, al igual que la Compañía de los Caminos de Hierro del Norte de España (Norte) o la Compañía de los Ferrocarriles Andaluces (Andaluces).

La integración de las grandes empresas ferroviarias comenzó a conformar una nueva realidad empresarial en solo veinte años con el liderazgo de corporaciones públicas como Renfe o Telefónica, pero donde ya empezaban a asomar compañías de afines al régimen, como es el caso de Iberduero e Hidrola.

Mayores empresas españolas en 1930
(activos netos, en millones de euros)

1. MZA: 2.353	11. Andaluces: 547
2. Norte: 2.346	12. Naval: 529
3. Chade: 1.219	13. Catalana de Gas: 431
4. Barcelona Tr.: 1.129	14. Riotinto: 383
5. Banco España: 1.041	15. Cat: 373
6. Riegos: 1.025	16. Trasatlántica: 339
7. Asturienne: 955	17. Campsa: 325
8. Peñarroya: 859	18. Oeste: 313
9. Telefónica: 786	19. Azucarera: 285
10. Tánger a Fez: 719	20. Banco de Bilbao: 259

Fuente: Albert Carreras y Xavier Tafunel, «La gran empresa en España (1917-1974). Una primera aproximación», *Revista de Historia Industrial* 3 (1993), pp. 127-175, cuadro en las pp. 153-157.

Mayores empresas españolas en 1948
(activos netos, en millones de euros)

1. Renfe: 21.000	11. Banco Vizcaya: 841
2. Telefónica: 2.467	12. Unión Eléctrica: 755
3. Chade: 2.352	13. Sevillana: 755
4. Riegos: 1.299	14. Banco España: 695
5. Iberduero: 1.268	15. AHV: 682
6. Campsa: 1.222	16. EN Bazán: 655
7. BHA: 1.047	17. UEE: 641
8. Naval: 964	18. Encaso: 598
9. Banesto: 943	19. Tabacalera: 583
10. Banco Bilbao: 934	20. Hidrola: 580

Fuente: A. Carreras y X. Tafunel, «La gran empresa en España (1917-1974). Una primera aproximación», cit., cuadro en las pp. 158-162.

Mayores empresas españolas en 1960
(activos netos, en millones de euros)

1. Renfe: 61.040	11. Sevillana: 5.721
2. Ensidesa: 22.204	12. Enher: 5.469
3. Telefónica: 15.806	13. Cepsa: 5.441
4. Encaso: 15.408	14. Fecsa: 5.404
5. Hidrola: 11.468	15. Fenosa: 5.309
6. Iberduero: 9.842	16. Saltos del Sil: 4.988
7. Campsa: 8.391	17. Banesto: 4.416
8. EN Bazán: 8.363	18. Unión Eléctrica: 4.332
9. AHV: 7.362	19. UEE: 4.076
10. Endesa: 6.133	20. Naval: 3.853

Fuente: A. Carreras y X. Tafunel, «La gran empresa en España (1917-1974). Una primera aproximación», cit., cuadro en las pp. 162-166.

En los años sesenta el cambio de guardia empresarial ya se confirmaba, y las empresas de los Oriol con Hidrola, March con Fecsa, Careaga con Iberduero o Barrié de la Maza con Fenosa se consolidaban entre las más importantes del capitalismo español. Este enriquecimiento, en ocasiones, se produjo con participación directa en la represión que llevó a cabo el régimen franquista, con el uso de trabajadores republicanos esclavos, con tráfico de influencias y corrupción, o con la participación directa en la elaboración de leyes, ordenamiento jurídico y un ejercicio de *lobby* activo entre los dirigentes del Movimiento para que sus intereses se vieran favorecidos.

Todas esas corporaciones y empresas que consiguieron su posición de liderazgo por la participación en un régimen genocida siguieron operando con normalidad en democracia sin haber afrontado un proceso de reparación moral y económica. A continuación trazaremos la genealogía de alguna de las corporaciones que hoy cotizan en el IBEX y que tienen una posición lograda gracias a su cercanía con la dictadura.

Manuel Vázquez Montalbán logró explicarlo de forma clara poniéndolo, de manera ficcionada, en boca de Francisco Franco en su obra *Autobiografía del general Franco:*

> Durante la cruzada yo había advertido que no tenía nada ni contra ricos ni contra pobres, siempre y cuando fueran españoles, buenos españoles. La identidad nacional está por encima de las cuentas corrientes o los niveles de vida y por lo tanto, lejos de la demagogia: por eso el nuevo régimen devolvió a los empresarios y propietarios expoliados por los rojos todo cuanto les pertenecía. Pero yo era consciente de que un nuevo régimen, nuevo de planta como el nuestro, presentado como un régimen milenario por mis propagandistas, necesita un sector del capital nuevo e incondicional, precisamente ligado el que sea nuevo con que sea incondicional. Por una parte así se premia a colaboradores y por otra se les liga a la suerte de la nueva situación política actuando como grupo de presión dentro de las clases adineradas. Y así han concertado a las mil maravillas los ricos laboriosos y útiles de toda la vida como los Ybarra, los Aledo, Garnica, Felgueroso, March, Ampuero, Churruca, Villalonga con los que consiguieron serlo desde su condición de cruzados y hábiles hacedores de riqueza en una España en la que con tesón e imaginación era fácil y alegre hacerse rico. Ahí están las fortunas de los Coca, los Arburúa, los Banús, Fierro, Blasco, Argillo (mi consuegro), Bordegaray, tantos más que marcan con su nueva riqueza la nueva riqueza de España fruto de la audacia de jóvenes empresarios. No es que no me fiara de los grandes propietarios, pero muchos de ellos eran latifundistas monárquicos que me habían necesitado para recuperar las tierras pero luego a rey muerto rey puesto. Tampoco tenía nada que oponer al poder financiero y de hecho los grandes capitanes de la banca, tan longevos como yo, me han acompañado a lo largo de estos casi cuarenta años de mando, adaptándose perfectamente a las fluc-

tuaciones racionales de nuestra política económica. Pero mis criterios sobre el nacionalismo económico necesitaban ejecutores, intermediarios, beneficiarios que compusieran una malla en torno a la estrategia económica del régimen.

La cruzada, como gustó llamar a los afectos y promotores del golpe, tenía como objetivo fundamental no una motivación política, cultural o religiosa, sino puramente económica. «La guerra de España –la nuestra– fue una guerra de clases, quien no lo vea así no puede comprenderla; guerra del pueblo contra las oligarquías», decía Max Aub en su obra *Hablo como hombre,* una apreciación que desde el otro bando el escritor Agustín de Foxá reconocía de forma involuntaria: «En mis años mozos yo me adherí a la trilogía falangista que hablaba de patria, pan y justicia. Ahora, instalado en mi madurez, proclamo otra: café, copa y puro». Mucha clase. Una guerra con mucha clase.

Establecer una calificación de las diferentes responsabilidades de los empresarios y sagas familiares en el genocidio cultural, económico y de vidas que se llevó a cabo durante la dictadura franquista es difícilmente estratificable. En los siguientes capítulos aparecerán nombres e historias que de manera subjetiva podremos ubicar como directamente responsables, solo indirectamente responsables o unos aprovechados sin escrúpulos en los crímenes del franquismo y en los frutos que proporcionaba encontrarse cerca del poder. En la zona alemana ocupada por los aliados tras la Segunda Guerra Mundial se estableció una jerarquía de las responsabilidades fijada por la directiva número 38 de control del Consejo y fechada el 12 de octubre de 1946[2], que pretendía clasificar el grado de implicación de ciertos ciudadanos alemanes en los crímenes nazis. La clasificación constaba de cuatro responsa-

---

[2] Control Council Directive N.º 38 (October 12, 1946) [http://ghdi.ghi-dc.org/sub_document.cfm?document_id=2307].

bilidades: *Hauptschuldige* o incriminados mayores, *Belastete* o incriminados, *Minderbelastete* o incriminados menores, y los *Mitläufer,* que se refería a los que habían tenido el carné del NSDAP y habían participado de sus actos. Para los aliados solo las tres primeras categorías tendrían repercusión penal. En el caso español, huelga decir que la categorización que podamos hacer de la responsabilidad de muchos de estos empresarios en las prácticas criminales del franquismo es tan solo moral, ya que en España ni ha habido ni se espera en un futuro próximo que nada semejante vaya a ocurrir. Pero en estos capítulos veremos a muchos incriminados, mayores o menores, y muchos *Mitläufer* que solo pudieron hacer carrera por tener su carné, en este caso de Falange.

La persecución penal y moral de estos empresarios con diversas capas de responsabilidad no terminó con la salida de los aliados de Alemania. Los propios germanos, con las dificultades ya expresadas en el anterior capítulo, actuaban cuando a uno de estos empresarios colaboracionistas se le encontraba el vínculo con el nazismo.

Una de estas historias es la de Günther Quandt, un empresario que se unió al partido nazi en 1937 y que llegó a estar casado con Magda Ritschel, la Magda que acabaría siendo la esposa de Joseph Goebbels tras divorciarse del industrial y que serviría de excusa a Quandt para, acabada la guerra, hablar de la enemistad personal que ambos se profesaban. La actual familia Quandt es dueña de la todopoderosa BMW y durante muchos años consiguió ocultar la forma en la que el jerarca de la familia realizó su fortuna, consciente de lo que ocurriría en Alemania si salía a la luz. Un documental llamado *El silencio de los Quandt* mostró lo que la familia no quería que se supiera. Günther Quandt y su hijo Herbert fueron dos de los industriales más importantes en el suministro del esfuerzo bélico de Hitler utilizando trabajadores esclavos en la fábrica de AFA en Hannover y siendo partícipes del expolio judío hasta el final de la guerra, sobre todo con la apropiación de la fábrica de Henry Pels, en 1937, gracias a las leyes de arianización; los legítimos herederos perecieron, años después, en el campo de exterminio de Kulmhof. La publicación del documental puso en la poderosísima familia una mácula que se habían empeñado en ocultar, y tuvieron que salir a los medios a hacer declaraciones y mostrar lo avergonzados que se sentían de las actitudes de sus familiares más queridos. No hay sanción penal, pero la moral es una pequeña victoria que en España no podemos ni permitirnos. Algunos casos que se expresan en este libro se encuentran al mismo nivel que el de los Quandt. Sin embargo, nadie les obligará a salir a declarar su oprobio, nadie les pedirá una entrevista para que declaren lo que piensan sobre el modo en el que se gestó su fortuna. Ese es el objetivo. Que den explicaciones. Que se les vea la inmoralidad.

Nadie hereda los pecados de los padres. Los pecados, no. Pero el fruto de esos pecados no lo escupen. No reniegan de él ni de la forma en la que lo han conseguido. Es difícil encontrar una gran empresa que no se haya conformado con favores o malas artes durante el franquismo, en el más benévolo de los casos, y que ahora no aluda a la cultura del esfuerzo como un mantra sobre el que vehicular su imagen corporativa. La Fundación Trinidad Alfonso es una organización sin ánimo de lucro, presidida por Juan Roig (Mercadona), que nace en 2012 con el objetivo de implantar la cultura del esfuerzo en la sociedad valenciana. El método de Roig siempre ha quedado claro: «Los españoles deberían cambiar su cultura del esfuerzo y trabajar como los chinos para aumentar la productividad».

Francisco Roig Ballester (1912-2003) amasó ya en 1979 una fortuna de 2.400 millones de pesetas. El nombre nos sonará porque es el padre de Juan Roig, dueño de Mercadona y heredero del imperio que le legó su padre. La empresa se fundó en 1977, pero las grandes relaciones con altos jerarcas del régimen, que muy probablemente ayudaron a consolidar su posición, vienen de lejos. Como ejemplo de esta buena relación sirva la boda de Francisco Roig Alfonso, hermano mayor de Juan, que invitó a su boda en 1962 a Bernardo de Lassala, gobernador civil y presidente de la diputación de Valencia, a Adolfo Rincón de Arellano, alcalde de Valencia, y a Joaquín Hernández, delegado provincial de los sindicatos verticales de Valencia. La cercanía de la familia Roig con las altas esferas continuó en la Transición; en el año 1979 la Coordinadora de Organizaciones de Agricultores y Ganaderos (COAG) denunciaba que el Ministerio de Agricultura, entonces dirigido por Fernando Abril Martorell, beneficiaba a Cárnicas Roig en detrimento de otras empresas al no abrir las exportaciones de carne a otros beneficiarios, ya que la empresa de los Roig se quedaba con el 80 por 100 de la exportación mediante un sistema de favores.

Tampoco le hicieron ascos a la dictadura de Teodoro Obiang. Cuando la empresa familiar en España empezó a hacer aguas en 1980, buscaron acomodo en otro contexto igual de propicio que el de Franco. Los Roig fueron una de las familias implicadas en el desfalco al Guinextebanc, un banco guineano que fue expoliado concediendo créditos a empresas inexistentes o con una labor prácticamente testimonial en el país africano. Sirva como ejemplo el préstamo regalo a Constanza Manque, esposa de Obiang, para importar maquinaria por valor de veinte millones de francos para un salón de belleza. Francisco Roig participó de esta trama a través de su empresa Suguisa, que acaparaba el 21 por 100 de la cartera de riesgo del banco guineano con 696 millones de pesetas en préstamos para un supermercado en Malabo y otro en Bata sin apenas movimientos ni clientes[3].

Siempre existe un hilo negro que une los comportamientos culturales y políticos adquiridos durante el franquismo y que se vinculan directamente con el proceder empresarial

---

[3] *Interviú,* 11 de noviembre de 1987.

de estos hombres y empresarios tan insignes. Existe ese vínculo de endogamia indescifrable, de redes crípticas de intereses, de apellidos mezclados, matrimonios de conveniencia y comportamientos fácilmente reconocibles que se articulan a través del poder y el dinero amasado durante el franquismo. Un hilo negro que definen bien como lucha de clases. Y que llevan ejerciendo con mano de hierro desde tiempos inmemoriales pero que, en 1939, aplicaron con certeza de cirujano. Un bisturí que extirpó cualquier elemento de disensión para poder llevar a cabo su plan burgués de mantenimiento de sus privilegios. Comencemos con unos breves ejemplos tejidos con ese hilo negro.

En la economía española es muy difícil encontrar emprendedores o *self made men/women* que no tuvieran sus inicios o consolidación empresarial durante el franquismo. Haberlos, haylos. Mirlos blancos. Esos ejemplos que los liberales quieren enseñar a los obreros para que se maten a trabajar por nada, con la aspiración de imitarles. Por eso siempre recurren a Amancio Ortega como excepción que dé sentido a la mentira de la cultura del esfuerzo y la meritocracia.

No es de extrañar que muchos de esos adalides de la virtud, como único elemento que prueba el éxito social, acaben en posiciones conservadoras o en partidos que propugnan ese elemento como pivote central de su ideología, para ocultar el verdadero origen de esos privilegios.

Pilar Muro es una empresaria con muchos ceros en su cuenta que presidió el emporio de hospitales privados Grupo Quirón. La esposa del empresario Publio Cordón, secuestrado y asesinado por los GRAPO, cerró la lista de Ciudadanos para el Ayuntamiento de Zaragoza en las elecciones municipales de mayo de 2019. Pero, además de ser una empresaria de éxito, fue la heredera de un patrimonio fraguado durante la represión franquista. El Grupo Quirón fue creado por su esposo durante el franquismo, apoyado por las relaciones con el régimen de su familia y la estirpe de su esposa. A la boda de

Pilar Muro y Publio Cordón[4] acudieron las fuerzas vivas del franquismo, incluidos los líderes falangistas Raimundo Fernández Cuesta, Tomás Romojaro o Santiago Pardo Canalís.

Pero fue el padre de Pilar Muro, uno de los falangistas con más poder en Aragón, el verdadero arquitecto de las relaciones privilegiadas de los Muro. Jesús Muro Sevilla fue un ferviente admirador de José Antonio Primo de Rivera, miembro de la Unión Patriótica y jefe de Somatén de la organización[5]. Fue el promotor fundamental de los grupos fundacionales de Falange Española en Zaragoza, y uno de los participantes en el congreso fundacional de la organización en el Teatro de la Comedia de Madrid. Miembro del Consejo Nacional del Movimiento de Falange, y jefe territorial y provincial de Falange Española. Jesús Muro fue el fundador de Radio Zaragoza[6] en abril de 1938, una empresa posteriormente ligada durante décadas al Grupo Prisa como parte de la Cadena Ser y dirigida por su hijo, Julián Muro Navarro. Pero es que, además, Jesús Muro tuvo el cargo de jefe nacional de Sanidad de Falange, una casualidad que nada tiene que ver con que la familia política hiciera fortuna en la sanidad privada. Como se puede ver, siempre es una cuestión de mérito.

---

[4] *Nueva España* (Huesca), 30 de junio de 1963 [http://store.diariodelaltoaragon.es/cgi-bin/Pandora?xslt=ejemplar;filename=NE19650630;place=none;publication=Nueva%20Espa%C3%B1a;day=30;month=06;year=1965;page=0003;id=0000403457;collection=prensa;url_high=http://store.diariodelaltoaragon.es/prensa/Nueva%20Espa%C3%B1a/1965/196506/19650630/NE19650630-0003.pdf;lang=es;archivo=;encoding=utf-8].

[5] *Nueva España* (Huesca), 18 de julio de 1937 [http://store.diariodelaltoaragon.es/cgi-bin/Pandora?xslt=ejemplar;filename=NE19370718;place=none;publication=Nueva%20Espa%C3%B1a;day=18;month=07;year=1937;page=0008;id=0000366310;collection=prensa;url_high=http://store.diariodelaltoaragon.es/prensa/Nueva%20Espa%C3%B1a/1937/193707/19370718/NE19370718-0008.pdf;lang=es;archivo=;encoding=utf-8].

[6] *ABC,* 22 de abril de 1938 [http://hemeroteca.abc.es/nav/Navigate.exe/hemeroteca/sevilla/abc.sevilla/1938/04/22/008.html].

Pilar Muro reaccionó con el manual habitual de los herederos de las oligarquías cuando en Zaragoza se sustituyó la calle de su padre por la de la científica Marie Curie en cumplimiento de la Ley de Memoria Histórica: «Personalmente tampoco me dan un disgusto porque mi padre es quien es y en la historia estará siempre. Y aunque haya quien no le guste la historia, hay que respetarla... Sobre Marie Curie... No cabe duda de que es una señora a la que todo el mundo respeta pero, al fin y al cabo, era francesa»[7]. Francesa y polaca, señora Muro, ¿y qué?

Su hija mayor, Carmen Cordón Muro, cumple a la perfección el papel de heredera que cree que lo que tiene lo ha logrado por su propio esfuerzo y considera los impuestos una rémora y, a los de izquierdas, unos subvencionados. Muy próxima, por cierto, a la extrema derecha de VOX[8], como no podía ser de otra manera con sus antecedentes familiares. Es propietaria del Gran Hotel Inglés, el más antiguo de Madrid, adquirido por la sociedad hotelera de la hija de Pilar Muro en 2017. Carmen Cordón es además articulista en *El Mundo* y expresó de manera involuntaria el espíritu que late en cada letra de este texto, la lucha descarnada de las burguesías desde tiempos inmemoriales para preservar el *statu quo* y el patrimonio heredado de generación en generación. En un artículo llamado «Hoplitas y podemitas»[9], la heredera de los beneficios del Grupo Quirón expresaba sus temores ante la llegada de Podemos a las instituciones en 2015 y mostró qué hay detrás de esas reticencias: «Los podemitas de 2014 lo que quieren hacer es precisamente acabar con los que tenemos

---

7 «Una científica ilustre acaba con 40 años de homenaje», *El periódico de Aragón,* 13 de marzo de 2009 [https://www.elperiodicodearagon.com/noticias/aragon/cientifica-ilustre-acaba-40-anos-homenaje_483726.html].

8 Carmen Cordón, «El "boxeador"», *El Mundo,* 12 de febrero de 2019 [https://www.elmundo.es/baleares/2019/02/12/5c628fcc21efa0870b8b45e2.html].

9 «Hoplitas y Podemitas», *El Mundo Baleares,* 6 de febrero de 2015.

algo que defender. Defender la casa del pueblo a la que nadie va hace años pero es la que pagaron y consiguieron legar nuestros abuelos». Se olvida aquí la señora Cordón de expresar que ese abuelo fue uno de los falangistas vencedores de la guerra. «Hay que luchar, para no perder lo ganado», expresaba la nieta del falangista en sus redes para compartir el artículo. Sobran interpretaciones, son verdaderos maestros en dejar claro cuáles son sus motivaciones. María Cordón Muro fue la heredera de la administración del Grupo Quirón tras la desaparición de su padre. En la actualidad, es además consejera del grupo AXA. Otra de sus hijas es la amazona Pilar Cordón, una de esas ocupaciones propias de la prole adinerada.

Los pequeños burgueses que se convirtieron en empresarios de éxito con grandes fortunas por su servilismo al régimen coparon diversos sectores de todo cuño. Del sector sanitario al constructor, pasando por el de la alimentación. Y uno de los más controlados por el régimen y sus acólitos fue el de la cebada y el lúpulo. Enterarse de los orígenes e intereses de los principales cerveceros y sus relaciones directas con el franquismo puede dejar a los implicados con el consumo responsable, como única opción, la fabricación propia para tomarse una rica y espumosa cerveza. Porque sí, desde la Mahou a la Damm, existen esos vínculos. Alfredo Mahou de la Fuente huyó de España cuando comenzó la Guerra Civil no por estar perseguido, sino para vivir con la fortuna cervecera que le había dejado su padre, Casimiro Mahou, y volver después de la contienda del lado vencedor. Alfredo Mahou fue uno de los concejales de la primera corporación de Madrid conformada por los fascistas en abril de 1939[10]. La nula separación entre administración y empresa durante el franquismo queda patente también en su caso, ya que siendo dueño de una de las cerveceras más importantes del país fue además

[10] *ABC de Sevilla,* 8 de marzo de 1939 [http://hemeroteca.abc.es/nav/Navigate.exe/hemeroteca/sevilla/abc.sevilla/1939/03/08/010.html].

nombrado delegado de Abastos, Mercados y Mataderos. En 1941 pasó a ser el jefe de la Sección Sindical de Cerveza y Malta, que formaba parte del Sindicato de la Vid, Cerveza y Bebidas[11]. Si tomas Cervezas La Salve y Cervezas Alhambra no estás a salvo de financiar a esta familia crecida en la comodidad franquista, ya que son también suyas. Las actuales herederas del imperio son Ana Francisca «Curra» Gervás y Christelle Eva Gervás Germina. El emporio también se ha abierto a la educación concertada-privada, otra de las vías más exploradas por estas familias. El grupo Anta Educación, de la familia Mahou, logró la adjudicación de tres colegios, de los que incluyen una capilla en el centro, por parte de Lucía Figar, a los que se cedió suelo público gratuito en Leganés, Villanueva del Pardillo y Paracuellos del Jarama. Los colegios fueron posteriormente vendidos por Javier López del Hierro Pérez-Mínguez, expresidente de la cervecera y sobrino político de María Dolores de Cospedal, al grupo religioso Educare. Siempre todo queda en casa[12].

Mahou no fue el único cervecero de la dictadura. Una de las familias más relevantes del régimen, los Carceller, liderados por el patriarca Demetrio Carceller Segura, prominente miembro de Falange y ministro con Franco, son los propietarios de la Damm. La cerveza El Águila también tiene su historia del fascio detrás y enlaza con las bebidas no espirituosas. La que fuera la bebida de lúpulo más consumida bajo el franquismo era propiedad de Alberto Comenge Gerpe, un militar franquista que en 1939 entró en Madrid acompañado del general Emilio Esteban-Infantes y tomó la fábrica de El Águila en Delicias, que había sido colectivizada durante la guerra, y

[11] Centro de documentación publicitaria de Mahou [https://www.lahistoriadelapublicidad.com/marca-1033/mahou].

[12] «Inversores vinculados a los López del Hierro venden colegios concertados que les adjudicó el PP de Aguirre», *eldiario.es,* 17 de junio de 2018 [https://www.eldiario.es/economia/Lopez-Hierro-concertados-Esperanza-Aguirre_0_782172634.html].

se la quedó. Así, sin más[13] Uno de sus hijos, José Ignacio Comenge Sánchez Real, es accionista de Coca Cola Iberian Partners, una empresa que ahora lidera Sol Daurella Comadrán y en la que el franquismo tuvo una presencia relevante y vital para el éxito y para la existencia de la filial española del gigante americano.

Juan Manuel Sáinz de Vicuña, sobrino político de José Antonio Primo de Rivera y el primer director general de The Coca Cola Company, fue el encargado de traer este refresco a España y otorgar, con el permiso previo de Franco, una serie de concesiones de franquicias a familias afines al régimen. En la Cataluña de 1951 la elegida fue Cobega, propiedad de Santiago Daurella Rull, la primera en tener el permiso para embotellar el preciado líquido. La endogamia social de estas familias se puede ver incluso entre los comensales de un restaurante de uno de los miembros más jóvenes de los Sáinz de Vicuña. Vito Sáinz de Vicuña posee un restaurante en la milla de oro madrileña, el Beker 6, donde acuden a comer de forma habitual Inés Domecq y su marido, Javier Martínez de Irujo; Eugenia Silva, María Fitz-James, María Zurita, Fernando Martínez de Irujo, Andrea Pascual o Beltrán Gómez-Acebo[14]. Son siempre los mismos. Repartiéndose el pastel parcelado en 1939. Para Vito, formar parte de una de las familias más ricas de nuestro país forjada durante la dictadura franquista no tiene nada de especial: «No creo que tenga que significar más responsabilidad apellidarme Sáinz de Vicuña. Somos una familia normal [...] Mi primer recuerdo de infancia sabe a mucha vida. Si miro atrás, solo nos veo a mis hermanos y a mí jugando en la calle, haciendo actividades con las manos, creando...». Una familia normal de las que se adscribie-

[13] Rodney Habbershaw, *El vuelo del Águila,* Madrid, Lid Editorial, 2009.

[14] «Vito Sáinz de Vicuña, una restauradora en la jet set», *ABC,* 6 de mayo de 2016 [https://www.abc.es/estilo/gente/abci-vito-sainz-vicuna-restauradora-201605061920_noticia.html].

ron sin tapujos al franquismo. Una familia normal de la oligarquía de la dictadura que aprovechó los crímenes que se cometieron para hacer fortuna. Una familia normal en la que, a Pascual Sáinz de Vicuña Camino, Franco le nombró cónsul de honor en Hendaya. Sí, es cierto. Una familia normal.

La familia Sáinz de Vicuña estaba vinculada a través de Manuel Sáinz de Vicuña a la inmobiliaria Urbis. Uno de los ejemplos más dramáticos de la forma de hacer negocios de estas familias durante su fructífera relación con la dictadura. La inmobiliaria, que quedó en manos de Manuel de la Quintana Fergusson en 1949, fue la encargada de proyectar y construir por encargo del Estado el barrio de La Estrella y otros barrios madrileños próximos a la M-30. Manuel de la Quintana, Gran Cruz del Mérito Civil y de la Orden Imperial del Yugo y las Flechas, fue un fiel defensor del régimen, como dejó negro sobre blanco en un artículo en *El País* publicado en 1984: «radicalmente, y de arriba abajo, como un hombre del Movimiento Nacional, fiel al régimen de Franco». La manera de proceder del constructor franquista se refleja en una anécdota recogida en 1976 cuando dos vecinas se reunieron con el empresario para quejarse porque sus viviendas, que no tenían más de diez años, del madrileño barrio de Moratalaz, en el denominado Polígono A, estaban agrietándose de forma dramática. La respuesta del oligarca fue clara: «Las casas no se hacen para toda la vida». Diez años después, un juzgado obligó a la empresa Urbis a pagar a los vecinos los desperfectos causados por la construcción. Urbis construyó Moratalaz y sus vecinos sufrieron a Urbis. El mérito y la capacidad nuevamente como elementos fundamentales del éxito de estas familias. Familias en las que el papel para el hombre y la mujer está muy diversificado y parcelado, como dios manda.

El rol de la mujer en estas familias de las elites franquistas estaba directamente ceñido por la doctrina nacional-católica. El espíritu de Pilar Primo de Rivera y la Sección Femenina late todavía en muchas de las supervivientes de las sagas de esos años y es transmitido a muchas de sus herederas. La caridad y las fiestas eran parte indispensable de la labor reservada a las mujeres de «familias bien» franquistas, que aún siguen actuando con la misma excrecencia integrista que se inculcó en las huestes falangistas.

El Rastrillo Nuevo Futuro es la arcaica presencia actual de ese proceder pasado de las damas de las elites franquistas. Un mercadillo de caridad que sirve más como lugar de entretenimiento y apaciguamiento de las conciencias inquietas. Un lugar al que acudían sonrientes Carmen Franco y la reina Sofía donde los cardados ocupaban más espacio que las piezas de coleccionista para vender que estas familias de las altas esferas de la dictadura habían adquirido con su proceder en el régimen. Hoy en día, esta oenegé sigue copada por mujeres de estas sagas. La vicepresidenta es Marta Herrero Subirana, casada con Francisco Moreno Bardají[15], un descendiente de Alfonso Bardají Buitrago, jefe de Falange en Cáceres. Es la norma. La fundadora de la organización benéfica fue Carmen Herrero Gavalda, hija de Ignacio Herrero[16] y miembro de la ilustre familia ovetense de empresariado franquista que se fraguó con el Banco Herrero.

El mercadillo de las señoras bien homenajeó en el año 2018 a Cuqui Fierro. La entonces presidenta, Pina Sánchez Errazúriz, desveló a *La Razón* el motivo: «Todos los domingos Cuqui invita a su casa a comer a distinta gente y, aprovechando, les vende cosas. Lo que recauda lo guarda y nos lo trae al Rastrillo todos los años en un sobre». Lo entregado ese año ascendía a 6.000 euros.

Florentina Fierro (Cuqui para las amigas) es una de las ilustres entre lo más granado de las estupendas señoras fran-

---

[15] *ABC,* 7 de marzo de 1967 [http://hemeroteca.abc.es/nav/Navigate.exe/hemeroteca/madrid/abc/1967/04/07/060.html].

[16] Véase *infra,* en el capítulo 9, el epígrafe consagrado a CAMPSA (pp. 178 y ss.).

quistas de cardado prominente, blusones exagerados, estolas de piel, maquillaje clown y collares de perlas: «Me gusta todo lo que brilla y tiene *animal print...*, discreta no soy», declaró en una ocasión. Su casa era el lugar encuentro de toda la *jet set* de la dictadura. Nadie era algo en tiempos de Franco si no pasaba por allí a las fiestas, cenas, y mercadillos solidarios de la dama, que llegó a ser la cicerone de Isabel Preysler y Tita Thyssen. Hija de Ildefonso Fierro[17], uno de los grandes empresarios del franquismo, se casó en los años cincuenta con el millonario José Antonio Torróntegui, quien llegó a asociarse en negocios automovilísticos con Germán López, padre de Javier López Madrid[18]. El modo en el que Cuqui Fierro entendía la filantropía después de que su familia se hubiera enriquecido por su cercanía al régimen genocida de Franco se muestra en una entrevista en la que hablaba de las enseñanzas de su padre: «Mi padre nos enseñó a ayudar a la gente. Es la bondad característica de los Fierro. La familia hizo muchas cosas buenas [...] Destacaría unas cuantas pero, por ejemplo, me acuerdo de unas nevadas tremendas que hubo en Madrid. Mi padre cargó un coche entero de mantas y nos fuimos a Carabanchel a entregárselas a toda aquella pobre gente»[19].

De gente pobre y de esta pobre gente con ingentes fortunas trata la historia. De caridad y justicia social. De verdad y reparación. De cómo todas estas familias que fraguaron cada peseta con la sangre de los vencidos utilizaron esa posición para ocultar, con el favor del dinero, la verdadera historia de sus privilegios. Intentaron tapar con filantropía y beneficencia las malas conciencias y la culpa solo expresada en sus devotas vidas a algún oscuro confesor. Vidas negras y cajas de caudales rojas que han logrado apartar de la vista del pueblo

---

17 Véase el capítulo 8: «La banca custodia el botín de la cruzada».

18 Véase el capítulo 7: «De OHL a ACS».

19 «Mi padre nos enseñó a ayudar a la gente», *La Nueva España,* 11 de septiembre de 2011 [https://www.lne.es/gente/2011/09/11/padre-enseno-ayudar-gente/1127696.html].

para nublar la memoria colectiva de un país que, con la victoria fascista, no solo perdió la libertad, sino la propia conciencia. Estas vidas de las grandes fortunas de la camarilla de la dictadura sirven para mostrar una parte de la historia que ha permanecido con nosotros en la penumbra y que ya es hora de enseñar, para que sientan la vergüenza que la decencia no les enseñó.

Rodolfo Walsh dejó escrito un retazo de ese robo de clase que también es el de nuestra propia historia: «Nuestras clases dominantes han procurado siempre que los trabajadores no tengan historia, no tengan doctrina, no tengan héroes ni mártires. La historia aparece así como propiedad privada, cuyos dueños son los dueños de todas las otras cosas»[20]. Es ya tiempo de escribir el relato del expolio. De los expoliados.

---

[20] «Cordobazo» (1969), de Rodolfo Walsh, en el *Periódico sindical CGT Argentinos* [http://www.cgtargentinos.org/documentos6.htm].

4. Gas Natural Fenosa (Naturgy)

En la historia oficial de Gas Natural Fenosa –renombrada Naturgy– incluida en su página web, existe un silencio llamativo sobre la Guerra Civil y la dictadura. Como si aquel periodo histórico no hubiera tenido nada que ver en la consolidación económica de una de las empresas que hoy dicta los designios políticos desde el parqué del IBEX. Un olvido interesado que no se corresponde con la realidad de la conformación del imperio de una de las compañías más importantes del sector eléctrico.

La actual Gas Natural Fenosa nació en 2009 tras fusionarse Gas Natural y Unión Fenosa. Estas corporaciones, a su vez, nacieron de la fusión de varias empresas. Gas Natural se creó en 1991 tras la unión de Catalana de Gas, Enagás y Gas Madrid. Por su parte, Unión Fenosa surgió en 1982 de la fusión entre la Unión Eléctrica Madrileña y las Fuerzas Eléctricas del Noroeste (FENOSA), propiedad del empresario coruñés Pedro Barrié de la Maza.

La historia de las empresas que acabaron formando parte de Gas Natural Fenosa no se circunscribe únicamente a la cercanía al régimen franquista, ya que los orígenes de todas las corporaciones que han acabado en la eléctrica española se remontan en algunos casos a mediados del siglo XIX. Una de estas compañías fue la Sociedad Catalana para el Alumbrado por Gas (SCAG), encargada de suministrar en 1843 el primer servicio público de alumbrado en Barcelona. La sociedad, que posteriormente se llamará Catalana de Gas, fue la más importante de las que acabaron en Gas Natural Fenosa, pues introdujo en España el gas natural en 1965. Catalana de Gas logró importar este producto desde Libia y Argelia a través del gasoducto del Magreb, bautizado con el nombre de Pere Duran i Farell en honor al presidente de la empresa en aquellos años.

Duran i Farell es, sin duda, uno de los empresarios del sector eléctrico más importantes de nuestro país. Nacido en Caldes de Montbuí (Barcelona) en 1921, era ingeniero de caminos, canales y puertos. Comenzó a trabajar a los 25 años en Hidroeléctrica de Cataluña, propiedad del Banco Urquijo, y jamás abandonaría la empresa, ocupando diferentes puestos hasta su muerte. Fue llamado «el hombre del gas natural», al ser quien lo introdujo en España.

El industrial catalán ascendió a consejero delegado de Catalana de Gas en 1961, y pronto logró dos hitos en la historia de la energía en España. El primero fue el acuerdo con Standard Oil para instaurar el gas natural en España a través de la importación de gas licuado de Libia a una planta del puerto de Barcelona, inaugurada por Franco en 1970, donde se transformaba para su redistribución. Ese acuerdo acabaría con la constitución de Gas Natural S.A., de la que formaban parte Standard Oil, Catalana de Gas y Banco Urquijo, con Duran i Farell como presidente. Su eficiencia a la hora de conseguir acuerdos se volvió a poner de manifiesto tras el golpe de Estado del coronel Muamar el Gadafi en Libia en 1969: con los contratos con la compañía norteamericana en riesgo, Duran se vio obligado a buscar nuevas alianzas de distribución, esta vez en Argelia.

El empresario tenía una enorme sintonía con las elites tecnócratas franquistas, de la mano del titular del Ministerio de Industria, Gregorio López Bravo. El ministro propuso y nombró a Duran como miembro del grupo de trabajo hispano-francés que debía estudiar la creación de una central nuclear en la provincia de Girona. En primer lugar se barajó la construcción en Pals, pero finalmente se eligió Vandellós (Tarragona). Esa cercanía y el favor del régimen le permitieron establecer, en pleno franquismo, negociaciones con los sindicatos sin que le supusiera ninguna represalia en los estertores de la dictadura.

Los contactos del presidente de Gas Natural con las elites políticas siguieron tras la muerte de Franco. Duran fue uno de los enlaces más importantes entre la política catalana y la española, e impulsó el diálogo entre Jordi Pujol y Felipe González –con el que tenía una amistad muy cercana–, que se concretó en los pactos de gobierno de 1993, cuando el PSOE perdió la mayoría absoluta y necesitó el apoyo de CiU. Según contaba *El País* en el obituario dedicado al empresario (1999), las negociaciones se desarrollaron en la casa que Duran tenía en Premià de Dalt, y el acuerdo se conoció como el «Pacto de los bonsáis», por los árboles miniaturizados que poseía el industrial barcelonés. Una afición que compartía con Pujol y con González.

Duran i Farell era consciente de la importancia que tenía para la estabilidad de la economía y el progreso de su empresa una estrecha relación con y entre los actores políticos. Gran defensor de los consensos, en 1996 promovió de nuevo un acuerdo con CiU cuando el PP se impuso en las elecciones generales sin la mayoría suficiente. Al igual que tres años antes, Duran fue el principal impulsor de las reuniones entre José María Aznar y Jordi Pujol que se concretarían en un pacto de gobierno fraguado en los encuentros previos en su propio domicilio. Las relaciones con la política que tejió el industrial no fueron olvidadas por sus sucesores Salvador Gabarró y, sobre todo, por el empresario más influyente de nuestro tiempo: el actual presidente de Gas Natural, Isidro Fainé.

El caso de Pepe Miñones

El dueño de FENOSA, Pedro Barrié de la Maza, protagoniza el episodio más oscuro de la historia de la compañía. El empresario coruñés era un íntimo amigo de Francisco Franco y, a su vez, uno de los financieros del bando fascista que se sublevó contra la República. La cercanía de Barrié de la Maza con el régimen ayudó al también dueño del Banco Pastor a progresar tanto en los negocios como en las relaciones sociales de la época.

Pedro Barrié de La Maza nació el 17 de diciembre de 1888 en el número 19 de la plaza de María Pita, en A Coruña, como dice la biografía de la fundación que lleva su nombre. Miembro de una familia de rancio abolengo vinculada a la burguesía comercial y financiera de la ciudad desde el siglo XVIII, su omnipresencia empresarial en Galicia tras la guerra se fraguó, sobre todo, por su implicación en el golpe, que había financiado con bastante generosidad en aras de recuperar lo invertido con la devolución con intereses de esos fondos. Y así ocurrió.

Pedro Barrié forjó su imperio, sobre todo, beneficiado por el asesinato del diputado republicano Pepe Miñones, quien, hasta su fusilamiento en 1936, controlaba el sector de la electricidad en la región a través de su empresa Unión Eléctrica Coruñesa. José Miñones Bernárdez fue un abogado coruñés nacido en 1900 en Corcubión. Durante la Segunda República fue elegido diputado por A Coruña, primero con el Partido Republicano Radical (PRR) en 1933 y posteriormente, en 1936, con Unión Republicana (UR).

Pepe Miñones competía, tanto en los negocios como en la política, con Pedro Barrié de la Maza y con Luis Cornide Quiroga, propietarios de la Sociedad General Gallega de Electricidad. La rivalidad empresarial con dos de los más ilustres miembros de los conservadores coruñeses le pasó factura tras el golpe de Estado de 1936 y acabó represaliado. El historiador local Luis Lamela narra en su libro *Pepe Miñones: Un crimen en la leyenda (1900-1936)* cómo influyó el fusilamiento del diputado izquierdista en el devenir del sector eléctrico: «La desaparición de Pepe fue decisiva para el derrumbamiento de aquella sociedad (Unión Eléctrica Coruñesa) que tanto mimó en los años en que estuvo al frente de ella. Con él se fue el hombre de empresa, el líder, el creador de riqueza. Y eso lo sabían sus competidores. Y como raíz necesaria para que el árbol sostenga sus ramas, ayudaron, de alguna forma –y esta seguirá siendo siempre una incógnita– a cortarla, para que poco a poco se fuese secando y cayesen los frutos en sus manos. Unos frutos limpios, como limpio fue el hombre que los creó».

En los años previos a su fusilamiento, Pepe Miñones tuvo que luchar contra los ataques de las fuerzas vivas del conservadurismo gallego. Pedro Barrié, con el Banco Pastor, y el diputado de derechas Luis Cornide, con la colaboración del periódico *El Ideal Gallego,* pusieron todo de su parte para terminar con la competencia de Miñones.

El golpe de Estado y la Guerra Civil propiciaron el momento perfecto para liquidar a la competencia, según dejó escrito el diputado republicano en una carta que recoge Luis Lamela: «¡Dios perdone a los que me han hecho tanto mal!»[1].

Sólo unos días antes de ser fusilado en el Campo de la Rata, junto a la torre de Hércules y mirando al mar, el diputado Pepe Miñones envió una carta a su mujer y a sus cuatro hijos:

> Noche del 30 de Noviembre, de 1936
>
> Para Maruxiña y mis cuatro hijitos.
>
> Ya ves, Maruxiña de mi alma. Esto se va a acabar. Desde que te escribí mi carta de despedida, se prolongó la agonía y el dolor todavía un mes. Ahora, reconcentrado mi pensamiento en ti y en nuestros hijitos, en la noche que voy a morir, nada tengo que agregar a mi carta anterior. Solo pe-

---

[1] V. Luis Lamela García, *Pepe Miñones: Un crimen en la leyenda (1900-1936),* A Coruña, Ediciós do Castro, 1991.

dir a nuestros hijitos, por tu mediación, que estudien mucho, y que te ayuden porque lo has de necesitar. Desde mañana, Maruxiña querida, te falto yo. Me tortura, neniña del alma, el penar si no te hice feliz. ¿Por qué había de ocuparme tanto de los demás, teniendo en mi casita toda la felicidad? La felicidad eras tú, mi santa, que eres un ejemplo de mujer. Yo no fui malo; pero debí pensar en que la política y todo nada significa, al lado de esa Fortuna que me había deparado Dios.

Puedes creer, Maruxiña mía, que te quise como nadie te hubiera querido; y que eras todo para mí. Encauza la vida de nuestros hijitos pensando en ellos solamente, ya que en mí, desde ahora, no tienes que pensar, más que para pedir a Dios. Apártalos de la política; y si han de trabajar en negocios, frénales la imaginación, que a mí me fue perjudicial. Que trabajen pensando en ti, y, cuando tengan que casarse, que no piensen más que en llevarse una buena mujer. Ese Tesoro lo encontré yo. Ayúdales a buscarlo, y que lo aprecien, que no hay nada que tenga igual valor. Cuando sean mayores, explícales mi vida, con mis éxitos y fracasos, y mi calvario, para que recojan lo bueno y corrijan lo malo que yo tuviese. Acordaros de mí, Maruxiña. Rezad por mi alma. Y piensa que a mí me agradará cuanto en la vida te haga feliz. ¡Adiós, mujercita e hijitos de mi alma! En vosotros quedan toda mi ilusión, mis recuerdos, y todas mis horas de felicidad. Adiós para siempre, Maruxiña, santa mía. No puedo con mi cabecita pero no quiero dejar de escribir. ¡Adiós, neniña de mi alma e hijitos de mi corazón! Siempre con vosotros, aun en la Eternidad, vuestro Pepe[2].

El 2 de diciembre el diputado republicano fue fusilado y comenzó el proceso de expropiación de sus bienes en benefi-

---

[2] Xesús Alonso Montero, *Cartas de republicanos galegos condenados a morte (1936-1948),* Vigo, Xerais, 2009.

cio de los ilustres empresarios coruñeses amigos de Francisco Franco y que habían sido sus enemigos antes del alzamiento fascista. El proceso de extracción de los bienes de los herederos de Pepe Miñones no fue realizado de una forma directa y que dejara constancia de la verdadera intencionalidad que escondía el quitarse de enmedio al diputado republicano. No fue una desaparición política al uso, eran los intereses económicos de sus competidores los que urdieron una trama civil que ponía en marcha el robo institucionalizado de los bienes de los Miñones.

No fue un proceso inmediato y pasaron varios años hasta que la ignominia se consumó. La desaparición de Miñones, las presiones externas y alguna medida legislativa franquista que dificultó el devenir de Electra Popular Coruñesa propiciaron el hundimiento de la Casa de Banca de los Miñones, que se encargaba de financiar a la eléctrica. El 30 de marzo de 1948 terminó la agonía, y Pedro Barrié de la Maza consiguió recoger los frutos al adquirir el negocio de su competidor, asesinado una docena de años antes por sus ideas y competitividad empresarial.

Los favores otorgados a los millonarios que contribuyeron al golpe fueron cuantiosos, y eran correspondidos con regalos y favores a los Franco. En 1955 Franco otorgó al empresario el Condado de Fenosa, en agradecimiento a su colaboración con la causa franquista. No en vano, Barrié de la Maza fue uno de los grandes promotores de la cuestación popular obligatoria que varios prohombres de la dictadura llevaron a cabo para regalar el Pazo de Meirás al Caudillo.

Que no era Pazo. Son las Torres de Meirás, que así lo quiso Emilia Pardo Bazán cuando las construyó y diseñó en los terrenos de la familia buscando diferenciarlo de las construcciones tradicionales gallegas. La vivienda de Emilia fue diseñada por ella misma, que llegó a grabar en los capiteles los nombres de algunas de sus obras como *Insolación* o *Bucólica.* Ya que su maravillosa obra fue pervertida por la ocupación del dictador y su familia, luchemos contra viento y marea por que no se apropien de la memoria del lugar.

El favor de Franco vino determinado por la financiación del golpe y el apoyo económico durante la guerra por parte del Banco Pastor. Pedro Barrié de la Maza fue director de la entidad desde 1915 y logró el control total del banco en el año 1939. Según las historiadoras Margarita Vilar y Elvira Lindoso, «el apoyo al bando vencedor de la Guerra Civil proporcionó una elevada rentabilidad al Banco Pastor en términos de un fuerte sostén político por parte del nuevo régimen». Además del patriarca del conglomerado empresarial, el otro sostén se encontraba en su segunda esposa (e hija, a su vez, de un primo carnal), Carmela Arias y Díaz de Rábago, quien tras la muerte de Barrié de la Maza heredó su posición, ya que fue la primera mujer presidenta de un banco, además de ocuparse de algunas de las actividades preferidas de las altas damas franquistas: el mecenazgo, la filantropía y la beneficencia. Según recogen los obituarios publicados tras su muerte, estos fueron los reconocimientos que le otorgaron: «Doctor Honoris Causa por la Universidad de La Coruña, V Premio Juan Lladó, Medalla de Oro de la Academia de Bellas Artes de San Fernando, Medalla de Oro de la Universidad de Santiago de Compostela, Medalla Castelao de la Xunta de Galicia, Medalla de Oro de la Diputación de La Coruña, Medalla de Honor de la Universidad Internacional Menéndez Pelayo, Gran Cruz de la Orden Civil de Beneficencia, Medalla de Oro al Mérito Turístico y Medalla de Oro de la Asociación Española de Lucha contra el Cáncer, Insignia de Oro de la Cruz Roja, Medalla de Oro de la Cámara de Comercio de La Coruña, Insignia de Oro de la Agrupación Musical Albéniz, Cruz «Pro Ecclesia et Pontifice», Gran Cruz de plata al Mérito con Distintivo Blanco de la Guardia Civil, Académica de Honor de la Real Academia Gallega de Bellas Artes de Nuestra Señora del Rosario, Gran Cruz de la Orden de Isabel la Católica, Dama de la Orden de Caballeros de María Pita, Hija Predilecta de La Coruña y Premio Casino de La Coruña»[3]. Todos merecidos. Por supuesto.

La Condesa de Fenosa heredó también la relación con Francisco Franco y Carmen Polo de Franco, que acudían solícitos cuando la heredera de Barrié los requería para cualquier acto de beneficencia en A Coruña, tal como ocurrió con la inauguración en Mondego de la Escuela-Hogar Pedro Barrié de la Maza en el año 1972[4]. Los sobrinos de la Condesa, José María y Vicente Arias Mosquera, son los encargados de gestionar la ingente herencia que se fraguó después de un fusilamiento y se consolidó con una donación a un dictador.

[3] «Fallece la Condesa de Fenosa, la primera mujer que presidió un banco en España», *El País,* 27 de octubre de 2009 [https://elpais.com/economia/2009/10/27/actualidad/1256632379_850215.html].

[4] *ABC,* 5 de septiembre de 1972 [http://hemeroteca.abc.es/nav/Navigate.exe/hemeroteca/sevilla/abc.sevilla/1972/09/05/015.html].

5. Iberdrola

La actual Iberdrola es una de las grandes empresas españolas –quizá el referente de las hidroeléctricas– que se construyeron gracias a las relaciones de sus dirigentes con el franquismo, y siendo partícipes en algunos casos, de manos de sus presidentes, de la represión directa que ayudó a que las empresas de las que bebió el gigante eléctrico español crecieran de manera exponencial, hasta convertirse en nuestros días en una de las cinco empresas más importantes del sector en el ámbito mundial. Iberdrola nació de la fusión en 1992 de Hidroeléctrica Española e Iberduero, empresa que a su vez surgió de la integración de Saltos del Duero e Hidroeléctrica Ibérica. Así que es preciso remontarse a los orígenes para comprender cuál fue su papel de colaboración durante el régimen franquista. El nombre de la familia protagonista de este «milagro» económico ha estado ligado durante todo el siglo XX a los núcleos más influyentes de la política, la economía y la religión. Vinculados directamente con sectores integristas católicos y políticos del País Vasco y de Madrid, no ha habido área de influencia del poder que no tenga a un Oriol y Urquijo cerca para medrar y lograr posicionar a la familia en un lugar preeminente. Dinero para el golpe de Estado, corrupción, evasión fiscal, participación en la represión política, un *lobby* religioso en la educación, contrabando de armas, Legionarios de Cristo e integrismo político en democracia. Y para acabar con el puzle, ¿puede estar Esperanza Aguirre emparentada con la familia que se lucró durante el franquismo con saltos de agua y embalses, y que participó en el envíos de armas para los sublevados? Puede.

Hidrola es la matriz, el baluarte vasco que serviría para forjar el gran imperio eléctrico. Hidroeléctrica Española S.L. (HE) se fundó en el año 1907 como filial de Ibérica, una matriz del Banco de Vizcaya que tenía como fin dotar a la ciudad de Madrid de los recursos energéticos necesarios para el alumbrado. Los fundadores fueron el ingeniero Juan Urrutia Zulueta y el empresario Lucas de Urquijo[1], miembro prominente de la familia protagonista de este capítulo. Lucas de Urquijo y Urrutia era sobrino del primer marqués de Urquijo y falleció dejando como única heredera a Catalina de Urquijo y Vitórica, quien se casó con José Luis de Oriol y Urigüen, que formó parte del primer consejo de administración[2]. La presencia del yerno del fundador en la empresa fue muy importante en dos momentos de la historia de HE: en 1909, al sustituir a Lucas de Urquijo hasta 1911, y en el año 1937, cuando volvió a ocupar la presidencia hasta el año 1941, momento en que sería sustituido por su hijo, José María de Oriol y Urquijo. José Luis de Oriol y Urigüen fue el primero en poner las bases políticas que sustentarían el crecimiento económico de sus empresas. Su compromiso político no fue muy fiel a unas ideas y fue de un partido a otro, buscando el mejor lugar desde el cual influir para que sus intereses económicos y su credo religioso no se vieran afectados por los sucesos históricos. Pasó del maurismo a la Comunión Tradicionalista hasta terminar en Falange, una derivada destinada a asegurar que sus privilegios y *statu quo* no se vieran perjudicados. No hubo que esperar mucho a que sus actuaciones económicas privadas fueran favorecidas por la política de las derechas. El 19 de febrero de 1932, siendo diputado en las Cortes por la carlista Comunión Tradicionalista, la policía francesa intervi-

---

[1] Véase «Estrategia empresarial y estrategia financiera de la Sociedad Hidroeléctrica Española, 1907-1935», de Anna Maria Aubanell [https://core.ac.uk/download/pdf/39048439.pdf].

[2] Alfonso Ballestero, *José M.ª de Oriol y Urquijo,* Madrid, Lid Editoral, 2014.

no una remesa de valores de su propiedad que tenían como destino Bayona (Francia). El Tribunal Supremo pidió a las Cortes un suplicatorio, al ser aforado, para poder encausarlo por evasión de capitales. El caso fue juzgado posteriormente a la Ley de Amnistía de abril de 1934[3] que la CEDA aprobó y que libró al empresario de ser condenado, al considerar el Tribunal Supremo que su caso incurría en uno de los preceptos que la Ley de Amnistía recogía.

José María de Oriol y Urigüen fue uno de los financieros principales del golpe de Estado de 1936. Su participación en el golpe no se circunscribió a la de un mero financiero; desde el sector carlista, tomó parte de forma directa en la compra de armamento para los requetés en los meses previos al levantamiento. Según Alfonso Ballestero[4]: «El propio Oriol fue capaz de gestionar el flete de un barco para transportar desde Bélgica 6.000 fusiles, 150 ametralladoras pesadas, 300 ametralladoras ligeras, 5 millones de cartuchos de munición y 10.000 granadas de mano». José María de Oriol y Urigüen fue un entusiasta de la participación carlista en el golpe de Estado que se estaba fraguando, como muestran las entrevistas con el general Emilio Mola al que ofreció, a cambio de nada, la participación del requeté alavés[5]. No fue la única vez en la que Oriol hizo un ofrecimiento similar; en mayo de 1936, en una nueva entrevista con Mola, se mostró dispuesto a ofrecer la totalidad de su fortuna personal para garantizar el éxito de la asonada. En boca de Oriol, «para un movimiento salvador, españolista, y espiritual que acabe con esto, Álava no solo ofrece la considerable aportación de sus requetés, sino que puede contar con mi fortuna personal»[6].

---

[3] *BOE,* 25 de abril de 1934 [https://www.boe.es/datos/pdfs/BOE/1934/115/A00548-00549.pdf].

[4] Alfonso Ballestero, *José M.ª de Oriol y Urquijo,* cit.

[5] José Ángel Sánchez Asiaín, *La financiación de la Guerra Civil,* Barcelona, Crítica, 2012.

[6] *Ibidem.*

Francisco Franco pagó, a través del Ministerio de Justicia, parte del apoyo que la casa Oriol brindó al golpe de Estado devolviendo, el 20 de mayo de 1958, el título nobiliario perdido durante la República. En el decreto de concesión se justificó el título atendiendo a que «durante su dilatada vida ha mantenido una línea ideológica consecuente con la de sus mayores y con los principios del pensamiento tradicionalista y del Movimiento Nacional, al que prestó su activa y decidida cooperación»[7].

Pero a pesar de la importancia del padre en la conformación del imperio y de la relevancia de su papel a nivel político para crear las sinergias necesarias con el alzamiento, la gran empresa hidroeléctrica española de la actualidad se forjó gracias al compromiso con Francisco Franco del hijo, José María de Oriol y Urquijo, presidente de Hidroeléctrica Española (Hidrola) desde el año 1941 a 1985 y sucesor de Oriol y Urigüen.

Siendo todavía discípulo de su padre y sin estar al mando de la empresa, también participó en el alzamiento fascista al ser el enviado de su padre a una reunión con el teniente coronel Camilo Alonso Vega[8] para asegurarle la participación de los requetés de Álava. Los orígenes carlistas de la familia no le impidieron sentir más afinidad por Falange antes incluso del 18 de julio de 1936. Pero su implicación en Falange Española Tradicionalista y de las JONS comenzó a ser muy importante a partir del año 1937, cuando fue nombrado jefe provincial de Vizcaya, cargo que ocupó hasta diciembre de

[7] *BOE* número 139, 11 de junio de 1958, p. 5451 [https://www.boe.es/datos/pdfs/BOE//1958/139/B05451-05451.pdf].

[8] Camilo Alonso Vega, *aka* «Don Camulo», ocupó diversos cargos importantes para la represión durante el franquismo, fue ministro de Gobernación y director general de la Guardia Civil. Almudena Grandes, en *El corazón helado,* narra cómo se apropió después de la guerra de un chalet en la colonia de El Viso, Madrid, propiedad de Francisco López Ganivet, sobrino de Ángel Ganivet.

1940[9]. Durante el año 1939 ocupó uno de los cargos del II Consejo Nacional presidido por Ramón Serrano Suñer. El desempeño del jefe de Hidrola como un instrumento efectivo de la represión política tuvo su punto álgido en sus años al frente de la jefatura de Falange en Vizcaya. Una de sus actuaciones más relevantes en la represión directa de la disidencia política fue la creación de la «Brigada de Investigación y Vigilancia», que, según palabras del propio Oriol al diario *Hierro* en el año 1938, realizó informes de 80.000 personas en la provincia que fueron utilizados para la depuración de republicanos y desafectos al régimen[10].

Los favores a la dictadura no tardarían en verse convenientemente pagados por Franco, que colocó al empresario como alcalde de Bilbao al final de la Guerra Civil. El bastón de mando le fue entregado a Oriol el 11 de abril de 1939 por mandato del gobernador civil de Vizcaya. Su vida política sufrió un parón en noviembre de 1942, cuando terminó su etapa como alcalde y tomó la presidencia del Consejo de Administración de Hidroeléctricas Españolas (HE). Empezaba su etapa al mando de la empresa familiar; era el momento de recoger los frutos de su actividad política. Sirva como dato para valorar la importancia del crecimiento empresarial en el periodo franquista el que la empresa eléctrica pasara, de ser meramente testimonial en la España de los años treinta, a ser la empresa número 20 en activos netos en 1948, con 580 millones de pesetas, y a ser en 1960 la quinta empresa más importante del país con un activo neto de 11.468 millones de pesetas[11].

La importancia de la cercanía con el régimen para hacer negocios comenzó a fraguarse con las reuniones que José María de Oriol mantuvo en enero de 1944 con Antonio Robert,

---

[9] Joseba Aguirreazkuenaga *[et al.], Bilbao desde sus alcaldes,* Bilbao, Ayuntamiento de Bilbao, 2008.

[10] *Ibidem.*

[11] Glicerio Sánchez Recio y Julio Tascón Fernández (eds.), *Los empresarios de Franco. Política y economía en España, 1936-1957,* Barcelona, Crítica, 2003.

director general de Industria, para encontrar una solución al sector eléctrico y proponer que las empresas privadas, a las que él representaba, presentaran al gobierno un plan unificador de tarifas que permitiera al sector privado desarrollarse en una economía autárquica como la de los primeros años del franquismo. Finalmente, Oriol acordó esas tarifas con la empresa Hidroeléctrica Ibérica, que acabó convertida en Iberduero y posteriormente integrada en Hidrola. Los problemas que planteaba a las empresas privadas no tener una voz común con la que negociar con el Instituto Nacional de Industria (INI) llevaron a Oriol a constituir, junto al resto de compañías productoras y distribuidoras de electricidad, la Unidad Eléctrica S.A. (UNESA), que sería el germen de la patronal eléctrica española y estaría presidida por el propio Oriol. Es importante advertir que la patronal tuvo que adquirir la denominación empresarial de sociedad anónima debido a la prohibición normativa que establecía la Ley Sindical de 1940[12] para crear organizaciones empresariales. Ni que decir tiene que todo el mundo sabía la verdadera dimensión de UNESA y que era completamente aceptada por el régimen franquista como un interlocutor validísimo, hasta el punto de que los ministros del sector tuvieron que resignarse a que Francisco Franco despachara con el jefe de Hidrola las obras e infraestructuras españolas en contraprestación a la ayuda económica que la familia Oriol y Urquijo brindó al dictador para el levantamiento[13].

La preponderancia de José María de Oriol y Urquijo en la política eléctrica española llegó hasta unos límites que jamás se volverían a repetir durante el franquismo. Una orden del Ministerio de Industria y Comercio del 2 de diciembre de 1944 encomendó a Oriol la responsabilidad de llevar a cabo, desde el sector privado, la política hidroeléctrica del Estado

[12] Alfonso Ballestero, *José M.ª de Oriol y Urquijo,* cit.

[13] Joseba Aguirreazkuenaga *[et al.], Bilbao desde sus alcaldes,* cit.

español[14]. La directiva aprobaba el plan de conjugación de sistemas regionales de la producción de energía eléctrica. En el artículo primero se especifica que el plan es el propuesto por José María de Oriol y Urquijo, y se le encomienda a él su ejecución. Un empresario del sector privado fue el encargado de establecer las normas de producción eléctrica de España que propiciaron el crecimiento sin medida de la actual Iberdrola. La medida sin precedentes provocó estupor incluso en el ministro de Industria de la época, que no concebía que la política energética estatal le fuera encargada a un empresario con intereses tan palmarios en el sector. Sus negociaciones con el gobierno franquista no terminaron con su salida de la presidencia de UNESA, ya que sus servicios fueron requeridos durante décadas para que, gracias a su cercanía personal con Luis Carrero Blanco y Francisco Franco, hiciera gestiones que permitieran que los intereses del sector eléctrico en general, y de Hidrola en particular, no se vieran afectados por las decisiones políticas del INI, con el que existieron muchas dificultades de entendimiento en diversas fases de la dictadura.

Las gestiones de Oriol con las oligarquías franquistas no se circunscribieron a la política industrial y eléctrica, sino también a conseguir favores que le permitieran solventar los problemas que sufría Hidrola para su efectivo desarrollo empresarial. Según narra Alfonso Ballestero, José María de Oriol llegó a entrevistarse con Demetrio Carceller, ministro de Industria en 1942, para pedirle que facilitara la importación de equipos para la construcción de los saltos de agua en Víllora y Millares. Esta actitud fue constante a lo largo de su presidencia y siempre resultó efectiva, lo que propició el crecimiento sin parangón de la actual Iberdrola. Su influencia tocó todos los palos posibles: según Joseba Aguirreazkuneaga, «propuso en 1956 cambios en la Ley de Reforma Tributaria relativos a

[14] *BOE* n.º 340, 5 de diciembre de 1944 [https://www.boe.es/datos/pdfs/BOE//1944/340/A09225-09226.pdf].

integración de empresas. Tras favorecerse desde la fiscalidad la incorporación de filiales, desde 1958 más de 40 compañías entraron en su empresa Hidrola».

La presencia de Francisco Franco en las inauguraciones de infraestructuras hidroeléctricas de Hidrola es muestra de la familiaridad de trato que tenía con el empresario vasco. La vinculación que la política tenía en el proceder empresarial quedó en evidencia de manera descarnada con el discurso que José María de Oriol pronunció, en presencia del dictador, en la inauguración de la central hidroeléctrica de Alcántara (Cáceres): «No sé, mi general, si los hombres de Hidroeléctrica Española habremos correspondido del todo a la entrega que entonces nos pedisteis [en 1936], pero espero, y casi me atrevo a afirmar, que en las horas de preocupación sabíais siempre que aquí, en nuestra pequeña parcela, unos hombres trabajaban para ofreceros al correr de las años una obra ejemplo de técnica y de eficacia»[15].

José María de Oriol y Urquijo murió en el año 1985 dejando una red de contactos e influencias que acabarían trascendiendo al franquismo, pues tejió relaciones hasta con aquellos que ayudó a reprimir como jefe de Falange, como muestra la frase que dijo Felipe González a su hijo, Íñigo de Oriol e Ybarra, cuando el presidente del Gobierno visitaba la presa de Alcántara que inauguró Francisco Franco: «Con seis personas como tu padre, yo levantaba el país, aunque no piense como yo»[16].

Las relaciones de la familia con el poder para garantizar sus intereses no iban a perderse en democracia por una cuestión tan prescindible en economía como es la ideología cuando esta se vuelve un impedimento para la cuenta de resultados. Eran tiempos de afinar la puntería y no disparar con postas.

---

[15] Alfonso Ballestero, *José M.ª de Oriol y Urquijo,* cit.

[16] «Felipe rehabilitó al marqués», *El País,* 5 de noviembre de 1985 [https://elpais.com/diario/1985/11/05/economia/499993204_850215.html].

El modo de hacer negocios de José María de Oriol bien pudo haber inspirado a Rafael Chirbes esta conversación de su novela *La caída de Madrid,* donde un padre alecciona a su hijo sobre los nuevos tiempos empresariales y políticos surgidos tras la muerte del dictador:

> —Papá, te he dicho que a mí no me interesa más que la empresa. Aquí parece que se ha vuelto loco todo el mundo.
>
> —Lo que dices está bien para soltarlo en un telediario. Pero a ver si ahora te crees que la empresa es una fruta nacida en el árbol del mercado libre. No, no nació de la libertad esta empresa. Después, sí; después hemos estado en el mercado, no sé si libre o no, aunque con muchos más apoyos que unos y con un poco menos apoyo que otros. Pero eso ha sido después. ¿O es que te crees que la contrata exclusiva del mobiliario para todos los ministerios salió de un concurso, o de alguna oposición? ¿Fue resultado de un concurso la contrata con la Dirección de Prisiones para gestionar el trabajo de los presos? La madera quemada, ¿la hemos comprado en el libre mercado? Falangistas, jefes del Movimiento, procuradores en Cortes. Bah. Abre el abanico de tus relaciones.

Cuando leí este extracto de Chirbes pensé directamente en José María de Oriol y Urquijo y la meritocracia de su familia. Más aún cuando, documentándome, encontré una anécdota que cuenta Julio Feo, el que fuera secretario general de Presidencia del Gobierno con Felipe González, en sus memorias[17]. Felipe González recibió a José María de Oriol en una visita privada en Moncloa el 15 de febrero de 1982 por una petición que su hijo Íñigo formuló al propio Julio Feo en una cena organizada por un consejero del Banco de Vizcaya. La visita se produjo a las ocho de la tarde y, cuando el empresario vasco entró en el despacho del presidente, se cuadró militarmente y

[17] Julio Feo, *Aquellos años,* Barcelona, Ediciones B, 1993.

saludó a Felipe González dando un taconazo de reminiscencias franquistas. Tras los saludos cordiales preceptivos, el anciano industrial pidió a Felipe González que, en la próxima visita a Marruecos, le solucionara unos conflictos que tenía abiertos el país alauí con Hidrola. Chirbes sí que lo cuadró. Y sin taconazo marcial.

La familia Oriol logró que Hidrola pasara de ser una empresa que no se encontraba entre las 20 primeras en facturación en los años treinta a ser la quinta más importante del país en 1960, solo por detrás de cuatro empresas públicas como Renfe, Ensidesa, Telefónica y Encaso[18]. Una relación político-económica con el franquismo muy fructífera que devolvió con creces lo invertido en el golpe de Estado de 1936. Una característica común de estas familias de la alta burguesía aristocrática es ubicar a todos los miembros de la familia en diversas responsabilidades políticas, económicas y sociales. En los Oriol también tiene importancia la rama religiosa. El objetivo es conseguir situar, en todos los estamentos sociales de influencia, a miembros de la familia y, donde no se logre, remediarlo emparentando con otras familias que rellenen los huecos. La trascendencia de José María de Oriol y Urquijo en la consecución de triunfos para Iberdrola es de una importancia singular, pero hubo otros miembros de la familia que consiguieron establecer los nodos para seguir entretejiendo redes de intereses y voluntades que contribuyeron al florecimiento empresarial y político de los propietarios de la eléctrica española.

Antonio María de Oriol y Urquijo es otro de los ilustres de la tribu. Desempeñó su papel en el ámbito del extremismo político, más aún si cabe que su hermano José María, pero también colaborando en los intereses empresariales de la fa-

---

[18] Albert Carreras y Xavier Tafunel, «La gran empresa en España (1917-1974). Una primera aproximación», cit., y Glicerio Sánchez Recio y Julio Tascón Fernández (eds.), *Los empresarios de Franco,* cit.

milia. Como todos los Oriol, participó de forma activa en la Guerra Civil en el bando fascista, como capitán de la octava compañía de requetés de Álava. Su participación y lealtad fueron recompensadas con diversos cargos durante el franquismo, entre los que destacó el de ministro de Justicia desde el año 1965 al 1973, además de miembro del Consejo Nacional del Movimiento junto a otros dos miembros de la parentela, su sobrino Íñigo de Oriol e Ybarra y su yerno Miguel Primo de Rivera y Urquijo. Su vinculación emocional al franquismo quedó en evidencia con sus actuaciones durante la Transición, ya que en democracia formó parte de la Unión Nacional Española, un partido tradicionalista responsable de la Operación Reconquista –que tenía como objetivo terminar con el carlismo de izquierdas y entronar a Sixto de Borbón Parma–, operación que acabó desencadenando los «sucesos de Montejurra» de mayo de 1976, con los asesinatos de Ricardo García y Aniano Jiménez.

No fue el único Oriol con responsabilidades en dichos trágicos sucesos. Su hermano Lucas María de Oriol y Urquijo fue otro de los financiadores del atentado, según relata Mariano Sánchez Soler en su obra *Los hijos del 20-N* recogiendo las declaraciones de José María de Zabala, secretario general del Partido Carlista, quien explicó cómo Lucas María y Antonio María, a través de la mencionada Unión Nacional Española, alquilaron el transporte y el alojamiento de los participantes en los sucesos. Lucas María fue otro de los hermanos Oriol muy activo en la vida política; fue teniente en la octava compañía de requetés de Álava y consejero nacional de Falange Española de las JONS. Al igual que José María y Antonio María, fue consejero en las empresas familiares, tanto en Hidrola como en Talgo y Sociedad Española de Productos Fotográficos Valca, y en otras empresas en las que tenían representación accionarial, como Vidrieras de Llodio, Babcock Wilcox o Electra de Lima. Además, fue el hermano con representación importante en el mundo periodístico, ya que era una firma habitual en diarios como *El Alcázar, El Imperial* o el *ABC;* y fue también el editor y presidente de *Nuevo Diario*, además de creador de las revistas integristas *Punta Europa* y *Finisterre*[19].

El desarrollo empresarial de Hidrola y del resto de empresas familiares de los Oriol durante el franquismo correspondió a José María de Oriol, pero el legado en democracia lo heredó su hijo Íñigo de Oriol e Ybarra, que fue el responsable de transformar Hidroeléctricas Españolas S.A. en la actual Iberdrola. El 3 de diciembre de 1985, Íñigo María de Oriol e Ybarra era nombrado presidente de la compañía en sustitución de su padre y solo seis años después llevó a cabo la acción empresarial más importante, la fusión entre Hidrola e Iberduero, que al año siguiente dio origen a la multinacional que hoy llamamos Iberdrola. Por otro lado, José María de Oriol e Ybarra fue el encargado de heredar la empresa Tren Articulado Ligero Goicoechea Oriol (Talgo) que habían creado en 1942 junto al ingeniero Alejandro Goicoechea[20].

Los herederos del emporio Oriol. Legionarios de Cristo y Esperanza Aguirre

> *Tierra de conejos, país de madrigueras*
> *¿Cuántos huesos se han tragado las cunetas?*
> *Y danzan… y danzan… y danzan las sotanas*
> *[alrededor del fascismo.*
>
> *Sotanas,* de Enrique Villarreal (Barricada).

[19] «Lucas María de Oriol y Urquijo, empresario», *El País,* 13 de agosto de 2003 [https://elpais.com/diario/2003/08/13/revistaverano/1060725626_850215.html].

[20] Alejandro Goicoechea fue el ingeniero vizcaíno que diseñó el Talgo. Durante la Guerra Civil tuvo un papel importante al crear el «cinturón de hierro», las defensas fortificadas en las montañas de las afueras de Bilbao que servían para proteger la ciudad de los avances de las tropas fascistas. En febrero de 1937 desertó y entregó los planos al ejército franquista, lo que provocó la caída de las defensas en junio del mismo año.

En las familias de rancio abolengo con una importante influencia católica, los roles de género están muy marcados y casi dictados por las directrices de la Sección Femenina. En casa de los Oriol esos roles era casi una obligación. La mujer de José Luis de Oriol era Catalina de Urquijo y Vitórica, que se volcó en su familia y en actos sociales y de caridad. El papel de Catalina fue el de *mater dolorosa* desde que murió su hijo Fernando el 8 de octubre de 1936, luchando en el tercio de requetés. El régimen le concedió la medalla de sufrimientos por la patria[21] por dicha pérdida y comenzó a ejercer de terciaria carmelita. Rezos, abnegación y un cumplimiento estricto del papel que la dictadura y la Iglesia otorgaban a una mujer casada en una familia de seguimiento católico rígido, casi ascético. Sus profundas creencias religiosas la condujeron a llevar a cabo su filantropía en el mundo de la educación religiosa, al crear mediante su fundación[22] una serie de donaciones de terrenos cercanas a su casa de El Plantío para promover la enseñanza religiosa de órdenes salesianas en las poblaciones de Aravaca, Pozuelo y Majadahonda[23].

La familia tenía como objetivo llevar a cabo una obra de caridad y beneficencia con la Iglesia que acumulara los méritos suficientes para promover la beatificación de la matriarca. Una de las actuaciones para este fin fue la colaboración ímproba, con recursos económicos y cesión de terrenos, para contribuir en el complejo religioso del Cerro de los Ángeles (Getafe)[24]. Al terminar la Guerra Civil, la familia Oriol reconstruyó con un coste de un millón y medio de pesetas la

---

[21] *BOE,* 1 de febrero de 1939 [https://www.boe.es/datos/pdfs/BOE//1939/032/A00611-00613.pdf].

[22] *BOE,* 14 de abril de 1956 [https://www.boe.es/datos/pdfs/BOE//1956/105/A02462-02463.pdf].

[23] El 13 de junio de 1956 creó la obra salesiana El Plantío, que cuenta en la actualidad con el Colegio María Auxiliadora de Majadahonda entre otros muchos centros concertados de la zona [http://colegiosalesianasmajadahonda.com/colegio-salesianas-majadahonda/quienes-somos].

[24] Joseba Agirreazjuneaga *[et al.], Bilbao desde sus alcaldes,* cit.

iglesia, los coros y la casa de capellanes del complejo religioso[25]. La labor propició que María Maravillas Pidal y Chico de Guzmán, Santa Maravillas de Jesús, otorgara a los Oriol la concesión para ser enterrados a perpetuidad en la cripta de la iglesia, donde en la actualidad conservan un panteón familiar en el que han sido enterrados todos los ilustres del clan. De hecho, una de las hijas de Catalina de Urquijo era carmelita en la congregación de Santa Maravillas de Jesús en la mencionada localidad de la periferia madrileña.

La vinculación con las órdenes religiosas de la familia Oriol no se acabaría con su participación activa en las congregaciones carmelitas y salesianas. En la actualidad, la más importante y que entronca con la política autonómica madrileña al más alto nivel es su relación con los Legionarios de Cristo.

Marcial Maciel, el fundador de los Legionarios de Cristo, se enraizó en España a través de la familia Oriol y tuvo fructíferos contactos con Antonio María de Oriol en sus tiempos como ministro de Justicia de Franco. La familia Oriol fue la artífice de que la orden del religioso mexicano pudiera empezar a operar como orden en nuestro país. Las donaciones de terrenos a los legionarios fueron muchas y cuantiosas en el rico oeste de la Comunidad de Madrid, donde los Oriol poseían multitud de propiedades. La rama de los Oriol más vinculada a la milicia religiosa de Marcial Maciel es la de los «Oriol Muñoz»; cinco hijos de Ignacio María de Oriol y Urquijo han pertenecido a los Legionarios de Cristo hasta su salida de la orden, tras el escándalo de pederastia del fundador mexicano[26]. Los cuatro sacerdotes de la familia eran Juan Pedro, Santiago, Ignacio y Alfonso, además de Malén Oriol,

---

[25] Álvaro Marañón, *La Madre Maravillas: Del palacio al convento. Recuerdos y anécdotas de una vida,* Madrid, La Esfera de los Libros, 2016.

[26] «La increíble vida de Marcial Maciel», *El País,* 24 de enero de 2010 [https://elpais.com/diario/2010/01/24/domingo/1264308758_850215.html].

antigua responsable internacional de las consagradas, una especie de monjas sin hábito de los legionarios. Los Oriol han tenido importantes responsabilidades en las instituciones de educación del Regnum Christi, como el Colegio Everest, Highlands School Los Fresnos y Encinar, y la Universidad Francisco de Vitoria. Muchos de los terrenos de estos centros educativos fueron donados a la orden por los Oriol, como el que se encuentra en el Cerro del Coto, que le fue entregado a Marcial Maciel en 1980 y que, tras el escándalo sexual, pugnan con la congregación para recuperar[27].

Los Legionarios de Cristo han visto muy favorecidos sus negocios educativos, sociales, de caridad y de cooperación al desarrollo en la Comunidad de Madrid gracias a la proximidad ideológica con el PP de Esperanza Aguirre. Una cercanía que no es solo ideológica, sino de parentesco. Carolina de Oriol y Miranda es otra de las ramas que el clan entroncó con el poder político. Está casada[28] con Fernando Ramírez de Haro, primogénito de Esperanza Aguirre, y es la madre de los dos nietos de la lideresa, además de nieta de Antonio María de Oriol y Urquijo, el ministro franquista, ya mencionado, de la familia.

En el año 2007, la Fundación IUVE, de los Legionarios de Cristo, fue la segunda organización no gubernamental más favorecida por las subvenciones de Esperanza Aguirre[29]. En el año 2009, cuatro de los diecisiete centros de participación

---

[27] «La familia Oriol reclama una herencia millonaria a los Legionarios de Cristo», *El País,* 8 de diciembre de 2014 [https://elpais.com/politica/2014/12/06/actualidad/1417862592_213391.html].

[28] «Hoy es el bosque de los nobles, ¿mañana la nueva Finca?», *El Confidencial,* 18 de marzo de 2015 [https://www.vanitatis.elconfidencial.com/noticias/2015-03-18/hoy-es-el-bosque-de-los-nobles-manana-la-nueva-finca_730107/].

[29] «CIPIE y los Legionarios de Cristo, los más beneficiados por las subvenciones del Gobierno de Esperanza Aguirre», *Cadena SER,* 21 de marzo de 2007 [http://cadenaser.com/ser/2007/03/21/espana/1174438215_850215.html].

e integración para inmigrantes (CEPI) eran controlados por la Fundación Altius-Francisco de Vitoria gracias a la concesión pública que el gobierno de Aguirre otorgó a la milicia religiosa de la que la familia de su nuera formaba parte indispensable. En total, los Legionarios de Cristo recibieron 1,6 millones de euros de las arcas públicas para hacer apostolado contra el aborto en los centros destinados a inmigrantes latinoamericanos[30]. El apoyo de Esperanza Aguirre a la congregación no se quedó solo en lo crematístico, también prestó su imagen; junto a Mario Vargas Llosa, asistió a la inauguración del CEPI de los Legionarios de Cristo en Majadahonda con la presencia del rector de la Universidad Francisco de Vitoria, propiedad de los acólitos de Marcial Maciel[31]. La Fundación IUVE, ya mencionada, siempre ha sido favorecida por los gobiernos de Esperanza Aguirre. En el año 2007 fue de las que más «mamandurrias» recibieron por parte de la Comunidad de Madrid para proyectos de cooperación[32], además de proporcionarle los contratos, en diversas ocasiones, de Juvenalia[33]. El último favor de Aguirre a los Oriol se puede producir por la denominada Ley de Viviendas Rurales Sostenibles (la Ley Virus), que favorece la urbanización de terrenos forestales con chalets de una sola planta. Una ley que intentan aprovechar los nobles y ricos de la zona, entre los que se encuentra Luis María de Palacio de Oriol –primo

---

30 «Aguirre cede centros de inmigrantes a los Legionarios de Cristo», *El País,* 3 de abril de 2009 [https://elpais.com/diario/2009/04/03/madrid/1238757856_850215.html].

31 «Aguirre y Vargas Llosa inauguran el centro hispano-peruano», *Madrid Diario,* 12 de marzo de 2007 [https://www.madridiario.es/noticia/13413/municipios/aguirre-y-vargas-llosa-inauguran-el-centro-hispano-peruano.html].

32 «Esperanza Aguirre sigue subvencionando a la Fundación del antiguo jefe de prensa de Aznar», *Cadena SER,* 15 de noviembre de 2007 [http://cadenaser.com/ser/2007/11/15/espana/1195087818_850215.html].

33 *Ibidem* [http://cadenaser.com/ser/2007/11/15/espana/1195087818_850215.html].

de Ana de Palacio[34]–, para crear una urbanización de superlujo en el Monte del Pilar[35].

Porque la cultura del esfuerzo liberal y la meritocracia que siempre propugnó Esperanza Aguirre es más efectiva cuando, desde las arcas públicas, se provee de recursos a los familiares y amigos. El «relato de la excelencia» es habitual en los Oriol, que creen que su posición es fruto de su esfuerzo y no tiene nada que ver con herencias ni prebendas fruto de los enchufes, tal como aseguraban a una redactora de *El Mundo* en un artículo sobre la saga: «Muchos de los miembros del clan reconocen en privado que pertenecer a esta familia imprime un grado de responsabilidad, en su casa se premia el esfuerzo y se destierra la mediocridad»[36].

Entre los actuales herederos de la fortuna de los Oriol, forjada y vigorizada durante el franquismo, se encuentran multitud de figuras representativas de la vida social, política y económica de nuestros días. Grandes fortunas y posiciones de privilegio moldeadas gracias a las redes tejidas por los patriarcas de esta casta industrial vizcaína entre los que se encuentran, además de los citados, desde Mónica de Oriol e Icaza (Madrid, 1962), expresidenta del Círculo de Empresarios, propietaria de Seguriber y patrona de la Real Fábrica de Tapices, a Isabel Oriol Díaz de Bustamante, presidenta de la Asociación Española Contra el Cáncer, pasando por José Castillejo Oriol, «creador» de Pocoyó, el personaje de dibujos animados que cautivó a los niños.

---

[34] Ana Isabel de Palacio y del Valle Lersundi (Madrid, 1948) fue ministra de Asuntos Exteriores de 2002 a 2004, diputada por Toledo en las Cortes de 2004 a 2008 y vicepresidenta del Banco Mundial de 2006 a 2008.

[35] «El pueblo vs. los nobles: la guerra por las 800 hectáreas del Monte del Pilar», *El Confidencial,* 17 de febrero de 2016 [https://www.vanitatis.elconfidencial.com/noticias/2016-02-17/el-pueblo-vs-los-nobles-la-guerra-por-las-800-hectareas-del-monte-del-pilar_1150766/].

[36] «Los Oriol: una dinastía de prodigios», *El Mundo,* 23 de noviembre de 2016 [https://www.elmundo.es/loc/2015/05/02/5543c306ca47410e458b456b.html].

La endogamia de estas familias y su interés por crear una red que permita mantener sus privilegios provoca que los apellidos se crucen hasta hacerse una sola gran familia de empresarios, nobles y terratenientes forjados bajo el paraguas franquista. Para dejar a la familia creadora de Iberdrola, utilizaremos el nombre de otro Oriol.

Miguel Pelayo Primo de Rivera y Oriol, conde de Castillo de la Mota por la gracia de Franco[37], se casó un 10 de mayo de 1997 en Toledo con la presencia del entonces Príncipe de Asturias y ahora rey Felipe VI, porque ser miembro de la corte personal del monarca lo merecía[38]. El novio es nieto de Fernando Primo de Rivera Sáenz de Heredia, hermano del fundador de la Falange, pero también de María de Oriol y Díaz Bustamante, que es hija de Antonio María de Oriol y Urquijo. La novia, por otro lado, es Inés Isabel Entrecanales Franco, hija de Juan Entrecanales de Azcárate, uno de los hermanos al mando de la empresa Acciona, en la que esta novia dispone de una importante participación accionarial que la ha convertido en la 80.ª persona más rica de España según la revista Forbes[39].

---

[37] El Condado del Castillo de la Mota fue creado el 6 de enero de 1960 por Francisco Franco en beneficio de Pilar Primo de Rivera y Sáenz de Heredia, delegada nacional de la Sección Femenina durante la dictadura franquista.

[38] «La endogamia en la corte de amistades de Felipe VI», *La Marea,* 12 de marzo de 2016 [https://www.lamarea.com/2016/03/12/la-endogamia-en-la-corte-de-amigos-de-felipe-vi/].

[39] Forbes [http://forbes.es/ricos/].

6. Acciona

«Más vale tarde que nunca, / esto es una gran verdad, / pero escuchemos la voz / de los que estuvieron / y ya no están. / Cuando recuerdo esta historia, / se me parte el corazón. Estación, Los Merinales, / campo de concentración, / colonias penitenciarias, / esa era la dirección. / Allí, tenían a mi hermano, / también estaba mi padre. / Allí había muchos hombres, / unidos por los alambres. / A la sombra de un eucalipto, / en una alameda grande / allí llevé yo a mis hijos, / para que los viera mi padre. / Estaban redimiendo causa. / ¿Qué delito cometieron?, / si solo querían la igualdad / de los hombres y los pueblos. / Esto no es una poesía, / es una ofrenda de honor, / para todos los que estuvieron / en campos de concentración». Francisca Adame nació en La Victoria en el año 1922[1] y escribió este poema en memoria de su padre y de su hermano, que estuvieron encarcelados en el campo de concentración de Los Merinales (Dos Hermanas, Sevilla). El campo de concentración fue uno los varios que se constituyó para dar servicio de presos esclavos a la construcción del Canal del Bajo Guadalquivir, también denominado Canal de los Presos.

En el año 1929 se construyó una zona burguesa en Sevilla con motivo de la exposición universal. La zona presentaba graves problemas de vertidos fecales, algo que urgía solucionar, más aún cuando en ese barrio vivía gente de poderes. Así que,

[1] «Sufrimos mucho para traer la democracia, no hay derecho a que la ensucien así», *eldiario.es,* 22 de marzo de 2013 [https://www.eldiario.es/quehacemos/Sufrimos-traer-democracia-derecho-ensucien_6_113798633.html].

en plena Guerra Civil, el Ayuntamiento de Sevilla encargó a la empresa Entrecanales y Távora la construcción de un canal que llevara los vertidos lejos de los barrios ricos de Heliópolis y La Palmera. Cecilio Gordillo, miembro de la Comisión de Memoria Libertaria de CGT y coordinador de Todos los Nombres (http://todoslosnombres.org), detalla cómo la compañía sevillana habló con el alcalde de la ciudad para comunicarle que, al no tener suficiente mano de obra para realizar los trabajos, necesitaría presos. Así que Ramón de Carranza Gómez, alcalde de Sevilla, eligió en las prisiones, a dedo, a los trabajadores restantes. Los presos de El Colector ni siquiera estaban bajo el programa del Patronato para la redención de penas por el trabajo[2], ya que este fue creado nueve meses después.

El campo de El Colector fue especial, diferente al resto, porque en el expediente[3] de su creación firmado por el militar fascista Gonzalo Queipo de Llano el 29 de enero de 1938 se lo define como «Campo de Concentración», sin los eufemismos que posteriormente usarían para los sucesivos.

En el punto cuarto del expediente se explicita: «Solicitar de la autoridad competente que la mano de obra sea facilitada por los prisioneros sometidos al régimen de regeneración por el trabajo, estableciendo, con cargo a los fondos de estas obras, un campamento o campo de concentración para dicho personal cuyo emplazamiento se fija en el terraplén de la margen izquierda de la Corta de Tablada, en la extensión del antiguo cauce del río Guadaira».

Los trabajadores fueron hacinados en el campo de concentración de El Colector, con capacidad para 250 personas pero

---

2 Sistema ideado por el régimen franquista para solventar el problema de saturación de las prisiones y disponer de mano de obra que realizara trabajos destinados a construcción de infraestructuras o a la reconstrucción de aquellas dañadas en la guerra.

3 Expediente de memoria del proyecto del colector de Sevilla, enero de 1938 [https://ep00.epimg.net/descargables/2015/09/02/77dbd766d49530affc5084aabaeed060.pdf].

que llegó a acoger a muchas más. Según Mario Daza, «el campamento levantado en la zona junto al río constaba de cuatro barracones, en una disposición muy similar a la que posteriormente adoptaron en los campos de concentración del nazismo, un hecho al que contribuyó que Franco estuviera apoyado por varios asesores alemanes vinculados al régimen. El primero de ellos estaba destinado al personal de oficiales, clases y tropa encargada de la vigilancia del campo, oficinas y enfermería; otro con los dormitorios de los 250 prisioneros encargados de la ejecución de las obras del colector; un tercero en el que se ubicaban los comedores de jefes y reos, la cocina y la siempre inexorable capilla. El cuarto y último albergaba varios departamentos menores en los que se daba cabida a los aseos, lavaderos, garaje y almacenes. Todo dispuesto en forma de rectángulo, que permitía formaciones para revistas del personal y su esparcimiento en las horas de descanso»[4].

Los trabajadores esclavos recibían una contraprestación mucho más escasa que la de los trabajadores libres. El sistema establecido fue el mismo que posteriormente se daría en el patronato para la redención de penas. Las empresas concesionarias pagaban al régimen franquista una cantidad por preso, que en el caso del Canal Bajo del Guadalquivir podían ser 12,5 pesetas; 10 de ellas iban directamente al Régimen, 2 se cobraban en manutención, y los otros 50 céntimos eran para el reo. Para ponerlo en perspectiva, un obrero libre cobraba al menos 10 pesetas. Esa es la teoría o, en algunos casos, la propaganda franquista. Manuel Almansa, uno de los presos en La Corchuela, otro de los campos del Canal, contaba así su experiencia sobre el salario que les daban empresas como Entrecanales y Távora o Agroman: «A nosotros nos daban allí, en La Corchuela, cincuenta céntimos de jornal,

---

[4] «El colector de la represión», *El Correo de Andalucía,* 6 de septiembre de 2011 [http://memoriahistorica.org.es/s1-news/c1-ultimasnoticias/el-colector-de-la-represion/].

porque nosotros ganábamos jornal, pero el jornal lo pagaba el empresario, empresas como Agromán y esa gente; pues esos contrataban 200 presos, y esos jornales los pagaba la empresa al Gobierno, entonces ganaba siete u ocho pesetas un obrero, pero de esas a nosotros nos daban cincuenta céntimos y lo demás era beneficio para el Gobierno. Decía que eso pasaba a una cartilla para cuando saliéramos, pero verás, yo fui a Correos a reclamar y me dijeron que sí, que esos dineros habían llegado allí, pero que eso pasa todo al Tesoro Público. Eso me dijo el director de Correos. Ese dinero no va a ninguna persona. Yo luego busqué informes a ver si era verdad o era que me engañaban para no dármelo, y me dijo un abogado que estuvo preso con nosotros que era de Ayamonte, se llamaba Don Braulio, vivía en la calle Méndez Núñez y estuve hablando con él, y me dice: Mira, antes que tú he ido yo a reclamar y es cierto, eso es para el Tesoro Público y a nosotros no nos dan nada de eso. A nosotros nos daban un taco de jabón y tres duros todos los meses».

No solo los salarios eran exiguos, también lo era la alimentación. El rancho podía oscilar según el destacamento penal, pero en la Dirección General de Instituciones Penitenciarias se pueden consultar los anuarios del Patronato para la Redención de Penas por el Trabajo en el que aparece, según el régimen franquista, cuál era la alimentación que recibían los reos por su labor para las empresas.

Para el desayuno les daban 7 gramos de pan, 6 gramos de aceite, 50 gramos de tocino, dos cebollas, sal y pimentón. En la comida el ágape constaba de 200 gramos de pan y 200 de garbanzos, 133 gramos de patatas, 16 gramos de aceite y 33 gramos de carne. La cena constaba de 160 gramos de judías, 200 gramos de pan, 100 gramos de patatas y 20 gramos de tocino.

Lo que contaban algunos presos dista mucho de esta relación alimentaria que, aun pareciendo exigua, sería un manjar en tiempos de escasez. Según cuenta una cocinera que tuvo que dar alimento para los presos en el campo de Vidángoz (Navarra), la comida era mucho más pobre: «Yo lo que vi que les daban aquí no era de sustancia, de alimento nada [...] El desayuno, con unas tabletas [de chocolate], no me acuerdo exactamente cuántas, pero me parece que eran 7 o 8 las que echaban, y en un caldero grande ¡con tanta agua! ¡Pues aquello sería un caldo de castañas! [...] Y la comida, legumbres y cosas así, pues ya te digo ¡a semejante calderada!, que se le podía decir calderada de los cerdos, una botella de aceite, un litro, ¡qué sustancia podía tener aquello!»[5].

El campo de concentración de El Colector fue muy fructífero para la empresa Entrecanales y Távora. Cuando los trabajos los puedes hacer ahorrándote sueldos con obreros esclavos, el beneficio neto es considerable. Hoy en día en los terrenos en los que se encontraba el campo, en un terraplén de la margen izquierda de la Corta de Tablada, en el antiguo cauce del río Guadaira, se encuentra una nave de Acciona, la empresa resultante del emporio Entrecanales. A escasos cien metros, por cuestación popular, se erige un monolito que recuerda a los presos que ayudaron a construir el imperio Entrecanales obligados por el fascismo[6].

José Manuel Entrecanales Domecq es el actual presidente ejecutivo de Acciona, un cargo que debe y heredó de su abuelo José Entrecanales Ibarra, y una fortuna que su ancestro hizo junto a su socio Manuel Távora Barrera durante el franquismo. La empresa Entrecanales y Távora, integrada hoy en Acciona, fue una de las constructoras de cabecera del régimen, como la misma página de Acciona reconoce en su sec-

---

[5] «Los batallones de soldados trabajadores vistos y recordados por la población de la montaña navarra (Vidángoz e Igal: 1939-1941)», de Edurne Beaumont Esandi y Fernando Mendiola Gonzalo [http://centresderecerca.uab.cat/cedid/sites/centresderecerca.uab.cat.cedid/files/comuniII-1.pdf].

[6] «Un monolito para honrar a los presos del fascismo», *El Correo de Andalucía,* 17 de julio de 2016 [http://elcorreoweb.es/sevilla/un-monolito-para-honrar-a-los-presos-del-fascismo-YC2004320].

ción sobre la historia de la empresa: «En los años de la posguerra, la compañía fue muy activa, consolidando su posición como una de las compañías más innovadoras del país».

No puede negarse que esa frase es cierta, incluso antes de la posguerra. Así lo atestiguan los documentos de la Junta de Obras de la Ría del Guadalquivir y Puerto de Sevilla del año 1938, en los que se cumplimentaban los pagos por parte del régimen franquista de los emolumentos a José Entrecanales Ibarra por los trabajos prestados con los presos del campo de concentración de El Colector[7].

La muerte de Manuel Távora en 1940, del que no quedan muchos registros más allá de ser uno de los primeros en utilizar hormigón armado en sus construcciones y ser el realizador del puente de San Telmo en Sevilla, dejó toda la empresa en manos de Entrecanales quien, al calor de Francisco Franco, llevó a su empresa a unos niveles de facturación que el ingeniero bilbaíno jamás hubiera imaginado cuando se trasladó a Madrid con solo dieciséis años para estudiar Caminos, Canales y Puertos. La labor del empresario se realizó sobre todo a través del Plan de Recuperación del Ferrocarril con su participación en las empresas CYT (Cubiertas y Tejados) y MZOV (compañía de construcciones del Ferrocarril Madrid, Zamora, Orense y Vigo), la obra civil hidráulica del régimen como el Embalse del Atazar o el Almendra sobre el río Tormes, así como su participación en la construcción de las bases militares norteamericanas tras el acuerdo entre España y Estados Unidos[8].

Los beneficios de hacer negocios con el régimen franquista y en simbiosis con una dictadura represiva eran de diversa

---

[7] 14 libramientos de la Junta de Obras de la Ría del Guadalquivir y Puerto de Sevilla a nombre de José Entrecenales Ibarra anexos al expediente de creación del campo de concentración de El Colector [https://ep00.epimg.net/descargables/2015/09/02/77dbd766d49530affc5084aabaeed060.pdf].

[8] Begoña Moreno Castaño y Gloria Quiroga Valle, *José Entrecanales Ibarra: ingeniero, empresario y profesor, 1899-1990,* Madrid, Grupo Entrecanales, 2011.

índole. La imposibilidad de sus trabajadores de sindicarse, y unos tribunales que veían cualquier reivindicación laboral como sospechosa de comunismo y desafección al régimen, permitían a las empresas, entre las que se encontraba la de los Entrecanales, abusar de manera sistemática de los empleados. Para mostrar cómo la estructura orgánica de la dictadura permitía la sistematización de los abusos laborales, sirva el conflicto abierto que los trabajadores de Sevilla tuvieron con Entrecanales y Távora a finales del año 1969.

En octubre de 1969 la empresa de José Entrecanales Ibarra despidió a ciento nueve trabajadores que construían canalizaciones para una obra en la Costa del Sol argumentando que la finalización del trabajo conllevaba el final del contrato. Los trabajadores, que tenían contrato fijo, decidieron protestar y encerrarse, junto a sus hijos y familiares, en la parroquia del Sagrario de la catedral de Sevilla con el completo apoyo del párroco, José Ruiz Montero, que en todo momento se puso de lado de los obreros haciendo averiguaciones para ver si se podría solucionar a su favor el conflicto. El día 16 de octubre de 1969 la Magistratura de Trabajo n.º 1, en una resolución poco común, dio la razón a los trabajadores y obligó a la empresa Entrecanales y Távora a readmitir a los obreros y pagarles los salarios pendientes. El conocimiento del fallo llevó al propio párroco a lanzar gritos de «¡¡Viva la Justicia!! ¡¡Viva la clase obrera!! y ¡¡Viva Sevilla!!»[9]. Sin embargo, la alegría fue efímera. Las gestiones de José Entrecanales con las autoridades propiciaron que el fallo fuera revocado en otra sentencia por Justo Pastor Asensio[10], quien era jefe sindical del Movimien-

---

[9] *La Vanguardia,* 15 de octubre de 1969 [http://hemeroteca.lavanguardia.com/preview/1969/10/15/pagina-8/33593282/pdf.html?search=Entrecanales].

[10] Justo Pastor Asensio era hijo de Patricio Benigno Asensio Aledo; ambos fueron juzgados por un Juzgado Especial para la provincia de Murcia n.º 2 en octubre de 1936 por su adhesión a la rebelión militar. Patricio Benigno fue condenado a la pena de muerte al ser el líder del partido derechista de Acción Popular en Huércal-Overa. Por otro lado, Justo Pastor lo fue a reclu-

to, pero también magistrado, y con causas pendientes contra los rojos. Un nuevo encierro de trabajadores en la factoría de Punta Verde en Sevilla protestando por la decisión fue disuelto por la Policía Armada. Los ciento nueve trabajadores fueron despedidos, y posteriormente otros treinta que se habían solidarizado con sus compañeros[11].

En 1970 José Entrecanales Ibarra cedió la responsabilidad de la empresa a sus dos hijos, Juan Entrecanales de Azcárate como vicepresidente y su hermano José María como presidente, no sin que Franco le hubiera agradecido los servicios prestados al régimen franquista. El 18 de julio de 1969, con ocasión de la conmemoración del Alzamiento Nacional, el dictador le concedió la Gran Cruz de la Orden del Yugo y las Flechas[12].

Los Entrecanales de Azcárate son los responsables de haber creado las tres ramas familiares que hoy en día están al mando de Acciona. José María se casó con Blanca Domecq y con María Marsans, de donde emanan las ramas Entrecanales Domecq y Entrecanales Marsans. Por otra parte, del matrimonio de Juan con Mercedes Franco Carles surge la rama Entre-

---

sión perpetua, de la que sería liberado tras el éxito del golpe de Estado (FR, AHN, R-89/1,3 / «Pieza 5.ª: Justicia Roja» [IX]). Averiguaciones realizadas por el Fiscal Instructor de la Causa General de Murcia, Cardiel Escudero, sobre el funcionamiento, composición y actuación de los distintos tribunales ordinarios [https://archivoweb.carm.es/archivoGeneral/ARG.mostrar_visor3?idses=0&id=4696375&fichero=https://archivoconsulta.carm.es/ArchiDocWeb/pages/tiles/imagenes2/FINAL/VOLAHN89/Legajo_1.067_1/AHN089094.jpg].

[11] *La Vanguardia,* 25 de noviembre de 1969 [http://hemeroteca.lavanguardia.com/preview/1969/10/15/pagina-8/33595318/pdf.html?search= Entrecanales]. *La Vanguardia,* 5 de febrero de 1970 [http://hemeroteca.lavanguardia.com/preview/1970/02/05/pagina-8/39497336/pdf.html?search= Entrecanales].

[12] Decreto 1486/1969, de 18 de julio, por el que se concede la Cruz de la Orden Imperial del Yugo y las Flechas a don José Entrecanales Ibarra, *BOE* del 18 de julio de 1969 [https://www.boe.es/boe/dias/1969/07/18/pdfs/BOE-S-1969-171.pdf].

canales Franco. Es importante establecer dichas ramas porque de ahí surgen otras historias empresariales. En la actualidad, José Manuel Entrecanales Domecq y Juan Ignacio Entrecanales Franco son los que tienen capacidad ejecutiva en Acciona, un vástago de cada padre. Ya hablamos en el capítulo anterior de Inés Isabel Entrecanales Franco, casada con uno de los Primo de Rivera y Oriol.

La rama etílico-política

Blanca Domecq y Zurita fue la primera esposa de José María Entrecanales de Azcárate. Es hija de otra ilustre familia de señoritos jerezanos. Su padre, Pedro Francisco Domecq y González Gordón (II vizconde de Almocadén), forma parte de la primera generación de la unión de los Domecq con los bodegueros González Gordón, propietarios de las bodegas González Byass. Si la endogamia es un género bastante trabajado entre las familias de clase pudiente, entre los bodegueros andaluces alcanza una dimensión especial. La unión con los propietarios de González Byass tiene importancia debido a uno de los episodios más negros de la historia de la represión franquista en Almonte (Huelva), con la Hermandad de la virgen del Rocío como protagonista.

La Hermandad de Nuestra Señora del Rocío de Jerez de la Frontera se creó el 27 de abril de 1932[13] en la bodega La Constancia, de los González Byass, como iniciativa de Antonio León Manjón, conde de Lebrija, el reverendo Pablo Yllanes, José María Reales Carrasco y Pedro Nolasco González, marqués de Torre Soto de Briviesca y gerente de González Byass. Entre los vocales se encontraban todos los terratenientes de la zona: José Domecq de la Riva, Estanislao Domecq

[13] Web oficial de la Hermandad del Rocío de Jerez [http://www.rociojerez.com/historia.htm].

González, José Manuel Domecq Rivero, José Soto Domecq. La fundación de la Hermandad vino motivada por la decisión de la corporación municipal republicana de Almonte de retirar, en febrero de 1932, los azulejos de la imagen de la virgen del Rocío del salón capitular tras la decisión del gobierno nacional de decretar laico el Estado español, según constaba en el artículo 27 de la Constitución Española. Pero la cuestión religiosa escondía una verdadera motivación económica de los terratenientes que conformaron la Hermandad, quienes provocaron una algarada contra el ayuntamiento[14], para lo cual no dudaron en abrir sus bodegas y alentar a los alboratadores a que protestaran sin límite de alcohol. El motivo de la protesta, sin embargo, era menos espiritual.

Desde la proclamación de la República, la cuestión agraria había tomado una importancia cardinal en la política andaluza. Los ayuntamientos republicanos habían comenzado a hacer un estudio sobre los terrenos de sus corporaciones y la propiedad de los mismos. Según el historiador Francisco Espinosa Maestre, en Almonte se comenzó a investigar el origen de las compras privadas producidas por la desamortización de Pascual Madoz de 1855, que había reducido la propiedad municipal en 50.000 hectáreas[15].

«Podemos imaginar el cuerpo que se les puso a los selectos propietarios de las 50.000 ha. que en los últimos 80 años habían pasado a manos privadas cuando empezaron a ver el derrotero que tomaba la cuestión agraria. Esta y no la decisión de quitar los azulejos del salón de plenos fue la causa de los "sucesos de Almonte", organizados de tal manera que el ayuntamiento republicano quedara descalificado y humillado, y el

---

[14] *La Cruz: diario católico,* XXXII/ 10068 (6 de marzo de 1932) [http://prensahistorica.mcu.es/es/catalogo_imagenes/grupo.cmd?interno=S&posicion=1&path=3051367&presentacion=pagina].

[15] «Algunas claves de la represión en Almonte», de Francisco Espinosa [http://www.todoslosnombres.org/sites/default/files/investigacion22_1.pdf].

antiguo alcalde, Reales Carrasco, apareciera como el verdadero jefe natural que la comunidad reclamaba para su buena marcha. Todos fueron conscientes de la gravedad de lo ocurrido, un verdadero motín de carácter político, que además tuvo lugar en el momento clave en que se discutía la Ley de Reforma Agraria. Imaginemos cómo hubiera sido disuelto un acto similar solo unos años antes», explica Francisco Espinosa Maestre.

El triunfo del golpe de Estado fue el final de la corporación republicana. Cien personas fueron fusiladas el 25 de julio de 1936 con la colaboración de los miembros de la Hermandad de terratenientes. Según se narra en el documental *Rocío,* de Fernando Ruiz Vergara, fue José María Reales Carrasco el responsable de las ejecuciones sumarias[16].

La lealtad de los bodegueros al golpe de Estado fascista no se ocultó nunca. Hasta la publicidad de unos de sus emblemas como Tío Pepe se mostraba entusiasta con sus lemas considerándose el vino de los soldados de España, o lo «único que no han podido destruir los rojos». Su compromiso con el bando sublevado les llevó incluso a hacer coplillas publicitarias.

> Ya que el vino de Jerez, tantas virtudes encierra, / que hace joven la vejez, y da valor en la guerra… / ¿por qué no mandáis Jerez a todas nuestras trincheras? / ¡Así veríais de

---

[16] En el documental, rodado entre 1976 y 1978, un vecino de Almonte llamado Pedro Gómez Clavijo relata la represión que llevaron a cabo durante la guerra una banda de falangistas. Clavijo llegó incluso a acusar con nombre y apellidos a uno de los cabecillas de los crímenes, el que fuera alcalde de la localidad, José María Reales Carrasco. Tras una dura campaña de la prensa de derechas y la denuncia de los familiares del acusado, el Tribunal Superior de Andalucía prohibió la exhibición del documental en todo el territorio español. La sentencia fue ratificada por el Tribunal Supremo. Las frases de la sentencia son una verdadera oda a la amnesia histórica de la Transición. Véase «El documental sobre el Rocío que fue censurado en democracia», *La Marea,* 9 de junio de 2014 [https://www.lamarea.com/2014/06/09/el-documental-sobre-el-rocio-que-fue-censurado-en-democracia/].

veras nuestro triunfo de una vez! / Tres cosas, tres / secarán el llanto de nuestros de ojos / Tres cosas / lograrán tener a todos los rojos / de nuestras leyes debajo.

Otra de las coplas de González Byass publicada en noviembre de 1936 en el diario *ABC* de Sevilla para animar a las tropas fascistas mientras vendía sus bebidas espirituosas decía: «Tres meses tardó Toledo, y aunque seis tarde Madrid, qué pocos son nueves meses pa ver a España feliz». El 9 de abril se publicó otra página publicitaria en prensa en la que con una imagen de Francisco Fernández de Córdoba, el actor que leería el último parte de guerra, se congratula de que ya pueda ir a Jerez a tomarse unos vinos tras la victoria fascista[17]. El 16 de octubre de 1936 se publicó otra de las coplas de González Byass a favor del exterminio rojo con motivo del Día de la Fiesta de la Raza: «Guitarra tiene el TIO PEPE, para dar caza a los rojos, pues, cuando canta al Pilar, todos se postran de hinojos»[18]. La relación de los González Byass con el general Gonzalo Queipo de Llano era tan cercana que, conocida la afición del golpista por el alcohol, se ganó el apodo de «General González Byass».

La aportación de los bodegueros andaluces de la familia Domecq y González no se circunscribió a las coplillas publicitarias de su vino estrella. Álvaro Domecq Díaz fue alcalde de Jerez entre 1952 y 1957 y presidente de la Diputación de Cádiz de 1957 a 1967, además de procurador en Cortes. Otro de los miembros del clan tuvo una participación directa en la represión franquista. El 24 de julio de 1936 Estanislao Domecq González participó en el tercio «Mora-Figueroa», nombre que se le dio a una parte del Tercer Grupo de Regulares Indígenas de Ceuta liderados por Manuel Mora-Figueroa y

---

[17] *ABC de Sevilla,* 9 de abril de 1939 [http://hemeroteca.abc.es/nav/Navigate.exe/hemeroteca/sevilla/abc.sevilla/1939/04/09/024.html].

[18] Publicidad de Tío Pepe (González Byass), Hemeroteca del *ABC*. Véanse «Anexos», *infra.*

Salvador Arizón Mejías[19], marqués de Arizón, que montaron operaciones de limpieza con los terratenientes para liberar sus fincas y organizar una terrible represión. En Arcos de la Frontera acabaron con 86 republicanos que ocupaban unas fincas de los señoritos[20].

La relación de los Domecq con el bando fascista fue muy productiva y sirvió para proporcionar agasajos a los aliados del régimen. En mayo de 1937 se produjo la visita a Jerez del Muley Mohamed Ben Yussuf en agradecimiento por la participación del pueblo marroquí en la «cruzada». Los elegidos para que la visita estuviera llena de atenciones y honores fueron los Domecq, que cedieron su bodega y sus propiedades para el banquete de honor. Los Domecq enseñaron para la ocasión una barrica de vino de más de 80 años con la inscripción: «Francisco Franco Bahamonde. Fundador y jefe del nuevo Estado Español». Las presidencias de la mesa de honor fueron ocupadas por el marqués de la Casa de Domecq y por José Domecq de la Riva[21]. Los servicios prestados de todos los bodegueros jerezanos les fueron devueltos con creces, como consta en Boletín Oficial de Estado de 13 de diciembre de 1938, en el que Francisco Franco autorizó a González Byass[22] a inscribir varias fincas rústicas en el registro de la propiedad. El motivo era que la ley republicana de 16 de febrero de 1932 instaba a las sociedades jurídicas extranjeras a

---

[19] En el año 1942 el Ayuntamiento de Jerez de la Frontera regaló un chalet, en el número 28 de la actual calle Taxdirt del municipio, a Salvador Arizón Mejías en pago por los servicios prestados al golpe de Estado fascista. El inmueble sigue siendo propiedad del Marquesado de Arizón, que recae ahora sobre Salvador de Arizón Sancho.

[20] Paul Preston, *El holocausto español. Odio y exterminio en la Guerra Civil y después,* Barcelona, Debate, 2011.

[21] Visita del Muley Mohammed a Jerez, *ABC,* 18 de mayo de 1937 [http://hemeroteca.abc.es/nav/Navigate.exe/hemeroteca/sevilla/abc.sevilla/1937/05/18/009.html].

[22] *BOE,* 13 de diciembre de 1938 [https://www.boe.es/datos/pdfs/BOE//1938/166/A02920-02921.pdf].

pedir autorización para inscribir fincas rústicas como una de las medidas tomadas para la Ley de la Reforma Agraria que se intentó llevar a cabo[23].

Los Marsans, la rama turística de los Entrecanales

La segunda mujer de José María Entrecanales de Azcárate es María Marsans Astoreca, hija de Enrique Marsans Coma y Elena de Astoreca y Gavaldá. El éxito empresarial, a los Marsans, también les vino gracias a la cercanía con el franquismo y el apoyo sin fisuras al golpe de Estado de 1936, algo que molesta mucho a sus herederas pero que no deja de ser una evidencia histórica con la que tienen que vivir. En diciembre de 2017 participé en el programa *Más Vale Tarde,* de La Sexta, invitado para hablar de las propiedades de los Franco. En mi intervención hablé de la adquisición del domicilio que los familiares del genocida tenían en la calle madrileña Hermanos Bécquer, 8, y cómo llegó a su poder. Para ello me basé en la investigación que Mariano Sánchez Soler realizó en su libro *Los Franco S.A.,* en particular en un breve párrafo que el autor dedicó a una sociedad instrumental llamada Ursaria S.A.: «El 22 de noviembre de 1941, Elena de Astoreca y Gavaldá, siendo menor de edad, heredó la finca de la calle Hermanos Bécquer número ocho. Trece años más tarde, Elena de Astoreca, casada con el empresario Enrique Marsans Coma, propietario de la agencia de viajes de su mismo nombre y cuya fortuna se labraría al calor de su íntima relación con la familia Franco, aportó el inmueble a cambio de 4.273 acciones equivalentes a 4.274.000 pesetas de la nueva empre-

---

[23] «El derecho de adquisición de fincas por extranjeros», *ABC,* 18 de febrero de 1932 [http://hemeroteca.abc.es/nav/Navigate.exe/hemeroteca/madrid/abc/1932/02/18/030.html].

sa Ursaria, S.A., una sociedad escriturada en el registro mercantil de Madrid y en cuyo documento fundacional compartía los honores del consejo de administración con Ramón Díez de Rivera Casares, marqués de Huétor de Santillán, jefe de la Casa Civil de Franco, José María Sanchiz Sancho y Felipe Polo Martínez-Valdés, hermano de doña Carmen y secretario particular del Jefe del Estado».

Mi intervención en televisión trasladando las investigaciones del periodista alicantino sobre el patrimonio de los Franco no gustó a María e Isabel Marsans[24], quienes escribieron un correo electrónico a Rodrigo Blázquez, director del programa, presionando para que me censuraran y exigiendo que rectificara la información, algo a lo que la dirección no accedió, confiando en mi información, y me trasladó la petición para que yo mismo hablara con las herederas.

Esta es la transcripción literal del correo electrónico de María e Isabel Marsans enviado a la dirección de *Más Vale Tarde:*

> Nos dirigimos a usted para expresarle nuestra indignación y la de toda nuestra familia ante las informaciones que con absoluto desconocimiento y falta de rigor y respeto sobre nuestro padre, Enrique Marsans, vertió al final del programa de «Más vale tarde» del pasado día 29, Antonio del Corral *[sic]*. Este periodista tuvo la desfachatez de afirmar contundentemente que Enrique Marsans hizo su fortuna al amparo de Franco y que debido a esa circunstancia, regaló al General la casa de Hermanos Becquer 8, actual domicilio de la familia Franco.
>
> Espero que ante la información que le vamos a proporcionar en este escrito, este mismo martes dos de enero lleven

[24] Juan Garaizábal Marsans, hijo de Isabel Marsans Astoreca, está casado con María de León Castillejo de Oriol. «María León: "Por ser de una familia aristocrática, alta y rubia tienes que pagar un precio"», *El Mundo,* 6 de junio de 2013 [https://www.elmundo.es/elmundo/2013/02/03/gentes/1359902742.html].

ustedes a cabo una rectificación clara y contundente sobre dichas falsedades, ya que este señor que con tan poco conocimiento habla de los demás parece querer dar la imagen de que cualquier empresario que desarrollara su actividad profesional en España entre 1939 y 1976, solo podía hacerlo al amparo de Franco, lo cual ya de por sí coloca a las personas en el punto de mira de la corrupción y el favoritismo.

Enrique Marsans era hijo de Luis Marsans Peix, fundador de Viajes Marsans que fue la primera agencia de viajes española, y nieto de José Marsans Rof, que en 1892 había constituido la Banca Marsans en Barcelona. Se educó en Suiza e Inglaterra, donde obviamente podía haber desarrollado su trayectoria profesional pues contactos y ofertas no le faltaron, pero quiso trabajar para su país.

Al acabar la Guerra de España nuestro padre tenía 31 años, y por méritos propios, ya que hablaba cuatro idiomas y eso no era habitual, fue nombrado Jefe del Servicio Nacional de Turismo; posteriormente recompró Viajes Marsans, que había salido de la familia por diversos motivos, y con su esfuerzo logró situarla entre las primeras Agencias de Viajes a nivel mundial.

Durante la Segunda Guerra Mundial y a través de Viajes Marsans, Enrique Marsans logró sacar de Europa por encargo de las agencias de viajes Suizas y a través de Francia y España con destino a las dos Américas, a cientos de judíos perseguidos, algunos de cuyos viajes fueron financiados por él. Esa es otra historia de la que hay un libro en preparación, pero lo traemos a colación porque nos parece que este hecho da una idea del tipo de persona que fue nuestro padre.

Enrique Marsans jugó un papel muy relevante en la apertura de España al turismo, y apostó por proyectos pioneros que lamentablemente no tuvieron apoyo por parte del Gobierno, como la propuesta de hacer de la isla de Cabrera un centro cultural del Mediterráneo, que habría aportado dinero y prestigio a nuestro país.

A lo largo de su vida profesional ostentó la presidencia o vicepresidencia de las más importantes agrupaciones de agencias de viaje del mundo, como FIAV, GOETO, ASTA, SKAL INTERNATIONAL, colaboró en la prensa con innumerables artículos sobre el turismo en nuestro país y en el mundo, y fue condecorado en el sector turístico por Francia, Italia, Austria y España.

Nuestro padre no hizo su fortuna al amparo de Franco; tampoco fue amigo o próximo a Franco. Franco ni le dio ni le quitó. A él le tocó vivir en aquél momento, e hizo todo lo que pudo por su empresa.

Y por último y respecto a las informaciones que dio Antonio del Corral, afirmando que la casa de Hermanos Becquer 8, actual domicilio de la familia Franco y Martinez Bordiu era de Enrique Marsans y que se la regaló a Franco, quiero que sepa que Enrique Marsans nunca fue dueño de la casa de Hermanos Bécquer 8.

Ese edificio era de mi madre, Elena de Astoreca. En la década de los años sesenta esta casa situada en un lugar privilegiado de Madrid recibía frecuentemente la visita de Carmen Polo, ya que en ella vivía una de sus amigas cuyo nombre no viene a cuento. Carmen Polo se encapricho de ella y nuestra madre no tuvo la posibilidad de negarse a una venta simbólica que produjo grandes disgustos en mi familia. Para ser más explícita: A mi madre le quitaron la casa.

Creo que en este escrito le hemos aportado datos suficientes para que restituyan ustedes el buen nombre de una persona que fue un empresario ejemplar, querido y recordado por todos aquellos que a lo largo de su vida trabajaron a sus órdenes, que puso su esfuerzo y su ilusión en que España saliera de la oscuridad y de la posguerra y tuviera un papel importante en el ámbito del Turismo a nivel mundial. Y lo consiguió.

Atentamente

Isabel y María Marsans.

Las hijas de Enrique Marsans Coma se molestaron sobre todo por poner en duda que la fortuna de la que ahora disfrutan fuera fruto del «favoritismo» por la cercanía con los Franco, y no de la valía de su progenitor y del esfuerzo empresarial que «por méritos propios» logró. Lo cierto es que su padre sí trabajó para su país y empezó a hacerlo en el bando franquista durante la Guerra Civil Española.

Enrique Marsans Coma fue jefe de prensa del bando fascista desde abril de 1937, de manera provisional hasta que el cargo se oficializó el 19 de julio del mismo año[25], cuando se publicó la Orden que creaba el cargo de Oficial de Prensa. La labor encomendada era la de atender y vigilar a periodistas extranjeros para que la propaganda fascista se convirtiera en noticias favorables al levantamiento[26]. Enrique Marsans era colaborador directo de Luis Antonio Bolín Bidwell, jefe de propaganda franquista y director general de Turismo de 1938 a 1953, además de tener responsabilidad directa en la contratación del *Dragon Rapide* en Londres. En esa oficina de prensa franquista estuvieron personajes siniestros como Gonzalo de Aguilera Munro, conde de Alba de Yeltes[27]. La reportera de guerra Virginia Cowles tuvo que compartir viajes con Aguilera como oficial de prensa por tierras castellanas. En uno de esos viajes en el mercedes amarillo que tenía el conde para llevar a los periodistas donde le interesaba, cerca de Aguilar de Campoo, clamó de repente: «¡Malditos rojos! ¿Por qué tienen que meter ideas en la cabeza de la gente? Todo el mundo sabe que la gente es imbécil y que le va mu-

---

[25] Orden de 28 de julio de 1937 firmada por Nicolás Franco [https://www.boe.es/datos/pdfs/BOE//1937/281/A02579-02579.pdf].

[26] «Corresponsales y Censura en la Guerra Civil Española», de Paul Gordon [http://revistaaportes.com/index.php/aportes/article/viewFile/66/51].

[27] «El papel del oficial de prensa en el Bando Nacional: Gonzalo de Aguilera Munro», de Luis Arias González [https://webcache.googleusercontent.com/search?q=cache:8ZVod0lqDMkJ:https://dialnet.unirioja.es/descarga/articulo/4482207.pdf+&cd=31&hl=es&ct=clnk&gl=es].

cho mejor cuando le dicen lo que tiene que hacer que cuando trata de dirigir su vida. El infierno es demasiado bueno para los rojos. Me gustaría empalarlos a todos y verles retorcerse en los palos como mariposas»[28].

Tras la guerra, la oficina de prensa de la que formaba parte Enrique Marsans se entroncó en el Ministerio de Prensa y Propaganda y se vinculó directamente con el Servicio Nacional de Turismo. La intención era convertir el turismo en un elemento más de la propaganda franquista, tal como se había hecho durante la guerra[29]. El encargado de dirigirlo fue Luis Antonio Bolín y nombró a Enrique Marsans, en 1940, jefe de Exterior de Turismo, que tendría un importante papel en la externalización del turismo como método de propaganda[30].

Uno de los elementos prioritarios de esta estrategia propagandística de Bolín fue la creación de las «Rutas Nacionales de Guerra», que vieron la luz el 7 de junio de 1939 para que, según consta en el decreto: «puedan visitarse los lugares más relevantes de aquella gloriosa etapa de la Cruzada […] [y] cuya realización servirá de inteligente propaganda de la Causa y ayudará a la obtención de divisas extranjeras»[31]. Las rutas eran organizadas por la compañía Wagons-Lits y por Viajes Marsans.

A pesar de que las herederas de Enrique Marsans protestaran de manera enérgica por haber insinuado que la labor empresarial de su padre se benefició del trato de favor del

---

[28] Virgina Cowles, *Complicarse la vida. Una reportera en zona de conflicto (1937-1941),* Barcelona, Tusquets, 2018.

[29] «La propaganda turística y la política turística española durante el franquismo… cuando el turismo aún no era de masas», por Beatriz Correyero Ruiz [http://www.ime.cat/WebEditor/Pagines/file/Beatriz%20Correyero.pdf].

[30] *La Vanguardia,* 23 de agosto de 1940 [http://hemeroteca.lavanguardia.com/preview/1940/08/23/pagina-3/33117503/pdf.html?search=%2522Enrique%2520Marsans%2522].

[31] «Las rutas de guerra del servicio nacional de turismo (1938-1939)», por Eva Concejal López [http://www.bne.es/export/sites/BNWEB1/es/Micrositios/Exposiciones/VisiteEspana/resources/img/Cat4.3.pdf].

régimen, hay otro elemento que no es adecuado dejar pasar. El 19 de febrero de 1942[32] se publicó un decreto por el que se fijaron las normas para expedir el permiso para operar como «Agencia de Viajes» y que en su artículo quinto decía: «Para obtener el título de "Agencia de Viajes" se requerirá, aparte lo dispuesto con carácter general por la legislación vigente, solicitar dicho título-licencia del Ministerio de la Gobernación y presentar con la petición correspondiente una justificación de los antecedentes políticos, morales y comerciales de quien o quienes hayan de regir la Empresa». Ni que decir tiene que los antecedentes morales y políticos que Enrique Marsans Coma pudo presentar ante dicho ministerio fueron aceptados y, con fecha de 3 de diciembre de 1942, se otorgó la licencia para operar a Viajes Marsans[33].

Sus negocios durante la dictadura fueron variados y jugosos. Enrique Marsans vendió la empresa en 1948 al Banco Hispano Colonial y la recompró en 1953. Posteriormente vendió la empresa a Atesa, del INI (Empresa pública del Estado en 1964), con Fraga de ministro de Información y Turismo, por 55 millones de pesetas, manteniendo un 7 por 100 de la propiedad del negocio[34]. Sin embargo, las relaciones de la familia Marsans con el franquismo trascendieron lo económico y fueron de amistad en algunos casos. Cristina Marsans formaba parte del núcleo íntimo de Carmen Martínez Bordiú, con quien coincidía en el Club de Campo de Madrid[35].

---

[32] Decreto de 19 de febrero de 1942, por el que se fijan las normas por las que ha de regirse el ejercicio de las actividades mercantiles de las Agencias de Viajes [https://www.boe.es/datos/pdfs/BOE//1942/065/A01632-01634.pdf].

[33] Órdenes de 1.° de diciembre de 1942 referentes a la concesión del título licencia de Agencias de Viajes a favor de las Empresas «Viajes Marsans», S.A., de acuerdo con los preceptos del Decreto de 19 de febrero de 1942 [https://www.boe.es/datos/pdfs/BOE//1942/337/A09825-09826.pdf].

[34] Web de la Fundación SEPI [ftp://ftp.fundacionsepi.es/phe/hdt9903.pdf].

[35] Paloma Barrientos, *Carmen Martínez Bordiú. A mi manera,* Barcelona, Ediciones B, 2006.

7. De OHL a ACS

OHL (Obrascón-Huarte-Laín)

La constructora OHL nació en 1999 fruto de la fusión de tres históricas empresas, Obrascón (1911), Huarte (1927) y Laín (1963), aunque también formaron parte del emporio otras empresas más pequeñas con importante actividad durante el franquismo como Lang Ibérica (1963), Asfaltos y Construcciones ELSAN (1925) y Sociedad Anónima Trabajos y Obras [SATO] (1935). La empresa es propiedad de Juan Miguel Villar Mir, marqués de Villar Mir desde el año 2011 por gracia de Juan Carlos I, amigo íntimo del empresario. Se doctoró en ingeniería de caminos y ostentó diversos cargos políticos durante el franquismo y la Transición. Ocupó diversas direcciones generales técnicas en los años sesenta y llegó a ministro de Hacienda y vicepresidente del Gobierno para Asuntos Económicos en 1975 con Carlos Arias Navarro.

Juan Miguel Villar Mir era el máximo dirigente de OHL y uno de sus modos de hacer negocios era comprar empresas en situación delicada gracias a los contactos con los gobiernos. En la época de privatizaciones de José María Aznar adquirió Sefanitro, una industria de fertilizantes con la que adquirió también un legado oscuro que la corporación nunca ha afrontado. Sefanitro fue una de las empresas que a comienzos de 1945, con Eduardo Mellero y Llasera al frente, llegó a acuerdos comerciales con la IG Farben mientras utilizaba esclavos en Auschwitz para la extracción de

Buna[1]. Fue además presidente de Altos Hornos de Vizcaya, empresa también directamente relacionada con la corporación nazi durante la Segunda Guerra Mundial[2], con la que adquirió posteriormente Obrascón, la O de OHL, por el simbólico precio de una peseta. No fue la única empresa que adquirió relacionada con las empresas que se lucraron con el Holocausto; también compró Fertiberia, perteneciente a ERCROS[3]. Villar Mir es uno de los mayores ejemplos de prohombres del franquismo que, con la Transición, encontraron un fácil acomodo gracias a su posición de privilegio y su poder económico, uno de los ilustres próximos al Opus Dei[4] que consiguieron parecer demócratas de toda la vida, haciendo honor a la cita de Francisco Umbral: «Languideciente el franquismo azul, enterrado con la señora [Carmen Polo], el Opus no es sino la pervivencia del franquismo blanco».

Juan Miguel Villar Mir fue un burócrata del franquismo. Un hombre gris, de los imprescindibles para que una dictadura funcione. Ocupó diversos cargos administrativos en el régimen como subdirector general de Puertos y Señales Marítimas, director general de Empleo[5] y presidente del Fondo Nacional de Protección del Trabajo, desempeños que fueron premiados con la Gran Cruz de la Orden del Mérito Civil en 1966[6]. Un miembro de las altas esferas de la oligarquía de la dictadura, en suma. Su padre fue Juan Villar Lopesino, coro-

---

[1] Papeles desclasificados IG Farbenindustrie A.G. interests in Spain, Office Strategic Services (OSS): Los documentos hacen referencia a una traspaso de nueve millones de pesetas de la empresa Sefanitro en el Deutsche Veeberseelsche Bank en favor de IG Farben.

[2] *Ibidem.*

[3] Véanse *supra* pp. 43 y ss.

[4] «Capilla Torre Espacio: misa "VIP" con derecho de admisión», *La Marea,* 29 de marzo de 2018 [https://www.lamarea.com/2018/03/29/misa-vip/].

[5] BOE, 28 de noviembre de 1964 [http://hemeroteca.abc.es/nav/Navigate.exe/hemeroteca/madrid/abc/1964/11/28/074.html].

[6] BOE, 26 de julio de 1966 [https://www.boe.es/boe/dias/1966/07/26/pdfs/A09592-09592.pdf].

nel del Estado Mayor con Franco, un militar que durante la guerra desertó del bando republicano; se escondió en la Embajada de México el 7 de noviembre de 1936 para pasarse, en julio de 1937, al bando nacional, luchando en el ejército fascista hasta el final de la guerra[7]. La conexión con las altas esferas más próximas a la represión quedó demostrada con la presencia en la boda de Juan Miguel Villar Mir de personajes siniestros de la dictadura como José Ungría Jiménez[8], el militar responsable de la temible Dirección General de Seguridad. El coronel Ungría fue también responsable del Servicio de Información de la Policía Militar (SIPM) que, en el año 1938, firmó un acuerdo de colaboración con la Alemania nazi para que miembros de las SS y la Gestapo instruyeran a los agentes españoles en técnicas de interrogatorio, torturas y campos de internamiento y concentración. El blanqueo de las trayectorias fue imprescindible para luego poder operar en democracia con normalidad, por eso Juan Miguel Villar Mir se ofendió cuando Rafa Mayoral, diputado de Podemos, le llamó «jerarca del franquismo», y argumentó que había rechazado en varias ocasiones ser ministro con Franco. Le iba bien haciendo fortuna en empresas como Altos Hornos mientras compaginaba cargos políticos relativos al empleo. Un negocio redondo. La transacción de Villar Mir se muestra fácilmente al ver la relación estrecha de la familia con la Casa Real. Su amistad con el rey Juan Carlos le proporcionó jugosos contratos en Oriente Medio[9].

Javier López Madrid se casó en 1990 con Silvia Villar Mir, hija de Juan Miguel Villar Mir, amigo íntimo, como ha queda-

---

[7] Expediente de Juan Villar Lopesino, GU:B-419, AGMS, en Arturo García Álvarez-Coque, «The staff military, their loyalty to the Republic (1936-1939)», *Hispania Nova, revista de Historia Contemporánea* 15 (2017).

[8] *ABC,* 19 de junio de 1958 [http://hemeroteca.abc.es/nav/Navigate.exe/hemeroteca/madrid/abc/1958/06/19/048.html].

[9] «La corte del rey Juan Carlos y el capitalismo de amiguetes», *eldiario.es,* 2 de junio de 2014 [https://www.eldiario.es/economia/capitalismo-amiguetes-corte-Juan-Carlos_0_266674329.html].

do dicho, del rey Juan Carlos[10]. A la boda[11] acudieron todos los representantes de multitud de familias cortesanas que firmaron como testigos: Emilio Botín, Bruno Entrecanales Domecq, Santiago Barandirarán Luca de Tena, y Pelayo Primo de Rivera y Oriol. Javier López Madrid es el *compiyogui* de la reina Letizia[12] y forma parte del núcleo central de amistades de Felipe VI.

No son los únicos hijos de los miembros de estas familias de las oligarquías franquistas con relación cercana con el monarca. El 10 de mayo de 1997 se celebró en Toledo otra de esas bodas a las que acuden todas las familias *de bien*. Se casaban Pelayo Primo de Rivera y Oriol e Inés Isabel Entrecanales[13]. Vástagos de dos sagas familiares de renombre. Pelayo es descendiente del dictador Miguel Primo de Rivera y de su hijo José Antonio, fundador de Falange.

En el caso de la boda de López Madrid con la hija de Villar Mir, uno de los testigos fue Santiago Barandiarán Luca de Tena, nieto de Juan Ignacio Luca de Tena, fundador del *ABC* en Sevilla, que se convirtió en un ferviente corifeo del golpe de Estado. Además, fue embajador especial en Grecia en 1962, con motivo de la boda de Juan Carlos de Borbón y Sofía de Grecia.

Santiago Barandiarán Luca de Tena se casó en 1997 con Cristina Botella Serrano[14], hermana de Ana Botella Serrano,

---

[10] «Villar Mir, imputado por corrupción y marqués por la gracia del rey», *La Marea,* 1 de mayo de 2013 [https://www.lamarea.com/2013/05/01/villar-mir-imputado-por-corrupcion-y-marques-por-la-gracia-de-su-amigo-el-rey/].

[11] *ABC,* 9 de septiembre de 1990 [hemeroteca.abc.es/nav/Navigate.exe/hemeroteca/madrid/abc/1990/09/09/054.html].

[12] «Los reyes de España arroparon a López Madrid cuando estalló el escándalo de las tarjetas "black"», *eldiario.es,* 8 de marzo de 2016 [https://www.eldiario.es/politica/Espana-arroparon-Lopez-Madrid-tarjetas_0_492401900.html].

[13] Véanse *supra* pp. 112 y ss.

[14] *ABC,* 18 de marzo de 1997 [hemeroteca.abc.es/nav/Navigate.exe/hemeroteca/madrid/abc/1997/03/18/073.html].

exalcaldesa de Madrid y esposa de José María Aznar López, expresidente del Gobierno.

Una de las empresas que conformaron OHL en 1999 fue Huarte, que junto a San Román, Molán y Banús fueron las encargadas de construir El Valle de los Caídos en la que se utilizó mano de obra esclava. En el año 2011 el diputado Joan Tardà (ERC) esgrimió una fotografía –que se encuentra accesible en el archivo fotográfico de *ABC*– en la que aparece el cartel de la empresa Huarte como constructora del mausoleo de Franco, para exigir a las constructoras de Cuelgamuros que se responsabilizaran de pagar las exhumaciones de los miles de represaliados que se encuentran enterrados, en contra de la voluntad de sus familias, en los osarios de las criptas de la abadía de El Valle de los Caídos. El diputado de ERC presentaba una iniciativa para reparar a todas las víctimas de la dictadura y de la Transición, lo hacía con un gobierno del PSOE en el poder, creyendo así que sería más fácil hacer justicia. Ofreció a Ramón Jáuregui, ministro de Presidencia, una idea para financiar la exhumación de todos aquellos represaliados republicanos que se encontraban en los osarios de El Valle de los Caídos: «Hasta las postrimerías del franquismo hubo empresas –algunas de ellas cotizan hoy en Bolsa– que se capitalizaron a partir del trabajo esclavo de los republicanos. Hasta el año 1970. Mire, Huarte (muestra un documento), Huarte, Dragados y Construcciones. Si quiere, le doy una lista de todas las empresas que hicieron las grandes capitalizaciones aprovechándose del trabajo de los republicanos esclavos haciendo embalses, El Valle de los Caídos, carreteras, etcétera. Vamos a pedírselo porque, ya que estamos en la sociedad de mercado y hay que impulsar la iniciativa y la participación de los capitales privados en el fomento de la cultura, esto también es muy importante»[15].

[15] Diario de Sesiones del Congreso [http://www.congreso.es/public_oficiales/L9/CONG/DS/PL/PL_244.PDF#page=35].

La fotografía de El Valle de los Caídos que enseñó Joan Tardà en el Congreso para intentar convencer de manera poco fructífera al PSOE de que las empresas responsables contribuyeran a paliar monetariamente su participación en los crímenes franquistas, consta de una anotación en el reverso, en la que se advierte de la necesidad de borrar el cartel de la constructora Huarte que aparece en la imagen. La rúbrica es un perfecto ejemplo para ilustrar cómo las grandes empresas españolas intentan borrar su pasado colaboracionista con la dictadura.

Esclavo se escribe con H

La H de OHL pertenece al apellido Huarte; en los años sesenta, Huarte y Compañía S.A. constituyó el baluarte del grupo empresarial del empresario navarro Félix Huarte Goñi (1896-1971). En el año 2014, el gobierno foral de Navarra presidido por Yolanda Barcina concedió con los votos de PP y UPN, a título póstumo, la Medalla de Oro de Navarra[16] al constructor por su importancia en el desarrollo industrial de Navarra. La presidenta de Navarra aseguró en la entrega de las medallas –el otro galardonado fue el difunto político franquista Miguel Javier Urmeneta– que los premiados «nos dieron el mejor ejemplo posible».

La importancia de Félix Huarte en Navarra no se circunscribió solo al desarrollo industrial; Huarte participó de manera entusiasta en el golpe de Estado de 1936 y en el abastecimiento armamentístico del bando fascista durante toda la confrontación. El empresario puso a disposición del general

---

[16] «Los herederos de Félix Huarte y Miguel Javier Urmeneta recogen la Medalla de Oro de Navarra», *NavarraCapital.es* [https://navarracapital.es/los-herederos-de-felix-huarte-y-miguel-javier-urmeneta-recogen-la-medalla-de-oro-de-navarra/].

Emilio Mola toda su fortuna y empresas, que levantaron las fortificaciones para el ejército del militar fascista en San Sebastián, además de construir campos de aviación en Navarra y Aragón[17]. Durante la contienda Huarte fue una de las corporaciones que nutrieron con armamento la sublevación contra la República. En el Archivo Histórico Nacional son accesibles varios documentos que prueban el colaboracionismo militar del empresario navarro. Valga como prueba el expediente MC-853 en el que consta la solicitud a la Comandancia General de Artillería, con fecha del 25 de noviembre de 1938, para la importación de cincuenta kilos de estaño necesarios para fabricar granadas de mortero de 81 mm para el banco franquista. La solicitud fue aprobada el 7 de diciembre por el coronel jefe de la Jefatura de Fabricación del Norte, en Valladolid. Otra solicitud similar se realizó el 2 de noviembre de 1938 para la importación de muelas vitrificadas para fabricar el mismo tipo de armamento.

La participación de Félix Huarte en el bando sublevado le resultó muy a cuenta; comenzó a ser uno de los constructores de cabecera de las más importantes obras del régimen y una importante alza del resto de las empresas de la familia, que eran muchas y variadas: Imenasa en la metalurgia, Papelera Navarra, Inasa en el aluminio, Torfinasa en el sector auxiliar del vehículo, bodeguero con el Señorío de Sarria o la concesionaria de autopistas Audenasa. La evolución empresarial de la empresa Huarte y Malumbres, que el empresario montó junto a Emilio Malumbres en 1927, queda en evidencia con las cifras, dado que en 1983 ya era la segunda empresa más importante de Navarra en facturación, solo por detrás de la SEAT.

La familia Huarte siempre ha defendido que el empresario debe todo a su esfuerzo y valía; el hijo de un carpintero

[17] Pablo Martín Aceña, *La economía de la Guerra Civil,* Madrid, Marcial Pons, 2006.

que se hizo delineante y que, ya antes de la Guerra Civil, construyó la Facultad de Filosofía y Letras en 1935 mediante un concurso público, o la Dirección General de Sanidad. Cierto es que el empresario navarro trabajó antes del conflicto y logró una pujanza importante, pero no lo es menos que su relevancia empresarial se produjo únicamente tras su participación en el bando sublevado y que fue solo a partir de ese momento cuando sus riquezas se vieron multiplicadas de forma exponencial. Para los años de la República constan, en el archivo del Centro de Estudios y Experimentación de Obras Públicas, tan solo catorce obras; en el mismo periodo anual tras la guerra, los Huarte ya habían logrado treinta obras públicas[18]. Como todos los empresarios del franquismo que tuvieron un impacto reseñable, compaginó los negocios con la política, ya que fue concejal del Ayuntamiento de Pamplona y vicepresidente de la Diputación Foral de Navarra de 1964 a 1971.

En un artículo del *ABC* sobre la familia Huarte que glosaba las bondades del constructor franquista, se aseguraba que dio órdenes a su empresa de no aceptar obras en Navarra durante su estancia como cargo político en la región: «Hombre muy católico, era pródigo con las órdenes religiosas. En una ocasión le dijo su secretaria: "Don Félix, ¿se ha dado cuenta de que este año ha dado 52 millones a las monjas?". Nombrado vicepresidente de la Diputación Foral de Navarra (el presidente es el gobernador civil y las funciones efectivas corresponden al vicepresidente), obligó a sus empresas a que no aceptaran obras municipales»[19]. No las debió obligar muy fuerte, porque mientras estaba en el cargo su empresa realizó las obras de ampliación de la Plaza de Toros de Pamplona

[18] Centro de Estudios y Experimentación de Obras Públicas [http://www.cehopu.cedex.es/cfc/indices/cronindx.htm].

[19] «Quiénes son los Huarte», *ABC. Blanco y Negro,* 03 de febrero de 1973, pp. 60-62 [http://hemeroteca.abc.es/nav/Navigate.exe/hemeroteca/madrid/blanco.y.negro/1973/02/03/060.html].

que el Ayuntamiento había cedido a la Sociedad Casa de Misericordia de Pamplona[20].

La saga de los Huarte se perpetuó con el matrimonio de Félix Huarte con Adriana Beaumont Galduroz. Como en el resto de familias bien franquistas, la labor se ciñó a la filantropía y la caridad; en el caso de Adriana Beaumont, culminó con la creación en 1971 de la Asociación Navarra Nuevo Futuro[21]. Cuando eres rica tienes más fácil dedicar tu vida a la contemplación, la cultura, la filantropía y esas cosas que a todo el mundo le gustaría hacer pero que tienes más difícil cuando naces en un barrio humilde de clase trabajadora.

A ello dedicaron su vida varios Huarte Beaumont; María Josefa se dedicó a las obras caritativas, ayudando a su madre en la Asociación Navarra Nuevo Futuro, y al coleccionismo de obras de arte abstracto de autores, sobre todo, españoles. En un obituario en *El País* atribuyeron esta última faceta a «que desde muy jovencita tuvo un ojo muy especial para detectar la belleza», aunque personalmente me van a permitir sugerir que quizá, amén de su ojo por la belleza, la inmensa cartera que le legó su padre tuvo un poquitín que ver. Yo valoro mucho la obra de Pablo Picasso, pero en mi caso la economía me ha llegado para tatuarme el brazo, no para adquirir cuadros para mi disfrute. Aparte de ojo para sufrir el «síndrome de Stendhal», hacen falta algunas otras cosas para coleccionar arte abstracto: «En un viaje a París durante el verano de 1973 adquirió una de sus obras más famosas: *L'Esperit català,* de Antoni Tàpies». En una de sus escasas entrevistas contaba así el flechazo que sintió ante la obra del artista catalán: «Cuando apareció el cuadro me puse en pie como un muñeco con resorte y pensé: "Este me lo compro aunque tenga que vender

[20] «FC-079. Ampliación de la plaza de toros de Pamplona», Archivo Carlos Fernández Casado [http://www.cehopu.cedex.es/cfc/pdf/obras/FC-079.pdf].

[21] Página web del Rastrillo Nuevo Futuro [http://nuevo-futuro.org/index.php/quienes-somos].

mi casa"»[22]. No sé si el ojo de la heredera de Huarte le alcanzó a vislumbrar los detalles que cubren como una alfombra reivindicativa el cuadro de Tàpies. Uno de ellos, en una de las esquinas, dice: «Dret al tiranicidi». La obra, pintada en 1971, era un canto a la libertad, a la democracia y al derecho a terminar con la vida del dictador que había permitido amasar la fortuna con la que María Josefa Huarte adquirió el cuadro del que se enamoró hasta vaciarlo de su contenido político[23].

Su hermano Juan Huarte Beaumont fue su gran valedor para introducirla en el mundo del arte, otro mecenas que aprovechó la labor de su padre para invertir lo heredado en arte y cine. El empresario navarro fue el creador de los «Encuentros 72» de Pamplona, una especie de festival artístico multidisciplinar que afianzó la influencia de los Huarte en Navarra desde todos los prismas posibles. Según el catedrático José Díaz Cuyás, «los Huarte no actuaban como una compañía en el sentido moderno, sino más bien como una familia de empresarios en un sentido casi decimonónico». El festival no era sino otra manera más de consolidar el poder e influir en la sociedad a través de la cultura, haciendo que cualquier artista necesitara a los Huarte para realizar su trabajo en la región, a pesar de que –siguiendo en esto a Franco– no se metía en política y luchó de forma denodada por que los encuentros no se «politizaran» en un sentido contrario al que sus intereses y privilegios necesitaban. En este sentido, Igor Contreras explica una de esas actuaciones censoras de Juan Huarte cuando sus Encuentros no seguían sus intereses políticos (antipolíticos)[24].

---

[22] «María Josefa Huarte, mecenas del arte que adoraba a Balenciaga», *El País,* 10 de febrero de 2015 [https://elpais.com/cultura/2015/02/10/actualidad/1423525444_509809.html].

[23] Museo de la Universidad de Navarra. Antoni Tàpies [https://museo.unav.edu/coleccion/la-coleccion/esperit-catala].

[24] «Arte de vanguardia y franquismo: a propósito de la politización de los Encuentros 72 de Pamplona», de Igor Contreras [https://academica-e.unavarra.es/bitstream/handle/2454/9104/HSJ_GH_14_2007_Arte.pdf?sequence=1&isAllowed=y].

En junio de 1972 se realizó una *performance* espontánea en una de las instalaciones, en la que se comenzó a debatir la importancia del arte en la contracultura y como elemento de combate contra la manipulación del sistema dominante. No le sentó bien a Juan Huarte, ya que se presentó en la instalación y ordenó disolverla al no estar autorizada. En una entrevista en *Diario de Noticias* en el año 2015 el mecenas se lamentó del final de sus encuentros artísticos «apolíticos»: «La política lo estropeó todo. Yo pienso que es fundamental separar el arte de la política. Los Encuentros no lo supieron separar y ese fue su principal fallo. Se ha politizado todo. En aquellos años se ligaba todo a la dictadura y se decía que con la dictadura no era posible la cultura, algo ilógico, porque en esos años había grandes artistas»[25].

Juan Huarte Beaumont no solo se benefició de sus relaciones con el franquismo a través del padre, porque el empresario no tuvo reparos en pedir al régimen su intervención para reprimir a los trabajadores de sus empresas cuando estos se atrevían a pedir mejoras salariales. En septiembre de 1972 los trabajadores de Imenasa, empresa propiedad de los Huarte, comenzaron una huelga para exigir una subida salarial acorde con el coste de la vida. La conflictividad aumentó en los días posteriores y Juan Huarte, a través del Consejo de empresarios, no dudó en pedir a Carrero Blanco la intervención policial para asegurarse de que sus trabajadores cesaban en sus reivindicaciones. A pesar de sus intentos y de enviar cartas de despidos en represalia por las movilizaciones, una manifestación masiva convocada por CCOO obligó a los Huarte a readmitir a sus trabajadores[26].

Del matrimonio entre Juan Huarte y María del Rosario Giménez han salido algunos de los herederos con mayor relevancia en la actualidad económica y social española. Con María Rosario Huarte Giménez se casó José Luis Marín de Otero,

[25] *Diario de Noticias,* 22 de enero de 2015.

[26] «Arte de vanguardia y franquismo…», cit.

que fue presidente de Endesa Red y mantiene una participación en el fondo buitre Cerberus Capital, que en España tenía a José María Aznar Botella como consejero. Siempre bien relacionados. Uno de sus hijos, Ignacio Marín Huarte, trabajaba en Gas Natural Fenosa (Naturgy), de la que ya hemos hablado en estas páginas. Otra de sus hijas es Adriana Marín Huarte, historiadora que trabaja en Christie's y que, siguiendo la tradición de las familias bien filofranquistas, tuvo otra boda conveniente al casarse con Luis Martínez de Irujo-Hohenlohe; emparentar con los Alba ha sido sin duda uno de los pelotazos de la insigne familia navarra. El enlace se produjo en septiembre de 2016 en el palacio de Liria, ampliando así la red de influencia de los Huarte.

La rama familiar política siguió ramificándose con talento por la gracia de Sonsoles Huarte Giménez, que contrajo matrimonio con el catedrático de Economía anarcocapitalista Jesus Huerta de Soto, presidente de la compañía de seguros de vida España S.A., y que acude a dar clases a la Universidad Rey Juan Carlos de Madrid en un Bentley dorado con chófer[27]. Ser heredero de una fortuna familiar y ampliarla por vía marital ayuda a manejar un discurso liberal contra cualquier tipo de ayuda social. Sin duda, no necesitarlas por tu suntuoso legado es un acicate relevante a considerar.

Juan Félix Huarte Giménez es el encargado actual de gestionar la impresionante herencia empresarial y económica de los Huarte a través del *holding* Uriel Inversiones S.A. Es a través de este emporio con el que también se vincula con otra de las empresas de las que ya hemos hablado, Acciona, con la que comparte la propiedad de una planta de bioetanol en Alcázar de San Juan (Ciudad Real)[28].

---

[27] «La leyenda del profesor universitario con chófer y Bentley», *El Confidencial*, 11 de enero de 2017 [https://blogs.elconfidencial.com/espana/el-confidente/2017-01-11/huerta-de-soto-escuela-austriaca-bentley-chofer_1314783/].

[28] Web de AdBio [http://www.adbio.es/instalaciones/].

Huarte y el Real Madrid

En los márgenes del franquismo se fraguaron diversas coaliciones empresariales que resultaron dignas de mención. Una de ellas se produjo entre dos instituciones que tenían una vinculación directa con la dictadura a través de sus representantes y dirigentes. El Real Madrid y Huarte y Compañía tuvieron esa simbiosis que sirve para conocer el funcionamiento de las altas esferas. En el año 1944 Santiago Bernabéu se propuso construir un nuevo estadio y, tras lograr financiación mediante una emisión de obligaciones y con apoyo del Banco Mercantil e Industrial, consiguió sacar adelante el proyecto, que adjudicó a la empresa «Huarte y Compañía».

Al respecto del papel de la compañía Huarte en la construcción del Santiago Bernabéu y de El Valle de los Caídos, existe una información repetida en diversos trabajos sobre la historia del Real Madrid que sirve para desacreditar el papel del club blanco pero que no tiene la menor base histórica. Diversos autores escriben que el hecho de que Huarte levantara tanto El Valle de los Caídos como el estadio Santiago Bernabéu facilitó que se pudieran desviar camiones de cemento desde el mausoleo de Franco al estadio blanco en una época de escasez de materiales de construcción. Lo cierto es que Félix Huarte acabó la construcción del Santiago Bernabéu en el año 1947 y no comenzó a trabajar en la construcción de la cruz de Cuelgamuros hasta 1950, por lo que su participación en esa indocumentada deriva de recursos en favor del Real Madrid no pudo producirse.

La alianza de Huarte con el Real Madrid en los años cuarenta solo podría darse con dos compañías e instituciones próximas al régimen. Mucho se ha escrito sobre las filias de Santiago Bernabéu y los dirigentes del club hacia el franquismo, pero hasta las letras que siguen no se conocía el uso del club por sus dirigentes como informantes de la maquinaria de la dictadura. En el año 1961, Raimundo Saporta Namías recibió de Fernando María Castiella, ministro de Asuntos Exteriores, la Encomienda de Isabel la Católica en el «Día de la Victoria» por la impagable labor que hacía el tesorero del Real Madrid y presidente de la sección de Baloncesto en la divulgación y promoción de la España franquista por el mundo[29].

La medalla impuesta a Raimundo Saporta no era inocente y esa obra que el directivo del Real Madrid realizaba por el mundo tenía otras motivaciones e implicaciones. En una carta fechada el 9 de mayo de 1963 timbrada desde el Banco Exterior de España, del que Saporta era director de Relaciones Públicas, el tesorero madridista informaba a Ramón Sedó, director general de Política Exterior, de un incidente ocurrido con motivo de la visita que el Real Madrid de fútbol realizó a Turín para enfrentarse a la Juventus:

> Querido don Ramón
>
> Unas líneas para darle cuenta de algún incidente que se ha producido anoche en Torino.
>
> A las ocho y media de la tarde, momentos antes de subir los jugadores al autocar que debía llevarles al estadio para jugar el partido que empezaba a las diez, un grupo de unos 80 manifestantes, se concentraron en la Plaza de Roma y se dirigieron al Hotel Príncipe Piamonte, gritando los slogans. «Grimau, Grimau, Grimau», «España, sí, Franco, no», «Real Madrid, fascistas», etc…
>
> Al llegar al hotel, se había incrementado en unos centenares de *badauds* y, a pesar de los muchos policías –que se portaron muy bien con nosotros– lograron que penetrara una delegación de ellos para hablar con nosotros.
>
> Antes de salir la expedición, me había permitido indicar a Agustín que no se hablara nunca con manifestantes extran-

[29] *ABC,* 4 de abril de 1961 [http://hemeroteca.abc.es/nav/Navigate.exe/hemeroteca/madrid/abc/1961/04/04/053.html].

jeros, y únicamente si venían con buenos modales con los españoles caso de que se acercara alguno (como en Burdeos). Teniendo en cuenta que todos los del grupo (en mayoría jóvenes y mujeres) eran italianos, no admitimos el diálogo; únicamente se dirigieron a Di Stéfano para rogarle que no jugara el partido y convenciera de lo mismo a sus restantes compañeros.

A los pocos segundos, los policías expulsaron a la delegación del *hall* del hotel y allí empezó una serie de protestas contra nosotros, echándose los manifestantes delante del autocar para evitar nuestro desplazamiento al estadio. Al mismo tiempo, se repartían pasquines que decían aproximadamente: «Ciudadanos de Torino: no acudir al partido Real Madrid-Juventus para no ayudar con vuestro dinero a la formación de pelotones de ejecución como el que mató a Grimau». También se distribuían hojas fabricadas a multicopista (los pasquines tenían pie de imprenta) dando cuenta de tres noticias: 1) Que el Real Madrid, expulsado de Dinamarca, era un club falangista 2) que [Vittorio] Gassman no acudía al festival teatral de Barcelona y 3) pidiendo a los italianos no hacer turismo en España.

Después de veinte minutos de tener parada la circulación, el autocar pudo llegar al estadio. Los propios policías dijeron a los jugadores –en un tono arrepentido y dolido– que se trataba de una manifestación «organizada y pagada con vistas a salir publicada en *l'Unità* de esta mañana».

Contrariamente, la actitud de los espectadores –cerca de 40.000– fue muy cordial. El equipo realizó un partido soberbio y ganó con el tanteo de 3-1. Puede que el resultado y las ovaciones que nos dedicaron hicieran suspender las manifestaciones previstas para después del partido.

Anoche, hablé cinco o seis veces con Torino, durante el banquete y todo iba normal. Esta mañana, a las ocho, hora señalada para salir a Milán a tomar el avión, volví a llamar y no había ninguna mención digna de señalar.

Como el incidente, a mi juicio, no tenía ninguna importancia, no quise molestarle anoche. Me limité a llamar a Efe, Mencheta y Logos para rogarles no hablaran de ello, y destacaran en sus telegramas los aplausos del público italiano.

El único diario que menciona lo ocurrido es el *Marca* en términos, a mi juicio, favorables a nosotros.

Esta tarde llega el equipo y le haré llegar circulares, pasquines, revistas y prensa diaria que he ordenado me traigan en abundancia.

Asistió a todo lo ocurrido el joven cónsul adjunto de nuestro Consulado General en Ginebra, marqués de Auñón, y el cónsul italiano que representa a España en Torino. Habíamos hablado antes con el Sr. Sánchez Bella, que nos dijo que cenaba en la Embajada de Japón y que le llamáramos de ocurrir cualquier cosa. Consideramos que no era procedente molestar a nuestro Embajador para una chiquillada de tan poca importancia.

Por último, quiero informarle que de conformidad con el contrato del traspaso de Del Sol, los directivos del Juventus nos abonaron anoche cerca de 20 millones de liras, importe del 50 por 100 de la taquilla que nos correspondía, además de la mitad del partido revancha que se jugará en Madrid el 5 de junio.

Reciba un afectuoso abrazo de su amigo

[Firma]

Esta tarde, a la una, pienso depositar mi donativo en la mesa que preside la Sra. de Castiella. Le enviaré recado por un ordenanza y si tiene un minuto libre, me encontraré a su disposición para ampliarle toda esta información.

El 10 de mayo los medios de comunicación transcribieron la noticia punto por punto, tal como Raimundo Saporta consignó en su carta a Ramón Sedó[30]. La parasitación de las instituciones que antes de la guerra habían mostrado su lealtad hacia la República tiene una especial importancia en un club como el Real Madrid, que tras la contienda fue arrebatado a sus socios y dirigido por una triada de afectos al régimen que ya lo dirigieron en otros momentos y que se encargaron de depurar el club. La Junta directiva encargada de arrebatar el club a los leales a la República estaba formada por Luis de Urquijo y Landecho, Pedro Parages y Adolfo Meléndez. De este último dice la página actual del club: «Cual Ave Fénix, tuvo el mérito de reconstruir el Real Madrid tras la Guerra Civil. Primero había que restaurar el estadio de Chamartín, después crear un buen equipo. Ambas misiones las superó con éxito»[31]. La loa en la actualidad del club al presidente franquista tiene una especial trascendencia porque utiliza las mismas palabras que se utilizaron en el artículo de Román Sánchez Arias del *ABC* del 19 de abril de 1939[32], que hablaba de la reorganización del Madrid tras la victoria fascista: «El general Adolfo Meléndez y el marqués de Bolarque y D. Pedro Parages, antiguos y prestigiosos presidentes del Madrid, encargados de tan importante y simpática obra, tienen fuerzas enérgicas y capacidad para que, cual ave fénix, resurja el Madrid de las cenizas en que se hallaba consumido».

La misma página web que calca el estilo del artículo propagandístico de 1939 para hablar del presidente franquista encargado de depurar el club de desafectos tiene una extraña ausencia del periodo comprendido entre 1936 y 1939. Al leer la relación de presidentes del club en la página oficial pare-

[30] «Los comunistas italianos quisieron impedir que el Madrid jugara contra la Juventus», *ABC,* 10 de mayo de 1963 [http://hemeroteca.abc.es/nav/Navigate.exe/hemeroteca/madrid/abc/1963/05/10/077.html].

[31] Web de Real Madrid CF [https://www.realmadrid.com/sobre-el-real-madrid/el-club/historia/presidentes/adolfo-melendez].

[32] *ABC* 19 de abril de 1939 [http://hemeroteca.abc.es/nav/Navigate.exe/hemeroteca/madrid/abc/1939/04/19/019.html].

ciera que durante el conflicto no hubo presidente del club en el Madrid democrático, pero lo cierto es que hubo dos. El primero fue Juan José Vallejo, que dirigió el comité tras la incautación del club por parte del Frente Popular en 1936. El segundo fue Antonio Ortega Gutiérrez, militar republicano y comunista burgalés ajusticiado en 1939 a garrote en Alicante. Ambos han sido completamente olvidados por la historia oficial del Real Madrid. El club blanco, con su revisión de la historia, se quedó anclado en la última fase de la frase de Raimundo Saporta, el informante del régimen: «En la monarquía, monárquico. En la República, republicano, y en el franquismo, franquista». La herencia del Real Madrid es mucho más rica que la que se fraguó durante el franquismo, pero empresarios como Florentino Pérez han preferido hacer honor solo a aquella que proporcionó jugosos rendimientos a las empresas de las que tiene mandato. La memoria también se escribe en las cuentas de resultados. En el Real Madrid al igual que en ACS.

ACS

En el año 2003 el *Financial Times*[33] publicó un artículo de Leslie Crawford, «Franco's Slave», en el que hablaba de Dragados citando un informe de 1952 como «un muy importante grupo de construcción que ha hecho uso de mano de obra presa durante los últimos 12 años». En el anuario del Patronato para la redención de penas por el trabajo que puede consultarse en el archivo de la Dirección General de Instituciones Penitenciarias aparece la siguiente descripción sobre las obras en Pantano de Mediano (Huesca):

---

[33] «Franco's Slave», *Financial Times,* 5 de julio de 2003 [http://www.todoslosnombres.org/sites/default/files/investigacion99_1.pdf].

> En este destacamento fueron iniciadas las obras en agosto de 1952; estaba dedicado a la construcción de un pantano y trabajaban en él 35 penados.
>
> Fue cerrado el día 27 de diciembre por terminación de obras. Es digno de mencionar que la empresa «Dragados y construcciones S.A.», concesionaria de este destacamento, ha llevado quince años utilizando en diferentes obras reclusos trabajadores, lo que indica claramente que los penados cumplieron su compromiso a satisfacción. Al cerrarse este destacamento los penados que lo constituían fueron trasladados a la Prisión de Huesca, donde quedaron en espera de ser trasladados a otros destacamentos.

En el momento de la publicación del artículo del *Financial Times,* la empresa contestó muy molesta alegando que jamás han usado trabajo esclavo, aunque los datos lo desmientan. Yo no tuve éxito a la hora de intentar recabar su postura porque jamás respondieron a mis preguntas.

Dragados fue adquirida en el año 2002 por ACS, que se conformó a partir de la unión de OCISA y las empresas del Banco Hispano Americano, Urquijo y Construcciones Padrós. Actualmente la empresa es presidida y dirigida por Florentino Pérez, que considera la adquisición de Dragados uno de los hitos más importantes de los veinte años de historia de la corporación[34]. La historia de muchas de esas empresas se fraguó, nuevamente, con una estrecha relación con el franquismo y utilizando todas las herramientas que la dictadura proporcionó a ciertos empresarios que se situaron del lado correcto.

Ignacio Sánchez del Río fue el promotor, junto con Luis Sánchez Guerra, de la empresa Dragados y Construcciones,

---

[34] «Pérez celebra los 20 años de ACS: "Hay dos hitos esenciales, Dragados y Hochtief"», *El Independiente* [https://www.elindependiente.com/economia/2017/05/04/florentino-perez-celebra-los-20-anos-de-acs-hubo-dos-hitos-dragados-y-hochtief/].

y mientras era una empresa que licitaba con el Estado ocupó el cargo de director general de Carreteras en el año 1945. Su empresa, durante el tiempo que ocupaba este importante cargo en lo que respecta a las obras públicas, utilizaba mano de obra esclava para esas obras que lograba del Estado. Otro ejemplo, además del ya citado en Huesca, fue el de Celucos (Cantabria), que en el año 1949 utilizó 54 trabajadores esclavos para la construcción de la continuación de los saltos del Nansa. Uno de los más altos dirigentes de Dragados fue el ingeniero Antonio Durán Tovar, que sirvió al bando fascista durante la Guerra Civil construyendo baterías costeras y restableciendo líneas ferroviarias, y que tuvo su labor reconocida por el Rey Juan Carlos al otorgarle el título de marqués de la Ribera del Sella[35]. Los argumentos para la concesión del marquesado que el monarca tuvo a bien expresar resultan estridentes conociendo que Dragados labró su fortuna con el trabajo esclavo.

Dice la exposición de motivos de la concesión del marquesado por parte de Juan Carlos I, que se le otorga el título por «la extraordinaria contribución de don Antonio Durán Tovar al progreso e internacionalización del sector español de la construcción, así como al desarrollo personal y profesional de los trabajadores, unida a su gran preocupación por la seguridad y prevención laboral». El marquesado ahora está en poder de Enrique Durán López-Jamar, hijo del susodicho y que también tuvo responsabilidades en Dragados.

La vinculación directa de Antonio Durán Tovar con el régimen quedó prístina en la recepción que el dictador le concedió el 7 de mayo de 1975 y rubricada con un discurso del empresario que se custodia en la Fundación Nacional Francisco Franco, en el que vincula su labor en la empresa a la construcción del espíritu nacional: «Pretende esta memoria

---

[35] Real Decreto 818/2003, de 23 de junio. Publicado en el *BOE* el 24 junio 2003 [https://www.boe.es/boe/dias/2003/06/24/pdfs/A24226-24226.pdf].

ser una muestra no precisamente de nuestra capacidad empresarial, sino de lo que haya podido suponer nuestro quehacer como contribución a ese engrandecimiento de España que ha sido norma y norte del vuestro en la cumbre de la jerarquía nacional»[36].

A esa misma recepción también asistió Luis Reig Albiol como vicepresidente del Consejo de Administración de Dragados y uno de los buques insignia del anarcoliberalismo en España. Su padre, Joaquín Reig i Rodríguez, fue uno de los empresarios y políticos regionalistas que tras el golpe de Estado organizaron desde el exilio, junto a Francesc Cambó, la Oficina de Prensa y Propaganda de París en apoyo a Francisco Franco. Luis Reig Albiol fue amigo personal de Hayek y miembro de la Mont Pelerin Society[37]. Porque el intervencionismo del Estado es malo excepto cuando proporciona trabajadores a los que no hay que pagar para realizar la obra pública con la que tu empresa genera grandes beneficios.

Uno de los principales accionistas de ACS es la familia March, con un 18,2 por 100 de las participaciones de la empresa dirigida por Florentino Pérez. Juan March fue uno de los mayores impulsores económicos del golpe de Estado de 1936 y financió incluso el viaje del *Dragon Rapide* que llevó a Franco de Canarias a Marruecos para el levantamiento militar.

[36] Carta de Antonio Durán Tovar, Fundación Francisco Franco.

[37] Sociedad fundada en 1947 por los anarcoliberales Friedrich Hayek y Milton Friedman en Chardonne (Suiza), de la que también es miembro Jesús Huerta de Soto.

8. La banca custodia el botín de la cruzada

Somos el soporte en el que ha de descansar, al lado de la victoria militar, la victoria económica que España ha comenzado a obtener, anhela y necesita.

Antonio Goicoechea, gobernador del Banco de España en 1938.

La economía suele marchar de manera aceptable en los regímenes fascistas que respetan la propiedad privada de los suyos mientras expolian a los que ha señalado con la marca de la infamia. Un entorno tremendamente apetecible para bancos y familias ilustres de banqueros. Cuando las reglas del mercado se pueden retorcer y disponer a discreción, es fácil que todo vaya muy bien para los que han sabido jugar sus cartas en una dictadura. El nacionalsocialismo logró aumentar un 9 por 100 los ingresos adicionales de una forma muy imaginativa, de la que también sacaron rédito los bancos que se acercaron al Reich. En el año 1938 las finanzas del gobierno de Adolf Hitler estaban en una situación catastrófica, así que idearon una solución creativa para llenar las arcas del Reich: la desjudaización de la economía alemana. Para ello instauraron la «penitencia de los judíos», que era la obligación de inscribir todo el patrimonio por encima de 5.000 *reichsmarks* de toda la población hebrea para facilitar su incautación y expropiación. Para facilitar el proceso, se celebró una reunión el 14 de noviembre de 1938 en el Departamento de Crédito del Ministerio de Economía del Reich con los presidentes de los cinco grandes bancos de Berlín: Deutsche Bank,

Dresdner Bank, Commerzbank, Reichskredit-Gesellschaft y Berliner Handel-Gesellschaft. Algunos aún sonarán. El motivo de la reunión era anticipar al Estado fondos que se avalarían con el patrimonio expoliado a los judíos. Una colaboración cómplice que incluso fue más allá en el caso del Deutsche Bank, pues llegó al extremo de aprovechar la coyuntura para cobrar a sus clientes judíos una comisión por la transferencia de los fondos.

No hay constancia de que en España se produjera una reunión similar. No hubo necesidad. El expolio fue mucho más descarnado, al no tener que ocultarse en imaginativas leyes antisemitas como en los primeros años del nazismo antes de despertar a la bestia. La banca patria no necesitó cobrar jugosos porcentajes a los rojos, se quedaron con todo. La proximidad y complicidad de la gran banca española actuó de manera similar a la alemana, simplemente diferenciada en nombres mucho más reconocibles para nuestros oídos. Además, la banca era uno de los sectores estratégicos tan necesarios para levantar el país tras una encarnizada guerra. Rafael Chirbes, en *La larga marcha,* lo explicaba de manera sintética y concreta: «Esa gigantesca tarea de reconstrucción del país exigía esfuerzos, capitales, empresarios, intermediarios. Y la necesidad hacía brotar iniciativas, sociedades en las que participaban hombres de negocios, pero también, moviendo los complicados hilos del tapete del poder recién instaurado, los políticos del nuevo régimen y los militares. Bastaba con asociarse con la persona apropiada que podía conseguir el permiso correspondiente, decir la palabra oportuna ante alguien, o mantener el silencio interesado ante algo».

La banca, conocedora de los jugosos frutos que habría que recoger después de limpiar la sangre, empezó a trabajar pronto sembrando a favor del bando fascista. El apoyo de todos los grandes bancos y cajas a la financiación de la economía de guerra de Franco lo explica el historiador Eugenio Torres Villanueva de forma detallada:

Uno de los principales apoyos económicos que recibió el Gobierno de Burgos provino de las entidades financieras (banca oficial, banca privada y cajas de ahorros) establecidas en los territorios donde triunfó la sublevación y, sobre todo, de las que se reorganizaron en Burgos al amparo de las autoridades «nacionales». El 20 de agosto de 1936, la Junta de Defensa Nacional, con el apoyo de los principales bancos, creó el Comité Nacional de la Banca Privada, presidido en un principio por Pedro Alfaro y después por Pablo Garnica, presidente del Banco Español de Crédito, quien hizo lo posible para la consecución de créditos internacionales para el bando de los militares sublevados. El Comité sería disuelto el 2 de marzo de 1938 y sustituido por el Consejo Nacional de Crédito. Entretanto, habían sido reorganizados en la zona bajo control rebelde el Banco de España (septiembre de 1936) –que, a falta de reservas de oro, consiguió organizar unas mínimas existencias de metales preciosos a base de donaciones particulares de oro, joyas y piedras preciosas–, el Banco Exterior (junio de 1937), el Banco de Crédito Local (julio de 1937) y el Banco Hipotecario (noviembre de 1937) –el Banco de Crédito Industrial lo sería en marzo de 1938–, y por supuesto los principales bancos privados: Banesto, Hispano Americano, Central, Bilbao, Vizcaya y Urquijo, la mayoría de los cuales fijó su sede en San Sebastián (Sánchez Asiaín, 1992, 57-58, 120-121)[1].

La banca fue la niña mimada del franquismo. A ello contribuyó sobremanera el apoyo cerrado de muchos de los principales banqueros al golpe de Estado; el caso de Juan March[2]

[1] Eugenio Torres Villanueva, «Los empresarios durante la Guerra Civil (1936-39)», VIII Congreso de la Asociación Española de Historia Económica, Santiago de Compostela (España), 13-16 de septiembre de 2005.

[2] La figura de Juan March ha sido ampliamente tratada en diversas obras monográficas entre las que destaca *Juan March. El hombre más misterioroso del mundo,* de Pere Ferrer, o el capítulo 5 de *La financiación de la guerra civil española,* de José Ángel Sánchez Asiaín.

es el más conocido. El banquero mallorquín al que Jaime Carner, ministro de Hacienda de Manuel Azaña, definió de forma precisa y clarividente vistos los hechos posteriores: «O la República somete a March, o March somete a la República». Pero no fue el único banquero favorecido por ser afín al régimen. Aunque una de las primeras medidas en el sector bancario no fue un favor como los que vendrían, sino una ley que sirvió para penalizar a los rojos y republicanos. La ley de 13 de marzo de 1942, que devolvió la unidad al Banco de España tras la Guerra Civil, sirvió para que las denominadas «pesetas rojas», las pesetas legales de la República, carecieran de valor y se prohibiera que fueran cambiadas. Aquello no fue sino la consolidación de una de las primeras medidas punitivas bancarias por motivos ideológicos, tomada mediante un decreto ley del 12 de noviembre de 1936: el «Fondo de papel moneda puesto en circulación por el enemigo» significaba la incautación del dinero republicano que se producía cada vez que el bando fascista tomaba una ciudad. Se incautaba el dinero a cambio de un recibo que posteriormente perdió toda validez y no se podía cambiar. Más de 1.500 familias a día de hoy siguen litigando para que el Estado les devuelva el dinero rojo incautado. En mayo de 2017, el gobierno de Mariano Rajoy se negó a incluir una modificación de la Ley de Memoria Histórica que permitiera la devolución del equivalente a más de 900 millones de euros actuales[3]. La causa está en la actualidad en el Tribunal de Estrasburgo, tras desestimar la devolución del dinero la sala tercera de lo contencioso administrativo del Tribunal Supremo[4].

---

[3] «El Gobierno rechaza devolver el "dinero rojo" incautado por Franco», *eldiario.es* [https://www.eldiario.es/sociedad/Gobierno-rechaza-devolver-incautado-Franco_0_649535423.html].

[4] «La causa del "dinero rojo" incautado por Franco llega al Tribunal de Estrasburgo», *El País,* 11 de abril de 2019 [https://elpais.com/politica/2019/04/11/actualidad/1554976778_491922.html].

La reforma bancaria del régimen de Franco fue tremendamente favorecedora para la pervivencia del sistema bancario de los grandes jerarcas. La Ley de Ordenación Bancaria de 1946 favoreció un sistema liberal en lo económico que iba contra los intereses nacionalizadores del sector falangista y que era un traje a la medida de los banqueros del momento[5].

Fueron muchos los nombres favorecidos tras la victoria del bando fascista. Uno de ellos sirve para introducir la fecunda situación de las arcas privadas de estos banqueros tras la contienda, el del valenciano Ignacio Villalonga Villalba. Un burgués de buena familia que ya heredó de su padre, propietario de la Compañía de Tranvías y Ferroviales de Valencia. Una familia de poderes que Ignacio Villalonga continuó tras la Primera Guerra Mundial uniéndose a otro prohombre del posterior periodo franquista, el empresario Ildefonso Fierro. Ignacio Villalonga participó de varias empresas importantes antes de la guerra, algunas muy conocidas y de las que hablaremos, como CEPSA, y de otras como el Banco Internacional de Industria y Comercio. No fue la única labor que llevó a cabo, ya que participó en política en la Confederación Española de Derechas Autónomas (CEDA) como diputado por Castellón durante la República. El golpe de Estado no le hizo dudar y se puso a las órdenes de los fascistas, siendo de gran utilidad en la dirección de CEPSA[6], una empresa que resultó vital para el devenir del conflicto por su importancia estratégica. Ignacio Villalonga se encontraba de vacaciones en Navarra el día que la sublevación fascista tuvo lugar, por lo que quedaría en el bando nacional y, desde la presidencia de la

[5] Gabriel Tortella y José Luis García Ruiz, «Banca y política durante el primer franquismo», en Glicerio Sánchez Recio y Julio Tascón Fernández (coords.), *Los empresarios de Franco. Política y economía en España, 1936-1957,* cit., pp. 67-100.

[6] Mariano Sánchez Soler, «Ignacio Villalonga y Villalba», en Real Academia de la Historia, *Diccionario Biográfico electrónico* [http://dbe.rah.es/biografias/15592/ignacio-villalonga-y-villalba].

petrolera, surtió de combustible a Franco utilizando la refinería de Santa Cruz de Tenerife[7]. Su proximidad y apoyo al bando faccioso era previsible, ya que tenía en su haber un currículum que dejaba en evidencia sus filias políticas. Como diputado de la CEDA fue el encargado de presidir la Generalitat de Cataluña de forma temporal tras la proclamación del Estado Catalán por parte de Lluís Companys y la detención de este. Ignacio Villalonga tomó posesión del cargo de presidente de la Generalitat el 25 de noviembre de 1935, acompañado por una nutrida comitiva de directivos valencianos pertenecientes a sus empresas.

Villalonga sirvió en la guerra con la CEPSA[8]. Además, las donaciones y soporte financiero que el banquero aportó a la causa fascista fueron incluso publicitadas. En una breve nota del 18 de abril de 1939[9], pocos días después del final de la contienda, el presidente de la CEPSA se dirigió a la sede del Gobierno Civil de Madrid y entregó en mano al gobernador, Luis Alarcón de Lastra, un sobre con 100.000 pesetas para que se las entregara en mano a Francisco Franco y que este las gastara en el fin que «estimara más conveniente».

Banco Central

El Banco Central fue creado en el año 1941 después de fusionar el Banco Internacional de Industria y Comercio con el otro Banco Central, que Villalonga tuvo que diluir por el pasado manchado de servicios republicanos de la antigua entidad. Una depuración orgánica necesaria. Su servicio a la causa fascista durante la guerra le proporcionó una posición

---

[7] «Los empresarios durante la Guerra Civil (1936-39)», de Eugenio Torres Villanueva [http://www.aehe.es/wp-content/uploads/2005/10/a2_torres.pdf].

[8] Véase el capítulo 9: «Las petroleras de Franco».

[9] *ABC,* 18 de julio de 1939 [http://hemeroteca.abc.es/nav/Navigate.exe/hemeroteca/madrid/abc/1939/07/18/017.html].

preeminente en los negocios, que supo aprovechar convirtiendo su emporio en uno de los más importantes de España.

Con el Banco Central como núcleo y apoyado en los favores del régimen, consolidó un importante grupo empresarial que diversificó desde el sector financiero al hidroeléctrico. Empresas como el Banco Hispano Colonial, la ya mencionada CEPSA, Hidroeléctricas del Sil, etcétera.

Villalonga fue uno de los primeros liberales del tipo que tan bien representaría posteriormente Esperanza Aguirre, de aquellos que desde una economía plenamente favorecida por el dedo de Franco consideraban que había que liberalizar la economía… solo en tanto favoreciera a sus propios intereses. De hecho, la Fundación Villalonga, que él mismo creó, publicó en España las obras de Ludwig Von Mises. En el año 1959, en un discurso para evaluar la marcha de la economía, el empresario valenciano dejó expuestas de forma diáfana sus ideas: «Hay que adecuar las utilidades de los trabajadores en función del rendimiento, pues será inútil gravar a las clases pudientes con muchos impuestos si las clases trabajadoras no dan el rendimiento debido. Y esto no es una orientación en contra de los obreros, sino precisamente todo lo contrario. Se puede aumentar la retribución en función del rendimiento, porque de otro modo se premia a los malos y se castiga a los buenos, y esto es precisamente lo que hay que evitar».

Ignacio Villalonga falleció en el año 1973 dejando a sus herederos más de 3.000 millones. La principal receptora de esa fortuna fue su viuda, Carmen Jáudenes de Villalonga. Pero fue su hija, María de los Desamparados Villalonga Jáudenes, la que heredó el mando del imperio. El 12 de junio de 1981 Marita Villalonga, así la llamaban, fue la primera mujer en España en formar parte del consejo de administración de un gran banco. La idea de su padre no era esa; de hecho, no había dejado estudiar a su hija porque, como buena familia de filias nacional-católicas, el papel que le reservaba a la mujer era el de ama de casa. Los esfuerzos del patriarca habían sido colocar a su primogénito Ignacio (Nacho) Villalonga Jáudenes como máximo dirigente del Banco Central. Pero la jugada le salió mal.

En los mentideros de loas que todos estos prohombres del franquismo cosechaban, se decía que el patriarca Villalonga era un firme defensor del mérito y que había dado orden de poner como una mácula en el currículum el llegar a su despacho con recomendaciones[10]. Pero eso, el mérito, siempre es para los otros. No para la estirpe propia.

Ignacio Villalonga Jáudenes estaba casado con Gloria March Delgado (la nieta del banquero). Pero el joven heredero era homosexual. El 24 de noviembre de 1972 dimitió de su responsabilidad en el banco alegando problemas de salud, aunque la razón fuera otra, vergonzante para su familia conservadora e inaceptable en los entornos sociales en los que se movían los Villalonga. Ignacio fue sorprendido en el transcurso de una orgía homosexual[11] y condenado a seis meses de prisión e inhabilitación como autor de un delito de escándalo público por la Audiencia Provincial de Madrid el 5 de abril de 1973. Aquello acabó con la carrera de Ignacio Villalonga Jáudenes, que tuvo que irse del país por la vergüenza que causaba para la familia. En 1979 el hijo del banquero fue indultado[12].

Marita Villalonga se casó con Antonio Blasco Oller el 19 de abril de 1952 en una boda a la que acudieron las fuerzas vivas del franquismo y la banca, y que muestra las estrechas relaciones entre los empresarios de la familia del Banco Cen-

---

[10] Eugenio Torres Villanueva (dir.), *Cien empresarios madrileños,* Madrid, Lid Editorial, 2017.

[11] José Luis García Ruiz, «¿Pueden los grandes bancos ser empresas familiares? Una aproximación desde la historia bancaria madrileña» [http://www.aehe.es/wp-content/uploads/2011/09/pueden-los-grandes-bancos-ser-empresas-familiares.pdf].

[12] *BOE,* 20 de febrero de 1979 [https://www.boe.es/boe/dias/1979/02/20/pdfs/A04514-04514.pdf].

tral y la dictadura. Al enlace acudieron el marqués de Huétor de Santillán, que era el jefe de la Casa Civil de los Franco y encargado de todos sus asuntos patrimoniales privados, y Emilio Botín-Sanz de Sautuola. No podían faltar los Botín. Las piezas del puzle de las oligarquías franquistas siempre se juntan y encajan en las páginas de sociedad del *ABC:* bodas, natalicios y esquelas.

La saga llega hasta importantes nombres de nuestra época. El hermano del patriarca, Juan Villalonga Villalba, fue un directivo importante del Banco Central y también uno de los nombres aparecidos en la lista de evasores fiscales del año 1959. Uno de sus descendientes no nos resulta nada desconocido.

Su nieto Juan Villalonga Navarro, el que fuera consejero delegado de Telefónica y compañero de pupitre de José María Aznar en el exclusivo colegio El Pilar de Madrid, es también uno de los herederos de la saga. Un empresario que ha labrado una carrera con escaso éxito para las empresas que presidía, pero con mucha suerte para su propio beneficio. En el año 2017 apareció vinculado a una sociedad en un paraíso fiscal en el marco de la investigación periodística de los «papeles del paraíso»[13]. Juan Villalonga es otro de esos nombres que demuestran que lo más importante para triunfar no es el mérito ni la capacidad, sino tejer una red de relaciones y mantener un capital social relevante. Un personaje que serviría como paradigma de las tesis de Pierre Bourdieu.

Si algo caracteriza a las camadas de los descendientes de estas sagas es que siempre creen que todo lo que tienen lo han conseguido sin que nadie les regale nada. Su heredad es simbólica y no ha tenido influencia en quc ahora tengan éxito

---

13 «Juan Villalonga, "cliente de alto riesgo" con sociedades en las Caimán e Islas Vírgenes», *El Confidencial,* 7 de noviembre de 2015 [https://www.elconfidencial.com/economia/paradise-papers/2017-11-07/papeles-paraiso-juan-villalonga-patrimonio-islas-caiman_1470367/].

profesional y ganen dinero a espuertas. El apellido es solo una carga. De verdad se lo creen.

Uno de estos especímenes admirables es Adriana Villalonga Tallada. La hija del empresario se dedica a la cocina. A hacer tartas. Y no le va mal. O sí. Como si importara si se hunde el negocio. El caso es que ella defiende que no le han regalado nada: «Si un mes estoy peor de dinero y llamo a mi padre, me dice: "No duermas esta noche y vete a servir copas"»[14]. Admirable. Emocionante. ¡Qué lección de vida!

El caso es que Andrea se dedicó a la cocina artística un día que leyó una entrevista a Gemma Mengual y se dio cuenta de que no había perseguido sus sueños. Así que abandonó sus estudios de Comunicación en la Saint Louis University de Madrid que costaban más de 12.000 euros por curso, para irse a París a estudiar a Le Cordon Bleu, en el que la matrícula de un diploma de pastelería vale más de 30.000 euros. Una mujer hecha a sí misma. Parece que encima se enfadó cuando en una entrevista en *Vanity Fair* le preguntaron si las amistades de su padre le habían ayudado a la hora de sacar su negocio adelante[15]. Ya no se dedica a la cocina. Ahora ha vuelto a una agencia de comunicación. 30.000 euros en Le Cordon Bleu para agasajar con tarta de queso a las visitas.

La familia Villalonga ha seguido manteniendo fructíferas relaciones con el poder político. Muchos de los miembros de la saga no se han conformado con tejer esa red de favores, sino que han formado parte de la misma administración. Sobre todo en la Comunidad Valenciana, de la mano de Eduardo Zaplana y Francisco Camps.

Fernando Villalonga Campos fue consejero de Cultura con Eduardo Zaplana en el año 1995, y diputado del PP por

---

[14] «Andrea Villalonga: lujo para golosos», *Vanity Fair,* 15 de julio de 2013 [https://www.revistavanityfair.es/la-revista/articulos/andrea-villalonga-lujo-para-golosos/17808].

[15] *Ibidem.*

Alicante en el año 2000. Después de irse a Nueva York como cónsul, Ana Botella se lo trajo de vuelta a España. El primo del compañero de pupitre de su marido pasaba a ser concejal de Cultura del Ayuntamiento de Madrid. Su última aportación a la política se produjo en las elecciones municipales de 2019, en las que fue como número dos en las listas del PP de Morella (Castellón) y, tras salir elegido concejal, dejó claro que lo suyo era el servicio público y que no recogería el acta: «No tengo vocación para ello. Tengo mucha mili como para ocuparme. Fui porque me llamaron para hacer un favor. Quién se hará cargo del Partido Popular en la localidad me importa un huevo. Entré en la lista porque era simbólico para la Comunitat por Ximo Puig»[16].

Isabel Villalonga Campos ha desarrollado casi toda su carrera profesional en el PP de Valencia en cargos de la administración autonómica. Fue una de las más estrechas colaboradoras de Francisco Camps. Ha sido subsecretaria de Dirección de la Generalitat, además de jefa de Gabinete, directora general de Organización, subsecretaria de la Conselleria de Turisme y secretaria autonómica de Política Institucional. Está casada con Luis Alonso Stuyck, barón de Almiserat y emparentado por línea directa con Joaquín Manglano y Cucaló de Montull, quien fuera alcalde de Valencia de 1939 a 1943 y jefe provincial del Movimiento Nacional: un falangista convencido.

Otro de los importantes nombres ligados al Banco Central es el de Alfonso Escámez, marqués de Águilas por designación de Juan Carlos I en 1991 y Gran Cruz de la Orden del Mérito Civil por voluntad de Francisco Franco. El murciano comenzó como botones en el Banco de Industria y Comercio

---

[16] «Villalonga: "Me importa un huevo qué haga el PP de Morella"», *El Periódico Mediterráneo,* 12 de junio de 2019 [https://www.elperiodicomediterraneo.com/noticias/comarcas/villalonga-me-importa-huevo-haga-pp-morella_1227461.html].

antes de la guerra. Llegó a ser presidente del Banco Central tras la muerte de Ignacio Villalonga en 1973 y ocupó el cargo hasta el año 1993. Además, fue nombrado presidente de honor de CEPSA. Según el muy parcial *Diccionario Biográfico de la Real Academia de Historia,* «destacó su espíritu vanguardista y defensor del aperturismo económico hacia Europa. Fue el paradigma de un hombre hecho a sí mismo». Entendiendo que lo fue porque comenzó como botones y, tras la contienda, por estar en el bando ganador, acabó de presidente de la entidad. Arturo Barea también se hizo a sí mismo comenzando de botones en la banca, pero su compromiso con el bando legítimo y legal republicano le llevó a exiliarse en Inglaterra, donde murió en 1957. Diferentes formas de hacerse a sí mismo, alguna más honrosa que otra. Quizá el hecho de que la entrada de Escámez la haya elaborado la responsable de Arte y Exposiciones de la Fundación del Banco Santander permita comprender el enfoque hagiográfico[17].

Alfonso Escámez fue un banquero que aprendió a manejar las relaciones con el poder político durante el franquismo y que, en democracia, siguió cultivando esa idiosincrasia banquera tan tecnocrática. El poder se ejerce, no se alardea, por eso era el promotor de esas reuniones conocidas como «Los siete grandes»[18] en la sede del Banco Central, el palacio de las Cariátides –actualmente ocupado por el Instituto Cervantes– sito en la madrileña calle de Alcalá frente al Círculo de Bellas Artes. Unos cónclaves donde se dirigía el país sin levantar la voz.

---

[17] María Beguiristain Barrientos, la responsable de Arte y Exposiciones de la citada fundación, es además la firmante de la entrada de Alfonso Escámez en el diccionario biográfico de la Real Academia de la Historia (dbe.rah.es).

[18] Los siete grandes eran Alejandro Albert (Hispano), Alfonso Escámez (Central), Ángel Galíndez (Vizcaya), José María Aguirre Gonzalo (Banesto), Luis Valls (Popular), Emilio Botín (Santander) y José Ángel Sánchez Asiaín (Bilbao).

El Banco Central fue adquirido por el Banco Santander y, con él, todos los favores y privilegios que Villalonga había fraguado por sus filias franquistas. Las de Villalonga y las propias de los Botín. La familia no necesitó el franquismo para hacer fortuna, lo que no es óbice para que, con Franco, le fuera muy bien a la saga santanderina.

El Banco Santander, cuya presidencia ostenta hoy Ana Patricia Botín, nació de un privilegio concedido por la reina Isabel II a un grupo de comerciantes en 1857. Esto, unido al crecimiento de Santander por el gusto de Alfonso XIII de elegir esa ciudad como lugar de descanso veraniego, catapultó a la familia en sus inicios.

El tatarabuelo de Ana Patricia Botín, Marcelino Sanz de Sautuola, fue el descubridor en 1879, junto con su hija María, de las cuevas de Altamira, que se encontraban en sus terrenos. Aunque el verdadero descubridor de la cavidad fue Modesto Cubillas, un labrador que informó a Marcelino del hallazgo. Cubillas llegó incluso a escribir una carta a Alfonso XII en 1881, para solicitar el reconocimiento como descubridor de la cueva, pero la historia oficial le dejó olvidado. En uno de los terrenos que Marcelino Sanz de Sautuola poseía, se erigió la Finca del Puente de San Miguel, en Reocín, 23 hectáreas que fueron declaradas bien de interés cultural en 1986 y que acogen una casona que data del año 1900, donde se forjó toda la saga de los Botín. La finca incluye una capilla-panteón que fue construida por Enrique Chueca, uno de los más afamados arquitectos españoles del siglo XX. El jardín botánico que se encuentra en el interior acogió la única metasecuoya que había en España, selección de plantas de la que se encargó la abuela de Ana Patricia.

Emilio Botín López (1866-1923), primer presidente del Banco Santander en la familia, formaba parte de la *jet set* santanderina de la época; sus partidos de «tennis» eran noticia habitual de la prensa de entonces, así como las cenas aristocráticas en el casino de Santander. Su mujer, María Sanz de Sautuola, llevaba el gen del ahorro que serviría para toda la familia. Cuenta Josep Manuel Novoa en su libro *El botín de Botín*[19] que, cuando el hijo del carnicero le llevaba la carne, la pesaba ella misma y si le faltaban algunos gramos devolvía el pedido.

Emilio Botín-Sanz de Sautuola y López (1903-1993) también fue director del Banco Santander. Cuando comenzó la Guerra Civil la banca quedó dividida en dos, con dos monedas diferentes. El Banco Santander, a su vez, también se separó en dos: por un lado, en Santander, el órgano gestor del banco de la zona republicana; por otro, en León, el del bando nacional. La ruptura en dos del Banco Santander no impidió que la mayoría de los altos directivos huyeran a zona fascista o se quedaran en zona sublevada; el compromiso con quien les garantizara la pervivencia de las riquezas permaneció en las altas esferas, con algunas excepciones, como los casos de Isidoro del Campo Fernández-Hontoria y Saturnino Briz Larín, que permanecieron en Santander.

Sin embargo, el jerarca del banco tardó poco en escapar a la zona golpista: existe constancia documental de la permanencia en zona republicana de Emilio Botín-Sanz de Sautuola al menos hasta el 1 de octubre de 1936, pero, según el archivo histórico del propio banco, el 9 de noviembre de 1936 ya no se encontraba en la ciudad[20]. Había aprovechado un permiso de las autoridades para trasladarse a Suiza, a dejar a buen recaudo su fortuna, y nunca más volvió a territorio bajo mandato constitucional. En el país helvético depositó una astronómica suma de dinero por la que la familia Botín

---

[19] Josep Manuel Novoa, *El botín de Botín,* Madrid, Foca, 2003.

[20] Blog del archivo histórico del Banco Santander, 9 de enero de 2010 [https://web.archive.org/web/20170612191746/http://blog.archivohistoricosantander.com/la-guerra-civil-1936-1939/].

tuvo que pagar, tres cuartos de siglo después, una multa de 200 millones de euros una vez que fueron investigados y exonerados en cumplimiento de la doctrina bautizada con el apellido de la familia. Fue sin duda el máximo artífice del crecimiento del Banco Santander, con grandes relaciones en la cúpula del franquismo, como demuestra la concesión de la Gran Cruz del Mérito Civil en el año 1967[21].

Emilio Botín-Sanz de Sautuola, en una entrevista en *El País* en 1976, fue preguntado por la complicidad de la banca con el franquismo y el temor corporativo a la apertura democrática[22]. La respuesta del banquero es una síntesis completa de la connivencia con el régimen, la capacidad de adaptación capitalista a cualquier entorno y la apelación falsaria a la cultura del mérito:

> Durante los cuarenta años regidos por el generalísimo Franco, la banca, a mi juicio, contribuyó de manera importante a la elevación del nivel de vida de todas las clases sociales. Yo, que viajo mucho por el extranjero, contemplo con satisfacción que, en una serie de sectores, el nivel de vida español es igual y en algunos casos más elevado que en las naciones más ricas. La banca no tiene por qué temer, sino todo lo contrario, a una organización democrática, porque la misma banca es una organización democrática. Lo es en relación con la selección de su personal, donde se contempla únicamente el mérito para tomar decisiones. Lo es en relación a su clientela, a la que naturalmente, cuando plantea una operación de crédito, no se le preguntan sus ideas polí-

[21] Reelaborado a partir de Antonio Maestre, «Los Botín, más de 100 años mirando desde arriba», *La Marea,* septiembre de 2014 [https://www.lamarea.com/2014/09/11/los-botin-mas-de-100-anos-mirando-desde-arriba/].

[22] «La banca no teme a la democracia. Emilio Botín, el último gran banquero de España», *El País,* 1 de agosto de 1976 [https://elpais.com/diario/1976/08/01/sociedad/207698424_850215.html].

> ticas. Y lo es en relación con sus accionistas, con su capital, que está repartido entre un gran número de personas.

La entrevista continúa con una pregunta que el periodista Fernando González Urbaneja plantea al respecto de esa capacidad de adaptación de la banca al nuevo hábitat democrático y lo poco que importa el capital social, cultural y económico heredado. Viniendo del gran patriarca de la familia Botín, es una genialidad:

> Estoy convencido de la capacidad del sistema capitalista –creo que sería mejor llamarle sistema libre de empresa– para hacer frente a los retos que un sistema democrático ha de plantearnos. Tenemos el ejemplo de los países más prósperos de Occidente. En este sistema inexorablemente se produce la autoselección y no hay privilegio de familia ni de herencia que no sea arrasado por la ley implacable del mercado libre.

La entrevista es una rareza, ya que el banquero no solía concederlas ni hacer declaraciones fuera del ámbito bancario o comercial, y sobre todo rompía la máxima de los Botín de no meterse en política. De forma pública, sino hacerla de forma soterrada. La entrevista provocó mucho revuelo por la desfachatez con la que se expresaba el tantos años connivente con el fascismo español y se llegó a publicar una carta al director de *El País* escrita por un trabajador del Banco Santander que le respondía en los siguientes términos[23]:

> El viejo patriarca, cuarenta años oculto tras sus números, apenas tuvo tiempo de alzar su voz contra una legislación que, si bien le proporcionaba pingües beneficios con el

[23] Antonio Sala Giménez, «Una propuesta al presidente del Banco de Santander», *El País,* 6 de agosto de 1976 [https://elpais.com/diario/1976/08/06/opinion/208130401_850215.html]

amordazamiento de los trabajadores, la monopolización del crédito, las manipulaciones de la deuda y el control y casi estrangulamiento de la pequeña y mediana empresa, por citar algunos ejemplos, infringía de forma clara y manifiesta el principio de la libre competencia, que ahora proclama con fervor manchesteriano. Es por lo anterior que, un grupo de trabajadores del Banco, favorablemente sorprendidos por el liberalismo político de su presidente, pero necesariamente desconfiados por tantos años de colaboración con un régimen autoritario, le formulamos en prueba de credibilidad, las siguientes reivindicaciones, en el convencimiento de que la democracia es un proceso a construir desde la propia casa:

Amnistía laboral para los trabajadores represaliados por motivos políticos, laborales o sindicales.

Reconocimiento de los derechos de libre expresión, reunión y asamblea, en el seno de la empresa.

Reconocimiento de la Comisión de Trabajadores que, elegida democráticamente en asambleas, pueda servir de «Interlocutor válido» para así suplir las deficiencias de una representación sindical.

La carta del empleado del Banco Santander ponía el dedo en la llaga. Emilio Botín-Sanz de Sautuola fue un anticomunista irredento con el dinero como religión y el franquismo como entorno idílico para su labor empresarial. Su cercanía a las altas cúpulas del poder de la dictadura era íntima, obscenas en muchos casos. Su nombre aparecía en el Boletín Oficial de la provincia de Santander de forma habitual para que las administraciones franquistas le agradecieran los favores que con su fortuna hacía el régimen. Emilio Botín sabía cómo lograr sus propósitos, pedir permiso un día al Ayuntamiento para unas obras en una de sus muchas fincas y, ese mismo día, donar 230 castaños de Indias para un paseo santanderino. *Quid pro quo.*

No solo había grandes bancos enraizados en la clase dominante del franquismo. También falangistas cuyos apellidos perduran hoy en las noticias. Ramón de Rato y Rodríguez San Pedro, padre de Rodrigo Rato, es el conseguidor de la posición prominente que permitió al prohombre del PP y padre del «milagro económico español» desarrollarse en la España posfranquista con una situación acomodada. Falangista admirador de Hitler y la Alemania nazi, Ramón de Rato y su hijo Ramón Rato Figaredo fueron condenados a tres y a dos años de prisión, respectivamente, por evasión fiscal en 1966, y a multas de 200 millones de pesetas. Aunque Franco, con un indulto, los salvó de pagar las multas en 1971.

El patriarca de la familia Rato era un supremacista de Falange que no dudó en defender las tesis nazis durante los años previos a la Guerra Civil y mantenerlas posteriormente. En el libro *Una juventud a la intemperie,* publicado por la editorial Caldondes en Gijón en 1935, explicaba sus tesis eugenésicas y filonazis con expresiva claridad: «Si continúa el mundo realizando la misma política de recelo e incomprensión, el resultado será, como es lógico, el aumento hasta llegar al paroxismo de la idea de raza-nación. Pensando sobre esto no podemos menos que lamentarnos al ver la magnífica oportunidad que pierde España de tener una nación amiga y leal, sin recelos ni rivalidades en sus relaciones. España y Alemania son dos países nacidos para entenderse».

El patriarca de los Rato se adhirió rápidamente a la causa nacional. Fue uno de los miembros de la delegación falangista que acudió[24], en junio de 1937, al congreso nazi celebrado en Hamburgo del «Kraft durch Freude»[25] (fuerza a través de

[24] *Azul, diario de Falange,* Córdoba, 1 de julio de 1937.

[25] La «Kraft durch Freude» fue una organización nacionalsocialista alemana existente entre 1933 y 1945, dependiente del sindicato nazi Deutsche

la alegría) junto con Dionisio Ridruejo, Alejandro Gallar y Carmen de Icaza, la abuela del exministro de Cultura Íñigo Méndez de Vigo.

En la contienda, participó en los frentes asturiano, madrileño y aragonés, y fue ascendido a alférez de Infantería. Tras el final de la guerra se le premió con diversos cargos y regalías, como fueron el cargo de juez en Madrid y una cátedra auxiliar de Derecho Penal en la Universidad Central de Madrid. Sus contactos en lo más alto de la jerarquía franquista le llevaron a crear, junto a Ernesto Giménez Caballero y José Millán Astray, Radio Nacional de España. Lo que le llevó al conocimiento del negocio radiofónico y a comenzar un proceso de adquisición de pequeñas emisoras en 1949. La primera compra fue Radio Toledo y tras eso compró otros pequeños postes en Almería, A Coruña y Madrid. El proceso finalizó con la creación de la Rueda Rato, también llamada Cadena Rato, una emisora que finalmente acabaría en lo que hoy conocemos como Onda Cero tras su adquisición por la ONCE en 1990[26].

En el año 1951 crearía el Banco Siero, que le traería la desgracia, pues creyó que sus contactos en la oligarquía franquista le iban a librar de intentar cobrarle un préstamo a Nicolás Franco. Manuel Vázquez Montalbán explicó la razón de la caída en desgracia temporal de uno de los hombres fuertes del filonazismo franquista: haber perturbado con deudas a un familiar de Franco. «Nicolás le echó bonhomía al asunto y siguió haciendo uso del apellido para presidir la empresa FASA que autorizaba la fabricación de coches franceses en España o para no pagar una letra de cuatro millones al banquero Rato y ante su reclamación judicial, permitir que se

---

Arbeitsfront, que tenía como objetivo controlar, vehicular y estructurar la vida pública y el ocio de la población alemana acorde al ideario del partido nazi.

[26] «La ONCE compra 63 emisoras de la cadena Rato», *El País,* 3 de abril de 1990 [https://elpais.com/diario/1990/04/03/sociedad/639093603_850215.html].

echara sobre el banquero el ojo fiscalizador del Estado que actuó como elemento disuasorio»[27].

Una de las amistades que le permitieron hacer fortuna antes del soberbio tropiezo fue la que fraguó formando parte del bufete del político, abogado y empresario Antonio Goicoechea, uno de los máximos responsables de la logística del golpe de Estado de 1936. Antonio Goicoechea Cosculluela ostentó diversos cargos en el gobierno de la Restauración con Antonio Maura y, posteriormente, en la dictadura de Miguel Primo de Rivera. Durante la Segunda República fue el fundador del partido ultra Renovación Española, del que sería diputado en 1933. Además, fue muy próximo a Falange y el interlocutor preferente de José Antonio Primo de Rivera. Durante los años de la democracia republicana, Antonio Goicoechea fue el contacto con Benito Mussolini y la dictadura fascista en Italia.

El 31 de marzo de 1934, Goicoechea se desplazó a Italia junto a Emilio Barrera, Rafael de Olazábal y Antonio Lizarza para reunirse con Benito Mussolini e Italo Balbo, mariscal del Aire del régimen fascista italiano. El cónclave se celebró en el Palacio Venecia de Roma y quedó reflejado en unas actas, encontradas posteriormente en unas redadas durante la guerra en la sede de Renovación Española, que fueron publicadas en mayo de 1937 en algunos periódicos ingleses y replicadas en el *ABC* republicano[28]:

> Los que suscriben: el teniente general Dn. Emilio Barrera, Dn. Rafael de Olazábal y Dn. Antonio Lizarza en representación de la Comunión Tradicionalista y Dn. Antonio Goicoechea, como jefe del Partido de Renovación Española,

---

[27] Manuel Vázquez Montalbán, *Autobiografía del general Franco,* Barcelona, Planeta, 1992.

[28] ABC, 14 de mayo de 1937, p. 10 [http://hemeroteca.abc.es/nav/Navigate.exe/hemeroteca/madrid/abc/1937/05/14/010.html].

levantan la presente acta a fin de que quede en ella registrado lo ocurrido en la entrevista que a las cuatro de la tarde de hoy, treinta y uno de marzo de mil novecientos treinta y cuatro, han celebrado con el jefe del Gobierno italiano, señor Benito Mussolini en unión del mariscal Balbo.

El presidente, después de enterarse minuciosamente, por contestaciones que a sus interrogantes dieron cada uno de los presentes, de la situación actual de la política española y de las aspiraciones y estado del ejército y de la marina, y de los dos partidos monárquicos, manifestó a los reunidos lo siguiente:

Que estaba dispuesto a ayudar con la asistencia y medios necesarios a los dos partidos de oposición al régimen vigente en España en la obra de derribarlo y sustituirlo por una regencia que preparase la completa restauración de la monarquía. Esta manifestación fue repetida solemnemente por el sr. Mussolini, hasta tres veces siendo acogida por los presentes con las naturales manifestaciones de estima y gratitud.

Que en demostración práctica y como prueba de tales intenciones estaba dispuesto a facilitarles inmediatamente diez mil fusiles, diez mil bombas de mano, doscientas ametralladoras y un millón quinientas mil pesetas en metálico.

Que tales auxilios tenían sólo carácter inicial y serían oportunamente completados con otros mayores, a medida que la tarea realizada lo justificase y las circunstancias lo hicieran necesario.

Los reunidos acordaron que para la entrega de la cantidad a que se hace antes referencia se constituyera en delegado de los dos partidos el sr. don Rafael de Olazábal, quien se hará cargo de tales fondos y los pondrá a disposición conjunta de los jefes de ellos, sr. conde de Rodezno y don Antonio Goicoechea, para su reparto proporcional en la forma, momento y condiciones que ellos dispongan. De la misma manera se acordó que en cuanto al reparto de esta primera entrega de

> armas, los jefes citados dispondrán lo necesario para la parte proporcional de que cada grupo se haga cargo y asimismo para su transporte a España. Roma, 31 de marzo 1934.

El acta íntegra[29] muestra las negociaciones de los golpistas españoles con Benito Mussolini para lograr la cesión de armamento y dinero con los que garantizar el éxito de un alzamiento fascista en España. Esos movimientos previos al golpe de Estado sirvieron para que militares como Emilio Mola acudieran a Goicoechea en 1936 y pidieran que esa ayuda, tratada en 1934, se concretara; y así, viajó nuevamente a Italia a reunirse con Galeazzo Ciano, ministro de Asuntos Exteriores de Mussolini, en los días previos al golpe del 18 de julio. El viaje se produjo desde Biarritz en un avión fletado por Juan March[30] y, junto a Goicoechea, viajaron Luis María de Zunzunegui y Pedro Sáinz Rodríguez[31]. La reunión consolidó la ayuda fascista al alzamiento de Franco que se fraguó con varios aviones Savoia[32].

La inestimable ayuda de Antonio Goicoechea en el éxito de la asonada tuvo sus rendimientos pecuniarios casi inmediatos para el abogado vasco. Durante la guerra fue nombrado gobernador del Banco de España y director de la Comisaría de la Banca Oficial. Posteriormente añadiría a sus cargos la presidencia del Banco Hipotecario, así como la del Banco Exterior y el de Crédito.

Su adhesión al régimen siempre fue inquebrantable, igual que la de cualquier empresario, banquero o propio que hiciera

---

[29] José Ángel Sánchez Asiaín, *La financiación de la guerra civil española,* cit.

[30] *Ibidem.*

[31] Pedro Sáinz Rodríguez fue el primer ministro de Educación del franquismo, y el encargado de impulsar el proceso de depuración de los maestros y maestras republicanos. Al respecto, véase *La contrarrevolución pedagógica del Ministro Sainz Rodríguez,* de Jose Ramón López Bausela, tesis doctoral, Madrid,UNED,2008[https://dialnet.unirioja.es/servlet/tesis?codigo=40937].

[32] José Sánchez Asiaín, *La financiación de la guerra civil española,* cit.

fortuna durante el franquismo. En un discurso en la sede del Banco Hipotecario Español el 19 de julio de 1939 con motivo de la celebración del alzamiento franquista, el señor Goicoechea realizó un discurso que muestra, al contrario de lo que siempre se intentó expresar, la estrecha relación entre capital y fascismo; una soflama precisa sobre el papel del obrero en el régimen que podría firmar cualquier liberal patrio de nuestro tiempo: «No es lo esencial que el obrero sea rico, sino que esté satisfecho de su suerte. [...] Es oportuno que santifiquemos el trabajo [...] quien no trabaja, quien es perezoso, comete una doble dilapidación de los esfuerzos que quedan sin emplear y de los bienes que no se producen [...] ¿Qué fue la esclavitud sino el endoso del trabajo por los vencedores a los vencidos? [...] El capital no es un enemigo, es un colaborador. Porque, ¿qué es el capital? No es otra cosa que acumulación de esfuerzos, que se limitan a velar, mientras el trabajo duerme, con la experiencia de que algún día pueda dormir, mientras el trabajo vela».

Antonio Goicoechea capitaneó la banca española pública hasta mediados de los años cuarenta y sentó las bases de unas empresas prolijas que acabarían después en manos privadas. Años más tarde, tras varios procesos de integración, el Banco Hipotecario Español (BHE), Banco Exterior y Banco de Crédito acabarían siendo integrados en Argentaria, el *holding* público bancario creado por Felipe González en 1991 y que tenía como único objetivo ir poco a poco privatizando el sistema bancario español. Un proceso que comenzó en el año 1993 y concluiría plenamente seis años después, con la fusión que dio origen al actual Banco Bilbao Vizcaya Argentaria (BBVA).

Banco de Bilbao y Banco de Vizcaya

El BBVA nació de dos bancos que fueron la estructura fundamental del franquismo en el norte de España. El Banco de Bilbao y el Banco de Vizcaya fueron dos instituciones independientes en su origen que acabaron siendo el músculo financiero del País Vasco completamente indisoluble del poder político, como demuestra la íntima vinculación entre el Ayuntamiento de Bilbao y ambas instituciones. Durante los primeros años de posguerra, en todas las corporaciones municipales del consistorio vizcaíno hubo al menos un miembro de ambas entidades bancarias, o al menos uno de sus familiares, que se encargaba de gestionar con tacto las operaciones de crédito que el ente público tenía con las corporaciones[33].

El Banco de Bilbao fue fundado a mediados del siglo XIX y el Banco de Vizcaya se creó en el año 1901. Ambos acabarían fusionándose en 1988 para crear el BBV. Pero hasta entonces las dos entidades tuvieron un comportamiento similar cuando la burguesía decidió levantarse en armas contra la democracia. Los hombres de la banca vasca tuvieron claro a qué trinchera arrimarse. Pedro Careaga Basabe, conde de Cadagua, fue una de las figuras imprescindibles de la economía vasca próxima al franquismo. A través de la empresa Saltos del Duero (Iberduero)[34], fue el encargado de realizar muchas de las obras del régimen. Su relación y vínculo quedaba plasmado en los actos propagandísticos del momento, como fue la inauguración del embalse de Aldeadávila de la Ribera, en Salamanca, el 17 de octubre de 1964 con la presencia de Francisco Franco, el dictador portugués António de Salazar y Pedro Careaga Basabe, presidente de Iberduero. Pero además fue un importante consejero del Banco de Vizcaya y miembro de una de las familias más importantes del régimen en Bilbao. Su hermana, Pilar Careaga Basabe, es también muestra de ello. Fue una de las primeras mujeres ingenieras del país. Durante la guerra se ocupó del Auxilio Social en diversos frentes

[33] Antón Pérez Embeitia, «Los hombres de Franco en Bilbao. El Ayuntamiento bilbaino (1937-1959)», *Deia,* 27 de abril de 2019 [https://www.deia.eus/2019/04/27/sociedad/historias-de-los-vascos/los-hombres-de-franco-en-bilbao-brel-ayuntamiento-bilbaino-1937-1959].

[34] Véase el capítulo 5: «Iberdrola».

como delegada de Frentes y Hospitales de la Sección Femenina de Falange. Franco le concedió la Cruz Roja al Mérito Militar por estos servicios. Pilar Careaga era una fanática de Falange, algo que le llevó a ocupar la alcaldía de Bilbao de 1969 a 1975. Su militancia de extrema derecha no acabaría con la dictadura, ya que tras la muerte de Franco fue una de las fundadoras de Fuerza Nueva junto a Blas Piñar. En la actualidad Carmen Ybarra Careaga ostenta la herencia de la familia, siendo una de las mujeres más ricas de España; hija de Fernando de Ybarra y López Dóriga –alcalde de Getxo con Franco y primo de Emilio Ybarra, antiguo presidente del BBVA recientemente fallecido[35]– y de Carmen de Careaga Salazar, posee a través de la sociedad Onchena inversiones en las más importantes empresas del país, desde Vocento a Duro Felguera pasando por Solarpack.

Si la endogamia social es el hilo conductor de todas las relaciones de la oligarquía franquista, la de los habitantes de Neguri alcanza cotas preocupantes para la salud de la descendencia. Juan María Aguirre Achutegi, uno de los más importantes directivos del Banco de Bilbao, se casó años antes de la contienda con María Isabel Ybarra Oriol[36], otra ilustre de las familias vascas más poderosas. Achutegui, como todos los de su clase, dio un cerrado apoyo al alzamiento, siendo delegado para Vizcaya del Auxilio Social falangista durante la guerra. Antes del triunfo de la asonada, el Gobierno Vasco le abrió un expediente sancionador por conspirar contra la República. Tras el triunfo de los fascistas en Bilbao, fue nombrado teniente de alcalde de la ciudad en agosto de 1938. La hija de este matrimonio fue Dolores Aguirre Ybarra, que se casó con Federico Lipperheide Wicke, quien durante muchos años ostentó la vicepresidencia del Banco de Vizcaya,

---

[35] Véase también el capítulo 9: «Las petroleras de Franco».

[36] *ABC*, Madrid, 19 de febrero de 1928 [http://hemeroteca.abc.es/nav/Navigate.exe/hemeroteca/madrid/blanco.y.negro/1928/02/19/057.html].

pero en cuyas raíces familiares se oculta una historia mucho más polémica. Su padre, Federico (Friedrich) Lipperheide Henke, y su tío José Lipperheide Henke fueron los principales enlaces empresariales del nazismo en el norte de España. Los Lipperheide pusieron su empresa Lipperheide y Guzmán S.A. al servicio del Tercer Reich a través de HISMA y Sofindus, los emporios empresariales alemanes creados por Johannes Bernhardt en julio de 1936. Friedrich Lipperheide Henke aparece en la lista de nazis que la CIA elaboró el 16 de enero de 1947 para su deportación[37]. Los Lipperheide y Guzmán crearon varias filiales; una de ellas fue la Unión Química del Norte de España S.A. en diciembre de 1939, nada más acabar la guerra. Tras un fructífero negociado durante el franquismo, donde Pedro Careaga Basabe tuvo especial incidencia al dirigirla por un tiempo, fue adquirida por la filial española de Dow Chemical. La multinacional en la actualidad opera en España con total normalidad.

Los herederos de ese emporio son múltiples y diversos. Carlos Lipperheide Wicke se casó con Eugenia Guzmán. De entre sus hijos destaca Verónica Lipperheide Guzmán, que, siendo heredera de una familia que ha hecho fortuna con la industria química, una de las más contaminantes del planeta, escribió un libro en 2010 titulado *Ecologismo sensato en España,* con prólogo de José María Aznar, ya que fue asesora en medioambiente del presidente del Gobierno. Hay que reconocer que es difícilmente superable. También ha sido concejal del Partido Popular en Majadahonda.

El resto de las empresas familiares de los Lipperheide y Guzmán se quedó en el Grupo Minersa, en el que María Isabel Lipperheide Aguirre ostenta un cargo en el consejo de administración junto a otros miembros de los Guzmán y que, en el último ejercicio, presentó beneficios por encima de 39

[37] Véase en los «Anexos» la lista de la CIA sobre la presencia de nazis en España.

millones de euros[38]. No existe constancia de que haya existido ningún tipo de reparación memorialística o económica por parte de los beneficiarios de dichas herencias forjadas entre y en la represión.

No existía cargo en la banca vasca que no tuviera un importante vínculo con el alzamiento. Tomás Bordegaray Arroyo, subdirector del Banco de Vizcaya, participó como voluntario en el tercio de requetés de Cristo Rey durante la guerra, logrando ascender en diversas ocasiones y con unos méritos que le proporcionaron la Cruz Roja del Mérito Militar, la Cruz de Guerra y la Medalla de la Campaña, además de la Gran Cruz del Mérito Civil por su labor en la banca. Su labor del lado de los fascistas le proporcionó otros cargos de relevancia, como su pertenencia al consejo de administración de Barreiros junto con Francisco Franco Salgado-Araujo (primo del dictador). Otra de las ramas que consolidaron su andadura en el franquismo y la mantienen hoy en día es la que nació del industrial José Manuel Delclaux Barrenechea, consejero del Banco de Bilbao, y heredero de una familia belga con importantes intereses en el sector del vidrio de la que surgieron diversas ramas familiares muy vinculadas siempre a la oligarquía franquista. Isidoro Delclaux Arostegui, consejero del Banco de Vizcaya, fue nombrado por las autoridades franquistas vicepresidente de la Junta de Obras del Puerto de Bilbao desde el año 1937 hasta 1968; fue asimismo miembro de la Diputación Provincial de Vizcaya tras la caída de Bilbao, a la que había contribuido luchando en el bando fascista como capitán de requetés. También fue procurador en las Cortes franquistas; cargos políticos que compaginó, como hacían todas las familias de las elites franquistas, con sus diversos cargos empresariales. En la actualidad los herederos

---

38 «Grupo Minersa triplica su beneficio hasta septiembre», *Europa Press,* 9 de noviembre de 2018 [https://www.europapress.es/economia/noticia-grupo-minersa-triplica-beneficio-septiembre-20181109132259.html].

constituyen una de las familias más ricas de nuestro país, poseedora de empresas como la vidriera Vidrala, que factura más de 800 millones de euros al año. Ramas familiares que van desde los Delclaux Zubiría en la mencionada Vidrala a los Delclaux Bravo en Liberbank, o los Delclaux Sota en Tubos Reunidos S.A.

Manuel de Lezama Leguizamón llegó a ocupar el puesto de vicepresidente del BBV. Tanto él como sus hermanos Luis y Fernando fueron tres de los conspiradores en Bilbao contra la República y organizadores del golpe de Estado de 1936[39], unos servicios que le proporcionaron una vida plena y jugosa en el nuevo orden surgido tras la victoria en 1939. La estirpe de raíces carlistas, que según sus propias fuentes estaba vinculada al Cid Campeador, supo manejarse y posicionarse cuando la República agonizaba. Luis Lezama Leguizamón Dolagaray es hoy el principal heredero de una posición labrada por unos antepasados que pusieron todo su empeño en derrocar el legítimo régimen surgido en 1931.

Estos nombres son solo un ejemplo de una burguesía que fue un soporte importante del régimen con su participación directa o indirecta en el golpe y su pervivencia durante cuarenta años de dictadura. Los Ampuero, Aguirre, Aresti, Muguruza, Ybarra, Zubiría y todos los nombres que hemos ido desgranando y que, en la actualidad, mantienen una posición cuyo mascarón de proa ha sido tradicionalmente un banco como el BBVA, que sigue operando como si su beneficio hubiera sido fruto del liberalismo económico, el buen hacer empresarial y la mano invisible del mercado.

---

[39] José Manuel Azcona y Julen Lezamiz Lugarezaresti, «Bilbao, 18 de julio de 1936», *Sancho el Sabio* 36 (2013), pp. 95-116 [https://dialnet.unirioja.es/descarga/articulo/4537895.pdf].

9. Las petroleras de Franco

CEPSA

La Compañía Española de Petróleos Sociedad Anónima (CEPSA) o «La petrolillos», como se la conocía, era parte del Banco Central, de cuyo presidente, Ignacio Villalonga, ya hemos hablado en la parte dedicada a la banca. La petrolera fue la empresa más importante de los años treinta, y su proximidad y adhesión al levantamiento fascista han quedado silenciados hasta en la historia oficial[1] de la propia empresa, que del periodo que va de 1930 a 1940 solo dice que construyó la refinería de Santa Cruz de Tenerife. Una factoría que precisamente sirvió para que la empresa surtiera de combustible al bando de Franco durante la guerra. Su hombre fuerte en la ciudad isleña era Francisco Recasens i Mercader (Banco de Barcelona y Banco de Crédito Exterior) que, junto a Demetrio Carceller, fue el responsable de llevar a cabo las directrices de Villalonga desde Navarra. Recasens había mantenido en la dictadura de Miguel Primo de Rivera unas fructíferas relaciones con José Calvo Sotelo durante su mandado como ministro de Hacienda de 1925 a 1930. Esas relaciones se mantuvieron durante la Segunda República y le ayudaron a encontrar una cómoda red de relaciones con los golpistas. El consejo de administración de la CEPSA estuvo plagado de prohombres cercanos a las elites franquistas, como es el caso

---

[1] Historia de CEPSA en la web de la compañía [https://www.cepsa.com/es/compania/historia%E2%80%93cepsa].

de Darío Rumeu y Freixa (barón de Viver), que fue alcalde de Barcelona con Miguel Primo de Rivera y que formaba parte de la «Peña Blanca», una agrupación política monárquica que sirvió como *lobby* para conspirar contra la República y que también estaba integrada por otros ilustres de la burguesía como el conde de Montseny, José María Milá Camps[2], o Antonio Goicoechea[3].

Los miembros de la «Peña Blanca», según el historiador Josep Arqué Carré[4], eran de un claro pensamiento españolista y en 1936 se inclinaron por el golpe de Estado «sufragando los gastos de la UME (Unión Militar Española) en Cataluña y contribuyendo a la insurrección militar del 18 de julio, con caudales y personas». Además, un año después, el 19 de abril de 1937, los miembros de la «Peña Blanca» se adhirieron al decreto de unificación de Falange Española Tradicionalista y de las JONS.

Además de Ignacio Villalonga, de quien ya hemos hablado en estas páginas, se encontraba en el consejo de administración de la empresa Julio Muñoz Ramonet, sobrino de Agustín Muñoz Grandes, el general fascista que comandó la división nazi 250 de la Werhmacht o «División Azul», como la llaman los filofranquistas para ocultar que era una división que luchaba por Adolf Hitler. Además, Muñoz Ramonet usó uno de los mecanismos más prolíficos de la época para medrar: el matrimonio con niña rica; se casó con Carmen Villalonga, la hija de su jefe.

Julio Muñoz Ramonet es quizá el paradigma de la razón de este libro. Un dependiente de unos grandes almacenes an-

---

[2] Véanse *supra* pp. 31 y ss.

[3] Véanse *supra* pp. 160 y ss.

[4] Josep Arqué Carré, «Derecha de Cataluña: monárquicos alfonsinos contra la Segunda República y la Cataluña autónoma (1931-1936)», 24 de abril de 2015, *UAB Divulga* [https://www.uab.cat/web/detalle-noticia/derecha-de-cataluna-monarquicos-alfonsinos-contra-la-segunda-republica-y-la-cataluna-autonoma-1931-1936-1345680342040.html?noticiaid=1345687048262].

tes de la guerra que aprovechó la miseria provocada por la contienda para, después de aproximarse a los militares franquistas, lograr beneficios masivos con la caída en desgracia de muchos de sus compatriotas. Consiguió por intercesión de su madre, Florinda Ramonet, que se encargó de fraguar una ingente red de contactos fascistas en San Sebastián durante la guerra, la gestión de una partida de algodón almacenada en el Puerto de Barcelona.

El ya entonces empresario, gracias a las gestiones y tramas de su madre, se dedicó al contrabando de ese algodón que se encontraba sujeto a cupo y proporcionaba grandes rendimientos si se comerciaba con ingenio. Con el estraperlo, claro. Los enormes réditos del favor franquista facilitaron que se dedicara a practicar la rapiña con fábricas textiles arruinadas por el conflicto y amasar dinero. Tanto es así que, además de adquirir empresas textiles importantes como la Unión Industrial Algodonera en el año 1942, compró uno de los edificios históricos más emblemáticos de la ciudad condal, la fábrica de Can Batlló.

«En el cielo manda Dios y en la tierra los Muñoz» aunque otras versiones dicen «Después de Dios, los Muñoz». En cualquiera de los dos casos se refieren a Álvaro y Julio, los hermanos Muñoz Ramonet. El 26 de enero de 1939, Álvaro Muñoz se encontraba en primera fila en Barcelona para recibir a las tropas franquistas mientras que Julio estaba en terreno republicano en contacto con la Quinta Columna. Los hermanos aprendieron pronto a diversificar y a no poner todos los huevos en el mismo cesto. De hecho, eran conocidos por haber sido útiles al régimen franquista como delatores de rojos y otros elementos peligrosos. Julio Muñoz adquirió cn su negociado los almacenes El Águila –propiedad que compartía con el dictador dominicano Rafael Leónidas Trujillo– y El Siglo. Estos tampoco estuvieron exentos de polémica.

El 6 de junio de 1981 los almacenes El Águila, situados entre la calle Pelayo y la Plaza Universidad de Barcelona, sufrieron un devastador incendio que los redujeron a cenizas. El suceso se produjo seis años después de que la empresa de Muñoz Ramonet se hubiera declarado en quiebra y propició las sospechas de las compañías aseguradoras, que encontraron indicios sospechosos, como la contratación de una póliza aseguradora apenas un mes antes de la deflagración o las declaraciones contradictorias de los directivos de los almacenes[5]. El 22 de junio de 1979 los almacenes El Siglo también se incendiaron, aunque en aquella ocasión el fuego pudo ser sofocado con rapidez.

Los «percances» de la familia Muñoz Ramonet con robos e incendios y las aseguradoras eran de lo más habitual. El patriarca de la familia denunció en los años setenta el robo de un cuadro tasado en once millones de pesetas. Las aseguradoras no se fiaron demasiado y, tras la investigación, concluyeron que no se había producido ningún robo en la propiedad que tenía Muñoz en la calle Muntaner. El cuadro se encontraba detrás de un radiador. El estraperlista, haciendo honor a sus menesteres también cuando ya era millonario.

Julio Muñoz Ramonet era un *bon vivant* asiduo de la noche barcelonesa. El biógrafo Xavier Muñoz cuenta que la familia logró secuestrar una relación con la conocida prostituta de lujo Carmen Broto, que Juan Marsé noveló de forma no demasiada críptica en su obra *Si te dicen que caí:* «Una tarde calurosa de julio, un caballero con chaqueta sport color vino ribeteada de amarillo le hace llegar por medio del camarero un sobre abierto. Contiene un talón bancario en blanco con la firma Muñoz. Carmen observa desdeñosamente el talón, apaga el cigarrillo y descruza las rodillas, dejándolas irradiar quietas a la misma altura, un poco demasiado separadas. Indiferente le pide una pluma al camarero, escribe algo en el

[5] «El incendio de los almacenes El Águila de Barcelona infunde sospechas a la compañía aseguradora», *El País,* 18 de julio de 1981 [https://elpais.com/diario/1981/07/18/espana/364255224_850215.html].

talón, introduce este en el sobre, ensaliva, cierra y lo entrega para que sea devuelto al remitente».

La «Cascabelitos» era una de las figuras más importantes de la canalla barcelonesa de los años cuarenta. Se relacionaba íntimamente con lo más alto de la burguesía franquista, y el propio Julio Muñoz Ramonet le compró un piso en la calle Padre Claret para poderse ver con ella a escondidas de su esposa, Carmen Villalonga[6]. Su historia acabó de forma trágica. Fue asesinada en el año 1949, encontrada en una fosa con la cabeza abierta; un crimen que convulsionó a la sociedad del momento. Su novio, Jesús Navarro, declaró haber sido el causante del crimen junto a su amigo Jaime Viñas para robarle las joyas. Cuarenta años después reconoció en una entrevista que su silencio sobre la verdad del crimen le salvó la vida[7]. La versión oficial se quedó en un homicidio por robo para ocultar las amistades de las cúpulas empresariales franquistas con la meretriz.

Los silencios y ocultaciones en periodo franquista de los sanos hijos de la oligarquía no quedaban circunscritos a los líos amorosos. Los delitos y crímenes también sufrían ese velo de mutismo tan necesario para mantener a salvo la reputación. El caso de Julio Muñoz Ramonet no iba a ser una excepción. Mariano Sánchez Soler explica, en su libro *Ricos por la Guerra de España,* el proceso que llevó al rey del estraperlo ante los tribunales:

> Julio Muñoz […] fundó la Banca Ginebrina de Comercio y de Crédito y compró la Banca Suiza de Ahorro y de Crédito. Desde Ginebra, Julio Muñoz se encargaba de las finanzas

[6] «La vida de lujos, joyas y excesos de Carmen Broto "Cascabelitos", la amante de la alta sociedad catalana», *ABC,* 11 de enero de 2018 [https://www.abc.es/estilo/gente/abci-vida-lujos-joyas-y-excesos-carmen-broto-cascabelitos-amante-alta-sociedad-catalana-201801110441_noticia.html].

[7] *La Vanguardia,* 26 de marzo de 1991 [http://hemeroteca.lavanguardia.com/preview/1991/03/26/pagina-2/33480853/pdf.html].

internacionales del Banco Central, presidido por su suegro. A partir de 1962, Muñoz amplió su red financiera, compró acciones en entidades bancarias internacionales, como la Sociedad Bancaria Andorrana, el Banco de Crédito Comérciale de Roma, un *holding* en Liechtenstein, otro en Luxemburgo, en Panamá, en Líbano. Lo suyo eran los paraísos fiscales, principalmente. Asociado con los banqueros suizos Hermann Heg y Max Hommel, la crisis inmobiliaria de 1964 le condujo a la suspensión de pagos. En junio de 1965, Muñoz y sus socios fueron detenidos por las autoridades helvéticas y sobre ellos pesaron acusaciones de estafa, malversación de fondos y alzamientos de bienes. En 1975, Julio Muñoz fue por fin procesado y su nombre apareció en la primera página del *Wall Street Journal* como si se tratara de un delincuente, pero en España su caso estuvo siempre rodeado por un clamoroso silencio y envuelto en noticias vagas que hablaban de complicadas quiebras.

El empresario acabó muriendo en Suiza en el año 1991 huyendo de la debacle de su imperio, pero viajando en su Rolls Royce que llegó a conducir el chófer de Alfonso XIII[8].

Una de las adquisiciones de los hermanos fue el Hotel Ritz de Barcelona. Una leyenda de las muchas que circulaban por Barcelona sobre los hermanos decía que Julio Muñoz lo compró para poder despedir a un *maître* que le había atendido de manera poco adecuada. El hotel, en la actualidad, pertenece a los hijos de Álvaro Muñoz y Ofelia Pfister, los Muñoz Pfister. Una de las hijas, Gloria Muñoz Pfister, se dedica a la pintura. La propia artista hace una buena definición en su propia web de las ocupaciones frugales de la heredad de los empresarios del franquismo: «Desde su infancia, la pintura es su vocación y dedicación fundamental. A partir

[8] Miguel Ángel Ordóñez, *Dos siglos de bribones y algún malandrín: Crónica de la corrupción en España,* Madrid, EDAF, 2014.

de la contemplación y las vivencias de su entorno, va conectando de forma empírica con la complejidad de su universo pictórico»[9].

Isabel Muñoz Villalonga es una de las cuatro hijas del estraperlista junto a Helena, Carmen y Alejandra. Como muchas de las hijas de la burguesía franquista, se dedicó a la vida ociosa y contemplativa, a jugar al arte. En su caso, a la fotografía. Los recursos de la familia le permitieron viajar por todo el mundo y estudiar en Nueva York y en los centros más exclusivos, e inaccesibles para el resto de mortales. Cosechó gran éxito, e incluso ganó el Premio Nacional de Fotografía en el año 2016[10], con el que se embolsó nada más y nada menos que 30.000 euros. Calderilla para alguien de su posición. Del tribunal que se lo concedió formaba parte también María Beguiristain, la responsable de arte de la Fundación Banco Santander, que escribió, como ya hemos visto, la entrada de Alfonso Escámez en el diccionario biográfico de la Real Academia de la Historia. Todo queda en casa. Isabel Muñoz logró también sendos premios World Press Photo, en 1999 y en 2004, además de haber recibido la Medalla al Mérito de las Bellas Artes también en 2004. Sin embargo, Isabel Muñoz no quiso devolver a la sociedad algo de lo que recibió gracias una posición de privilegio lograda por el enriquecimiento ilegítimo de su padre.

«Barcelona sufre un saqueo constante por parte de las hijas de Muñoz Ramonet. Hoy hemos dado un paso más para recuperar lo que es de la ciudad», dijo Jaume Asens, primer teniente de alcalde del Ayuntamiento de Barcelona, en junio de 2017. La razón era la recuperación de doce piezas artísticas entre las que se encontraban *La Anunciación,* de El

---

9 Web personal de Gloria Muñoz [http://gloriamunoz.es/index.php/about-gloria/].

10 «Isabel Muñoz, retratista del cuerpo, Premio Nacional de Fotografía», *El País,* 17 de noviembre de 2016 [https://elpais.com/cultura/2016/11/17/actualidad/1479387503_854121.html].

Greco, y la *Virgen del Pilar,* de Goya. Se trataba del último capítulo de una lucha jurídica que comenzó en 1991, cuando Julio Muñoz Ramonet dejó al Ayuntamiento de Barcelona en herencia sus fincas y viviendas de la calle Muntaner y la colección de arte que había dentro, que constaba de más de ochocientas obras de un valor cercano a los tres millones de euros que el industrial catalán había adquirido con su labor empresarial estraperlista durante el franquismo. El gesto de Julio Muñoz fue quizá una de las pocas decisiones honestas del empresario, devolviendo a la ciudadanía lo que había logrado de manera amoral. Así lo consideraba en un artículo en *El País*[11] la bisnieta del legítimo dueño de la colección, el industrial Rómulo Bosch i Catarineu, que antes de la guerra era dueño de la empresa Unión Algodonera que Muñoz Ramonet compró tras la contienda después de la muerte de Bosch i Catarineu de un disparo en las calles de Barcelona:

> Aunque Muñoz Ramonet, que sin duda quería limpiar la imagen que se había labrado haciendo negocios truculentos durante la posguerra y las facilidades que el régimen franquista le había procurado en Barcelona para hacer negocios y ganar dinero, decidió que la ciudad fuera, tras su muerte, la heredera de la colección.
>
> Aunque siguen desaparecidas las obras del palacete de la calle Muntaner, que ayer abrió sus puertas a la prensa, el resto de la colección de mi bisabuelo sí puede verse en una sala del Museo Nacional de Arte de Catalunya. Que es donde debería estar todo el arte que con triquiñuelas, privilegios y desproporcionadas injusticias compraron una gran parte de los coleccionistas catalanes de modo privado y usaron, vendieron y reprodujeron con la ayuda de falsificadores y

[11] «Después de Dios, los Muñoz», *El País,* 11 de octubre de 2013 [https://elpais.com/cultura/2013/10/11/actualidad/1381520398_623716.html].

compinches. Como si el patrimonio de un país perteneciera, antes que a nadie, a una sola clase social. Como si no fuera lo que hemos hecho de la historia todos nosotros.

Las hijas del magnate, sobre todo Isabel Muñoz, no aceptaron de buen grado perder la que consideraban su herencia y comenzaron una ofensiva jurídica para litigar y mantener el patrimonio perdido. Pero una decisión del Tribunal Supremo consideró en 2012[12] que todas aquellas obras, viviendas y fincas eran de propiedad pública. Aun así, con multas mediante por incumplimiento de sentencia, las Muñoz Villalonga se negaban a entregar lo que consideraban suyo.

La familia Muñoz Villalonga no se ha caracterizado por respetar las decisiones ajenas. Ni las judiciales ni las de su propio padre. Las obras que se negaban a entregar se encontraban alojadas en la finca de Ca L'Isard (Los Cedros para la familia), sita en el parque natural del corredor Montnegre de Llavaneres. El patriarca de la familia legó la propiedad a sus hijas en usufructo vitalicio, pero ni eso respetaron ya que, tras la impugnación del testamento, lograron la propiedad y se colocaron como administradoras de Inmobiliaria Llavaneras S.A., una sociedad que se dedica solo a la gestión de Ca L'Isard. De esa propiedad salieron con cuentagotas las obras que las decisiones judiciales obligaban a entregar al Ayuntamiento de Barcelona. En una de las entregas obligadas que las hermanas no pudieron dilatar más, mandaron doce obras en una furgoneta del operario de la finca dedicado al mantenimiento. Sin el embalaje adecuado y sin un conservador para el transporte, lo que provocó que una de las obras, un óleo de François Gérard, llegara rajado[13]. Una manera de ac-

---

12 «El legado de Muñoz Ramonet es de Barcelona, según el Tribunal Supremo», *El País,* 21 de marzo de 2012 [https://elpais.com/ccaa/2012/03/21/catalunya/1332339558_861373.html].

13 «Barcelona recupera 12 obras más de la herencia de Muñoz Ramonet», *El periódico de Cataluña,* 20 de julio de 2018 [https://www.elperiodico.com/

tuar de la familia con soberbia, dejando claro que el respeto al patrimonio y el amor al arte solo es posible cuando es suyo y otorga réditos.

CAMPSA y REPSOL

La Compañía Arrendataria del Monopolio del Petróleo, S.A. (CAMPSA) expresa ya en su nombre el motivo de su nacimiento. José Calvo Sotelo, ministro de Hacienda, y Miguel Primo de Rivera crearon la compañía en 1927 con el objetivo de gestionar el monopolio promulgado en el Real Decreto Ley del 28 de junio de 1927. Las maniobras del gobierno y sus líderes con esta empresa tenían un motivo fundamental que expresó la cultura popular del momento con el acrónimo «Cómo Acaparan Millones Primo, Sotelo y Anido»[14].

Al estallar la guerra la compañía se partió en dos. Como el resto del país. Juan Negrín creó el 1 de julio de 1937 Campsa-Gentibus, que se quedó con gran cantidad del patrimonio físico y material de la empresa. Pero eso no impidió que los directivos de la entidad partidarios del alzamiento tomaran sus propias decisiones. Fue el caso del directivo Juan Antonio Álvarez Alonso, que huyó desde Barcelona a Marsella para conspirar junto a Torkild Rieber, presidente de Texaco y conocido filonazi, para que sus buques se desviaran a la isla de Tenerife, donde se encontraba la refinería de la CEPSA de Villalonga que controlaban los fascistas[15].

La adhesión al alzamiento fascista de la compañía y su consejo de administración quedó negro sobre blanco en las

es/barcelona/20180720/barcelona-recupera-12-obras-mas-de-la-herencia-de-munoz-ramonet-6953561].

[14] La frase hacía referencia a Miguel Primo de Rivera, José Calvo Sotelo y Severiano Martínez Anido.

[15] Daniel Muchnik, *Gallo rojo, gallo negro. Los intereses en juego en la Guerra Civil española,* Madrid, Clave Intelectual, 2017.

memorias de la empresa. En la memoria y balance del 5 de junio de 1940 relativa a los ejercicios de 1936 y 1937, se expresa de manera meridiana este apoyo: «La Compañía Arrendataria y su consejo de Administración identificados desde un primer instante con el Glorioso Alzamiento Nacional y conscientes de los servicios vitales que podía y era su obligación prestar a la Causa, estableció su Dirección en Burgos, donde pronto improvisó una red de distribución a las provincias adictas al Movimiento Nacional»[16].

La compañía desgrana en su propia documentación en qué consistía el apoyo otorgado al bando fascista en su labor de guerra, y el uso de los buques *Badalona, Campas, Petróleo* y el *Ophir* en el suministro logístico de la maquinaria bélica fascista, según la memoria de la CAMPSA: «Merece destacarse el enorme esfuerzo realizado por los pocos buques de nuestra flota de que disponíamos durante la guerra de liberación para atender al abastecimiento, navegando continuamente por zonas de guerra y peligrosas, y prestando servicios que han merecido la felicitación del Estado Mayor de la Armada».

El soporte dado por el consejo de administración de la CAMPSA presidido por Pablo Garnica Echevarría al golpe de Estado es de los pocos indisimulados en las páginas web corporativas. Hasta tal punto que puede consultarse en el archivo histórico el documento en el que se habla de una de las cuentas de la compañía con un llamativo nombre: «Cuenta del glorioso alzamiento nacional»[17]. En el año 1959, un libro conmemorativo de la compañía realizaba una descripción épica de la asonada y de la aportación de los empleados leales a la causa al glorioso alzamiento: «Unos pocos [em-

---

[16] Memoria y balance de CAMPSA del 5 de junio de 1940, Archivo Histórico de CAMPSA [https://campsa.cnmc.es/sites/default/files/2018-11/09%20-%20MEMORIAS%20OFICIALES%20CAMPSA%20-%20MEMORIAS%20DE%201936-1937.pdf].

[17] Véase en los «Anexos» la cuenta de la CAMPSA.

pleados de la CAMPSA] vejados y coaccionados, sin protección, se mantienen firmes en la defensa de la tradición patriótica, religiosa y aún profesional; son los que acuden al trabajo y se resisten a abandonarlo durante las huelgas; son los mismos que acompañan a los restos del Brigada Reyes, y los de Calvo Sotelo y de ellos salen los que saben morir en el cuartel de la Montaña, en el Alcázar de Toledo y en los muros calcinados de Teruel. Son los que también caen atacando en las filas nacionales, en el Pingarrón y en Cataluña, los que casi sin excepción se incorporan de manera voluntaria a las tropas de España»[18].

El consejo de administración de la CAMPSA al finalizar la guerra estaba copado por todos los ilustres miembros de las familias que habían dado apoyo a Franco durante la contienda. En los sillones de la mesa de dirección no faltaba nadie que hubiera sido alguien en el éxito del golpe de Estado. Juan Manuel de Urquijo y Ussía, hijo de Estanislao Urquijo, de los marqueses de Urquijo de toda la vida. Esa familia que copó todos los consejos de administración de las empresas durante el régimen y que acabó «matándose»[19] entre ella. Literalmente. Francisco Barba Badosa también era consejero de CAMPSA como representante del Estado y, además, el coronel del ejército sublevado que lideró la ofensiva fascista en la Batalla de Teruel. Al igual que Juan Petrirena Aurrecoechea, que además estaba al mando de la Jefatura del Servicio de Colonias Penitenciarias Militarizadas, el órgano que dotaba de mano esclava republicana a las empresas que lo requirieran[20]. En el consejo se sentaba también Ignacio Herrero de Collantes,

[18] Libro conmemorativo de CAMPSA 1928-1958 [https://campsa.cnmc.es/sites/default/files/2018-11/CAMPSA--1928-1958.pdf].

[19] Rafael Escobedo Alday, marido de Myriam de la Sierra y Urquijo, fue condenado por asesinar a los marqueses de Urquijo en 1980.

[20] Ley de 8 de septiembre de 1939, por la que se crean las «Colonias Penitenciarias Militarizadas» [https://www.boe.es/datos/pdfs/BOE//1939/260/A05160-05162.pdf].

marqués de Aledo, hijo del fundador del Banco Herrero. Su hijo, Ignacio Herrero y Garralda, se casó con María Teresa Álvarez Pickman[21], un matrimonio del que nació Ignacio Álvarez Herrero, quien en 2001[22] vio casarse a su hija María Herrero Pidal con Juan March de la Lastra, heredero de la Banca March. Recordemos que así, siempre, queda todo en casa. La endogamia es el seguro de sus fortunas. La trama nunca cesa.

Alfonso de Churruca y Calbetón fue otro de los consejeros de la CAMPSA fascista. Fue un ingeniero vasco afecto al régimen que llegó a merecer el título de conde de El Abra por gracia de Francisco Franco en el año 1969, en agradecimiento al apoyo militar que su hijo dio al alzamiento y por el que perdió la vida asesinado en el buque-cárcel de la Bahía de El Abra[23]. Santiago de Ybarra y Zapata de Calatayud, su yerno, perdió la vida en la Batalla de Brunete. Sus hijos fueron Emilio Ybarra y Churruca, copresidente del BBVA hasta el año 2001 y esposo de María Aznar Ybarra[24], y Santiago Ybarra y Churruca, actual conde de El Abra y presidente de Vocento hasta 2007. Pero en las familias forjadas en las faldas de Franco solo hay algo que puede romper la armonía: el mantenimiento de la heredad, el dinero. Tras la muerte de Dolores de Churruca y Zubiría, los hermanos comenzaron una disputa judicial para asegurarse la posesión del palacete de Neguri. Esto rompió la relación tan fuertemente conformada incluso con la sangre vertida por sus familiares más directos.

CAMPSA pasó a integrarse en REPSOL en el año 1987, conservando esta última su carácter semipúblico hasta 1989,

---

[21] Véase el capítulo 11: «Lazos de sangre de los caballistas negros de la burguesía andaluza».

[22] «Juan March, yerno de Ignacio Herrero, nuevo presidente de la Banca March», *La Nueva España,* 29 de abril de 2015 [https://www.lne.es/economia/2015/04/29/juan-march-yerno-ignacio-herrero/1748491.html].

[23] BOE, 13 de septiembre de 1969 [https://www.boe.es/boe/dias/1969/09/13/pdfs/A14546-14546.pdf].

[24] Hija de Juan Antonio Aznar y Zavala, véase capítulo siguiente.

cuando comenzó el proceso privatizador que culminó en el año 1997 con su total privatización. Uno de sus presidentes (de 1996 a 2004) fue Alberto Cortina de Alcocer, miembro de una de esas ilustres familias que hicieron fama, dinero y consolidaron su posición social durante el franquismo. Su abuelo, Alberto Alcocer y Ribacoba, fue alcalde de Madrid después del triunfo franquista; el verbo florido de la caterva franquista también arraigaba en el mayor de los Alcocer, que con motivo de una campaña de limpieza de la ciudad dejó escrito en el diario *Arriba:* «Se hará una gran campaña para desinfectar Madrid de la miseria que dejó el marxismo [...] la dirigirá el laboratorio municipal con la colaboración de todos los medios madrileños. Es necesaria la ayuda de todo el vecindario para que en dos meses sea extirpada la mugre que dejaron los rojos»[25]. Además, el padre del presidente de REPSOL fue Pedro Cortina Mauri, ministro de Asuntos Exteriores en dos periodos con Francisco Franco y procurador en las Cortes franquistas, justo premio a su implicación en el alzamiento, ya que en 1937 se pasó al bando sublevado colaborando desde Burgos como agregado para las relaciones internacionales. Su primo es Alberto Alcocer Torra, propietario de un porcentaje importante de ACS[26], casado en primeras nupcias con Esther Koplowitz, máxima accionista de Fomento Construcciones y Contratas (FCC). Su hija, Esther Alcocer Koplowitz, es ahora presidenta del Consejo de Administración de FCC y de Cementos Portland, también de la familia. Un emporio que se fraguó y se consolidó desde abril de 1939 con las relaciones económicas y políticas adecuadas.

[25] Fidel Moreno, *¿Qué me estás cantando? Memoria de un siglo de canciones,* Barcelona, Debate, 2018.

[26] Véase el capítulo 7: «Del OHL a ACS».

10. Las navieras y la depuración vasca

El sector de las navieras fue uno de los que mejor representó lo que significaba caer del lado incorrecto a la hora de hacer negocios durante la dictadura franquista. No existía otro más tutelado por el régimen, con lo que eso suponía de beneficioso para los afectos, que se tornaba en miseria y desgracias para quienes no lo eran. El transporte por vía marítima era lógicamente un sector estratégico para Franco. Tanto durante la guerra, para el abastecimiento de tropas y transporte de material y logístico, como en la posguerra, en lo que se refería a la prioridad de materias primas para la reconstrucción y al avituallamiento de víveres para una población exhausta y hambrienta[1].

El 2 de marzo de 1938 la Junta de Defensa Nacional de Burgos decretó una ley por la cual se arrogaba el derecho de incautarse e intervenir todos los barcos matriculados en puertos españoles. Esto tenía como objetivo fundamental expropiar cualquier buque amarrado en puerto extranjero que perteneciera a navieros leales a la República para otorgárselos a los afectos al Movimiento Nacional. La expropiación más masiva de estos bienes fue la que se realizó a Ramón de la Sota y Llano después de muerto. El industrial vasco, que era copropietario junto a la familia Aznar de la naviera Sota y Aznar, falleció en el año 1936 justo un mes después del golpe

[1] Eugenio Torres Villanueva, «Comportamientos empresariales en una economía intervenida: España, 1936-1957», en Glicerio Sánchez Recio y Julio Tascón Fernández (coords.), *Los empresarios de Franco. Política y economía en España, 1936-1957,* cit., pp. 199-224.

de Estado. Años más tarde, en 1940, tras el final de la guerra, se le realizó un juicio en el Tribunal de Responsabilidades Políticas que le condenó al pago de una multa de cien millones de pesetas por haber cometido algunos delitos como «significación nacionalista», ya que era próximo al PNV, haber enviado un telegrama de felicitación al presidente de EEUU en el año 1918 o haber pisoteado una bandera de España en el año 1893. Se decidió que esos hechos eran constitutivos de un crimen de «conspiración para la rebelión», que era como el franquismo designaba la defensa de la legalidad republicana. La condena provocó que todos sus bienes fueran expropiados, las más de cuarenta naves del industrial pasaron a manos de los Aznar y no fue hasta los años ochenta cuando sus herederos pudieron recuperar alguno de sus bienes, como el palacio que fue sede del Gobierno Militar de Vizcaya desde su incautación[2].

La beneficiaria fue la familia Aznar, que ya en junio de 1937 se hizo con la dirección y el control de la naviera, apartando a la familia Sota. En 1938 la empresa pasó a denominarse Naviera Aznar S.A. con el nombramiento de José Luis Aznar Zavala como presidente de la compañía. Las acciones incautadas a Ramón de la Sota pasaron a manos de otras familias, como los Urquijo[3].

Los grandes beneficios que proporcionó a la familia estar del lado correcto de la contienda llegan a nuestros días. Eduardo Aznar Coste, marqués de Lamiaco e hijo del patriarca Aznar Zavala, se casó con María Dolores Sáinz Piñera. La familia Aznar Sáinz es hoy una de las más ricas del país, con un patrimonio neto de 420 millones de euros. Alejandro Aznar Sáinz es en la actualidad el propietario de la bodega Marqués de

---

[2] «La familia del naviero vasco Ramón de la Sota recupera su palacio tras pagar una multa impuesta en 1940», *El País,* 10 de septiembre de 1982 [https://elpais.com/diario/1982/09/10/espana/400456828_850215.html].

[3] Véase el capítulo 9: «Las petroleras de Franco».

Riscal y del grupo financiero Ibaizabal, que gestiona los activos de la naviera además de una jugosa participación en Coca Cola Iberian Partners. Quizá para compensar lo que su familia hizo durante la contienda, donó un remolcador a la ONG Proactiva OpenArms en el año 2017. El empresario está casado con Mónica de Oriol e Icaza[4]. Su hermano, Eduardo Aznar Sáinz, además de diversos cargos en las empresas familiares, es patrono de la Fundación Transición Española[5].

Rocío Aznar Sáinz, otra de las hijas del clan, se casó con José Martínez Bordiú, sobrino del Marqués de Villaverde y, por ende, familia de los Franco. A una de sus hijas, Diana Martínez Bordiú –Diddy para los amigos–, se la relacionó en el año 2003 con el príncipe Felipe[6]. Finalmente no hubo suerte para los Aznar Sáinz. Por poco. El pequeño de la familia es un *entrepreneur,* como gustan llamarse a sí mismos estos hijos de la burguesía. El Ministerio de Defensa adjudicó al veinteañero del clan Franco la contrata para limpiar los cuarteles de El Pardo y la Zarzuela, pero, tras perder el contrato debido a que la publicación en prensa produjera una cierta polémica, la empresa quedó en pérdidas[7]. Los hijos de la oligarquía franquista, sin embargo, no desfallecen: caerse es solo una oportunidad para levantarse. Ahora ha montado una empresa de licores que sirve a los locales pijos de la calle Ponzano un brebaje con sabor a piruleta. Ese que en los bares pobres de Fuenlabrada hacíamos con Amaretto y granadina. Pero nosotros éramos supervivientes, no *entrepreneurs.*

---

[4] Véanse *supra* pp. 92 y ss.

[5] Perfil biográfico de Eduardo Aznar Sáinz en la web de la Fundación de la Transición Española [http://www.transicion.org/10fundadores/AznarSainz.php].

[6] «"Diddy" hasta la coronilla», *El Mundo,* 4 de mayo de 2003 [https://www.elmundo.es/cronica/2003/394/1052048248.html].

[7] «Defensa adjudica un contrato de limpieza de cuarteles en el Pardo y La Zarzuela a un veinteañero del clan Franco», *eldiario.es,* 12 de marzo de 2018 [https://www.eldiario.es/economia/Defensa-adjudica-veinteanero-Carmen-Franco_0_749275621.html].

Los Maura, los Gamazo y los Pérez son el núcleo fundamental de esta empresa naviera que entronca con el mal endémico de nuestra sociedad desde el siglo XIX: la perpetuación de la riqueza a través de una imbricada red de relaciones y casamientos vinculados al poder económico, político y mediático.

La familia Gamazo y la familia Maura podrían considerarse de las primeras que comprendieron lo fructífera que resulta la unión de la política y la economía, precursoras de las puertas giratorias, el clientelismo y el valor del *lobby* para beneficio propio. Lo que muchos de los Gamazo y los Maura hacían en la Restauración con total normalidad, hoy sería considerado corrupción. Estas sagas comprendían el poder de las relaciones sociales y no dudaron en unirse mediante matrimonios de conveniencia que gestaran verdaderas líneas dinásticas del poder decimonónico en España que han perdurado hasta nuestros días.

La familia castellana de los Gamazo fue el paradigma del caciquismo rural. Todo comenzó con Germán Gamazo y Calvo, nacido en 1840, quien aprovechó la oportunidad que le brindó su padre para estudiar Derecho y utilizarlo como verdadero trampolín para medrar en política. Germán Gamazo se trasladó a Madrid desde la vallisoletana población de Boecillo, donde su familia poseía grandes propiedades y tierras. En la capital, el pequeño de los Gamazo comenzó a trabajar como pasante en bufetes muy importantes, como los de Manuel Silvela o Alonso Martínez, hasta montar su propio despacho y convertirlo en uno de los más importantes del país.

La vida política de Germán Gamazo y Calvo fue muy intensa. Ocupó el Ministerio de Fomento en dos ocasiones, durante los reinados de Alfonso XII y la regencia de María Cristina de Habsburgo-Lorena. También desempeñó las carteras de Ultramar y Hacienda. Su labor de lobista quedó patente cuando, junto a su cuñado Antonio Maura (ministro de Ultramar, de Gracia y Justicia, de Gobernación y cinco veces presidente del Consejo de Ministros con Alfonso XIII), se convirtió en el gran valedor de las medidas proteccionistas del trigo castellano, siendo familia de los mayores terratenientes de la vid y el trigo que había en Valladolid. Gamazo también fue conocido por liberar las tarifas ferroviarias. Casualmente, su familia tenía grandes intereses en la red de ferrocarriles con importantes inversiones en sociedades dedicadas a este tráfico, llegando incluso a construir la línea Alar de Rey-Santander en el año 1850.

Su interés por todas aquellas vías que pudieran lograr beneficios para la familia alcanzó también a la prensa. Fundó *El Eco de Castilla* en 1883 y participó en la fundación de *El Español*, junto a Antonio Maura y José de la Cuesta. El interés de la familia por los medios llega a nuestros días, ya que Ramón Pérez-Maura es director adjunto de *ABC*.

Los Gamazo usaron las redes sociales como elemento prioritario de su estatus. Fruto de esa visión vital surgió el matrimonio entre Antonio Maura y Constancia Gamazo, hermana de Germán. El enlace sirvió para unir a dos de las familias más importantes de la época. Ambos cuñados fueron los pilares fundamentales del partido liberal y de una concepción ideológica, mezcla de conservadurismo y liberalismo económico, que algunos historiadores denominaron el gamacismo caciquil y que acabó mutando, sobre todo con Gabriel Maura y Gamazo, en un pensamiento maurrasiano que terminó aproximándose al fascismo de Primo de Rivera.

El continuador de la saga fue el mencionado Gabriel Maura y Gamazo, hijo de Antonio Maura y Constancia Gamazo. Maura Gamazo fue ministro de Trabajo y Previsión en el año 1931 hasta el advenimiento de la Segunda República. Anteriormente había sido diputado y senador. El político también hizo negocios por vía marital ya que se casó con Julia de

Herrera y Herrera, hija de Ramón de Herrera y San Cibrián, conde de la Mortera y armador de buques en ultramar con la Compañía de Vapores y Correos y Transportes Militares. Su matrimonio fue una manera de cerrar el círculo de la Compañía Transatlántica y el negocio marítimo, ya que se sellaba prácticamente un monopolio en el transporte entre las colonias en ultramar y Santander.

Esa fue la inversión fundamental de la familia Gamazo, la que tiene como objetivo la Compañía Transatlántica Española. Esta empresa fue creada en 1881 por Antonio López, marqués de Comillas y pariente de los Gamazo. Hoy en día forma parte de Pérez y Cía. La compañía fue favorecida por Antonio Maura al promulgar el 14 de junio de 1909 la Ley de Comunicaciones Marítimas[8], que aumentó la posición de la Transatlántica, ya de por sí predominante, al remodelar en favor suyo el sistema establecido de subvenciones y primas.

Los Pérez son otra de las familias entroncadas. El padre, el abuelo y el bisabuelo fueron navieros muy importantes de Santander que hicieron negocio con lo más granado de la sociedad cántabra del siglo XIX. Ángel Bernardo Pérez, el primero de la saga, actuó como enviado en Cuba del marqués de Comillas, para vender en Cienfuegos los esclavos que el noble le enviaba para las transacciones[9]. A su vuelta de Cuba, Ángel Bernardo Pérez creó una compañía de importación que acabó convirtiéndose en la naviera ya mencionada, Pérez y Cía.

Los nombres fundamentales de esta empresa son los de Jaime Pérez-Maura Herrera, ya fallecido, y su esposa, Elena García Botín, sobrina de Emilio Botín y exdiputada de Alianza Popular. La familia siempre se encontró cómoda en el ré-

---

[8] Web oficial de los prácticos de Tarragona [practicosdetarragona.org/o/practicaje-en-tarragona/historia-practicaje/ley-proteccion-fomento-industrias-maritimas-1909].

[9] Carlos Tejada Bergado, *La banca extranjera en España (1898-1921)*, Lulu, 2007.

gimen franquista, de hecho Gabriela Maura y Herrera, madre de Jaime, se fue de España con la promulgación de la República y asistió al golpe de Estado desde Portugal siendo responsable del falangista «Patronato Nacional de Asistencia a Frentes y Hospitales». En 1938 participó en la Asamblea del cuerpo femenino de Falange en Palacios de Benaver (Burgos) junto a toda la plana mayor de la aristocracia y el golpismo que encabezó Carmen Polo de Franco como presidenta del Patronato[10]. Por otro lado, Ramón Maura y Herrera, tío de Jaime, luchó en el bando fascista como teniente de requetés. Siempre próximos al poder. Siempre siendo el poder.

Otros de los astilleros favorecidos por el favor del régimen fueron los Astilleros del Noroeste (ASTANO), propiedad del industrial y banquero coruñés Pedro Barrié de la Maza. El 25 de mayo de 1970 Barrié –que ya ha desfilado por estas humildes páginas– envió una carta a Francisco Franco para que intercediera ante el Ministerio de Hacienda, que ponía dificultades a su empresa ASTANO para financiarse. Barrié se quejaba ante el Caudillo de que no se le permitía al Banco Pastor apoyar económicamente a su astillero y planteaba que las únicas opciones que le quedaban era la mediación del dictador ante Hacienda o, en su defecto, la intervención estatal a través del Instituto Nacional de Industria o los astilleros públicos. La misiva concluye de este modo: «Como por mi parte yo he recibido siempre de V. el aliento necesario para animarme en mis proyectos y su ayuda para para resolver mis problemas; y como precisamente en relación a ASTANO hemos cambiado durante los últimos años muchas impresiones, me he permitido dirigirle esta larga carta, pues deseo tenerlo siempre informado de las vicisitudes de aquellas sociedades que, perteneciendo al Grupo Pastor, tienen una proyección

[10] *Diario de Burgos: de avisos y noticias,* Año XLVIII, Número 19576 - 31 de enero de 1938 [https://prensahistorica.mcu.es/es/catalogo_imagenes/grupo.do?path=1000448074&posicion=4&presentacion=pagina].

nacional. Espero que, como todos los años, si usted me lo permite, pueda visitarlo este verano en el Pazo de Meirás. Recordaremos nuestros muchos años de amistad y podré reiterarle mi inquebrantable lealtad y afecto. Hasta entonces, reciba los más afectuosos saludos de su siempre buen amigo»[11].

La carta de Pedro Barrié es un ejemplo muy concreto de cómo funcionaban el poder económico y las relaciones empresariales con el poder político durante el franquismo. Las leyes eran siempre más laxas, cuando no inexistentes, para los amigos y el círculo íntimo de Francisco Franco.

[11] Carta de Pedro Barrié de la Maza a Franco (véanse «Anexos», *infra*).

11. Los lazos de sangre de los caballistas negros de la burguesía andaluza

En octubre del año 1936 la revista *El Mono Azul*[1], una publicación de la Alianza de Intelectuales Antifascistas para la Defensa de la Cultura, recogía un poema de Ernesto López Parra llamado «Traición y muerte del señorito Cañero»:

> Sierras de Córdoba arriba / –cetrino, calvo y grotesco–, / sobre una jaca torera, / va «Don» Antonio Cañero. / Como en sus tardes famosas / derrocha el «tipo» y el miedo / blandiendo, en vez del rejón, / un trabuco bandolero. / Por sus zajones castaños / sube, burlándose, el viento, / y las hebillas de plata / le suenan como cencerros. / Trae cien caballos montados / de Sevilla, el «caballero». / Cien señoritos juerguistas / para luchar contra el pueblo. / Chatarra de los colmados / –«cantaores», «ganaeros», / ex toreros, pederastas, / gitanos, curas flamencos, / latifundistas ladrones, / «macarras»...–, todo el desecho / de la Sevilla castiza / que se emborracha con Queipo / y paga en balas de plomo / a los pobres cortijeros. / En la columna de «honor» / del señorito flamenco, / van sus amigos de siempre / –amigos de vino y cuernos–: / «El Guerra», «El Bomba», «el Machaco» /, Pikman, Pepe «el Algabeño», / Benjumea y Sánchez-Dalp, / en un desfile torero. / Ya de los cien alazanos / le quedan veinte jumentos. / Campo traviesa, los otros, / como alimañas, huyeron. / Medroso, como en sus tardes / «mejores»,

[1] *El Mono Azul,* jueves 8 de octubre de 1936 [http://hemerotecadigital.bne.es/issue.vm?id=0003750306&search=&lang=es].

> tiembla Cañero. / Caracolea la jaca, / vuelve la grupa, de miedo, / y cada piedra del monte / cree que es un Pablo Romero. / –Cañero, ¡que viene el toro! / ¡Que viene un toro con cuernos! / Por olivares, de noche, / le asedian con tiros ciertos. / La luna roja de Córdoba / le dispara su mortero. / Y un hilo de sudor frío / empapa su piel en hielo. / Todo su valor se orina / por los zajones de cuero. / Sobre un camino, clavado / le deja un fusil del pueblo. / La jaca corre contenta, / libre, por fin, de su peso. / Como un grajo, por las peñas, / aletea su sombrero. / Y las Milicias ya cantan, / puño en alto, a campo abierto: / –¡Cayó un cobarde en la sierra, / el «señorito» Cañero!

Entre los nombres que aparecen en el poema hay algunos fácilmente reconocibles para los admiradores de la tauromaquia. Uno es el que ilustra el título, el rejoneador Antonio Cañero. Se menciona también al torero Rafael Guerra «El Califa», a Rafael González «Machaquito» o a Ricardo Torres «Bombita»; además de a otros caballistas falangistas como Miguel Sánchez Dalp y Calonge o Alfredo Álvarez-Pickman (de la familia de alfareros de la marca La Cartuja). Uno de sus nietos, Iván Miranda Álvarez-Pickman, aparecía recientemente en las páginas de papel cuché por su relación con Tamara Falcó Preysler[2]. La endogamia de las familias de la aristocracia de segundo nivel de Andalucía alcanza una nueva dimensión. Los Benjumea y los Pickman no perdieron sus amistades en las razias caballistas y mantienen sus nexos haciéndolos carne. Otro de los nietos de Alfredo Álvarez-Pickman, Diego Miranda Álvarez-Pickman, se casó[3] en 2017 con

[2] «Así es el misterioso novio de Tamara Falcó», *El País,* 3 de abril de 2019 [https://elpais.com/elpais/2019/04/03/gente/1554280626_125479.html].

[3] «Cumbre de famosos en la gran boda de Sevilla: Inés Abaurre de Benjumea y Diego Miranda Álvarez-Pickman», *Vanity Fair,* 12 de diciembre de 2017 [https://www.revistavanityfair.es/poder/articulos/boda-sevilla-benjumea-alvarez-pickman-naty-abascal/27739].

otra Benjumea, Inés Abaurre Benjumea[4]. Otro de los nombres importantes mencionados en el poema de López Parra es el del torero Pepe «el Algabeño», que era el nombre artístico de José García Carranza, casado con Araceli Vázquez Benjumea. Ese apellido, Benjumea, se repite en el texto.

El Algabeño era uno de los caballistas negros, de los cabezas de cuadra. El periodista Manuel Chaves Nogales dedicó uno de sus capítulos de *A sangre y fuego*[5] a la gesta de los señoritos caballistas: «De Sevilla ha salido también el Algabeño con su tropa de caballistas, en la que van los mejores jinetes de la aristocracia sevillana y los hombres de su cuadrilla, sus banderilleros y picadores, tan valientes como él y capaces de lidiar lo mismo una corrida de Miura que un ayuntamiento del Frente Popular».

El poema de López Parra recogía, con las licencias de la letra propagandística del momento, lo que hacían las familias de la burguesía andaluza que participaron, en los primeros meses de la guerra, en cacerías de republicanos. La escuadra del amanecer, se hacían llamar, y salían de «razias» o a «razziar», según Chaves Nogales, que no era más que limpiar a cuchillo los campos andaluces de rojos y cualquiera que tuviera el más mínimo atisbo de haber sido simpatizante de la República.

En el periódico *La Voz* del 3 de septiembre de 1936 se contaba cómo estos latifundistas y aspirantes a serlo se reunían por las tardes en el Casino de Labradores de Córdoba y en los cafés y círculos de la calle Sierpes de Sevilla para, entre vinos, alardear de sus cazas de campesinos. Entre risotadas y chistes macabros contaban cómo acabaron a cañón tocante con más de veinte labradores acabando con una frase lapidaria: «Querían la Reforma Agraria. Ya la tienen».

---

[4] Hija de José Joaquín Abaurre Llorente, directivo de Abengoa.

[5] Manuel Chaves Nogales, *A sangre y fuego,* capítulo «La gesta de los caballistas», Barcelona, Libros del Asteroide, 2013.

La historia de estos caballistas de la burguesía andaluza es narrada de forma novelada por Javier Reverte en *Banderas en la niebla* de una manera tan precisa que ayuda a comprender la índole de estos señoritos latifundistas que no solo practicaban el descabello en los ruedos:

> —¿Quieres una copa de cazalla? –le invitó el militar [Queipo de Llano] cuando entró en el despacho.
>
> —No, gracias, mi general. ¿Qué es lo urgente, señor?
>
> —Que dejes lo de fusilar, eso lo puede hacer cualquiera; hay otras cosas más importantes que te quiero encomendar.
>
> Bebió el general y carraspeó antes de seguir.
>
> —¿Te acuerdas de nuestra charla con tu amigo Cañero en Huelva? Pues ha llegado la hora. Tenemos que sanear el campo sevillano, quedan muchos pueblos ocupados por los rojos y vosotros sois piezas esenciales en la tarea.
>
> —Caballistas…, como jinetes negros –dijo usted entonces.
>
> —Sí, surgidos del Infierno… Tienes que organizar ya tu propia partida para ir abriendo paso a la Legión y a los moros.
>
> —Razias…

Las razias eran unas expediciones bélicas sarracenas que tenían como objetivo implantar el terror con incursiones sorpresa, destinadas más a minar la moral de los lugareños que a conquistar territorio y a tomar posiciones militares. En la Península Ibérica esas incursiones también tomaron el nombre de aceifas. El uso de los regulares de Marruecos en la Guerra Civil popularizó nuevamente el nombre de las razias, sobre todo por la terrible ocurrida en Arahal (Sevilla) el 22 de julio de 1936, donde una de estas razias acabó con la vida de 415 personas.

No fue la única; los caballistas de los señoritos andaluces se dedicaron a limpiar los pueblos de Andalucía a lomos de sus equinos. Los toreros Rafael Guerra «El Califa», Rafael González «Machaquito» o Ricardo Torres «Bombita» se ponían a las órdenes de Antonio Cañero, que, montado a su caballo, gritaba[6]: «¡Arriba España! Vamo a rejoneá a eso gañane que se yaman guerrillero». La historiografía acepta como hecho probado las incursiones de estos hijos de la oligarquía andaluza más allá de los relatos novelados y ficcionados que glosaban, con retazos literarios, las andanzas de estos caballistas. Las escuadras negras eran una representación extrema de la represión paramilitar del bando nacionalista y burgués con un arraigado componente de clase. Además de los ya mencionados, fueron muy significativas las escuadras de Rafael Medina Villalonga, duque de Medinaceli, que fue después nombrado alcalde de Sevilla en 1943[7], y de Ramón de Carranza Gómez, marqués de Soto Hermoso, que también fue alcalde de Sevilla entre 1936 y 1938 y uno de los principales responsables de la represión salvaje del sevillano barrio de Triana.

El propio Queipo de Llano dejaba negro sobre blanco la labor represora del pequeño de los Carranza: «He de notificar que el alcalde, D. Ramón de Carranza (hijo), más guerrillero que marino y que alcalde, con una columna de Falange y de Guardia Civil, está desarrollando una brillantísima labor. Es un bravo que manda un grupo de bravos. Con lo que no estoy conforme es que con su actuación me quita todos los falangistas de Sevilla, donde tan grandes servicios me prestan, pues al principio salió con un grupo de veinte muchachos, por precaución le añadí fuerzas de la Guardia Civil; ya hoy día opera con cerca de doscientos»[8]. Los Benjumea y sus amigos y parientes de la alta clase andaluza formaban parte de esta tropa de enviados de Queipo. Y eso les rindió grandes beneficios.

---

[6] «Romance y muerte de Vázquez, el guerrillero cordobés», de Clemente Cimorra, *España democrática,* 31 de enero de 1940.

[7] Padre de Ignacio Medina y Fernández de Córdoba, duque de Segorbe.

[8] *ABC,* 28 de julio de 1936 [http://hemeroteca.sevilla.abc.es/nav/Navigate.exe/hemeroteca/sevilla/abc.sevilla/1936/07/28/004.html].

El nombre más ilustre y beneficiado de los favores al fascismo fue el de Joaquín Benjumea Burín, fiel a Queipo de Llano desde los inicios de la guerra donde perdió un hijo, el falangista José Ignacio Benjumea Medina, en una refriega el mismo 18 de julio de 1936 a la que se considera una de las primeras víctimas de la contienda. Joaquín Benjumea se trasladó de Madrid a Sevilla al comienzo de la guerra para defender *manu militari* el éxito del alzamiento fascista, aunque rápidamente fue requerido por las altas instancias del levantamiento para cargos más elevados. Fue nombrado primero gestor de la diputación provincial en Sevilla y posteriormente, en 1938, dirigió la jefatura del Servicio Nacional de Regiones Devastadas y Reparaciones[9]. También fue alcalde de Sevilla de 1938 a 1939 y siguió ocupando cargos de diversa consideración, recomendado por Serrano Suñer, y aun carteras ministeriales con Francisco Franco. Primero la de Agricultura, desde donde llegó en 1941 a la más importante: la responsabilidad del Ministerio de Hacienda. No fue el último cargo que ostentó, ya que fue elegido gobernador del Banco de España en 1951. El conde de Benjumea fue el verdadero impulsor de la fortuna del resto de sus familiares en el periodo franquista, algo que fue muy bien aprovechado por Javier Benjumea Puigcerver, quien vio una importante oportunidad de negocio junto a otros amigos de Liceo para crear la empresa Abengoa.

El patriarca de Abengoa creció en una cultura de discreción en los negocios, a él se le atribuye la sentencia: «Hay empresarios que pagan por salir en los periódicos y otros que pagan para no hacerlo». Benjumea era de los segundos. Su papel mediático fue escaso o nulo, y por ello no se metía en excesivos problemas. Comenzó su andadura profesional des-

[9] Eugenio Torres Villanueva, «Los empresarios durante la guerra civil (1936-39)», *VIII Congreso de la Asociación Española de Historia Económica,* Santiago de Compostela (España), 13-16 de septiembre de 2005 [http://www.aehe.es/wp-content/uploads/2005/10/a2_torres.pdf].

pués de enrolarse como voluntario en agosto de 1936 en una compañía de requetés, participando en la conquista de numerosas poblaciones de Sevilla, Córdoba, Granada, Jaén, Málaga y Badajoz[10]. Acabada la guerra, en 1941 creó Abengoa junto a José Manuel Abaurre. Ni que decir tiene que aprovechó los cargos de su tío Joaquín Benjumea Burín como ministro de Hacienda y gobernador del Banco de España para emprender y colocar a su empresa en poco tiempo como una de las más importantes de Andalucía y extenderse por toda España. De una facturación inicial de cuarenta y cinco millones de pesetas a cuatro mil ochocientos millones en solo 25 años. De hecho, una de las concesiones públicas fundamentales que hicieron crecer a Abengoa con tanta rapidez fue la electrificación de la RENFE del año de 1946, que fue aprobada finalmente en el año 1948, un año después de que su tío, Joaquín Benjumea Burín, fuera nombrado presidente de la compañía ferroviaria. Otra de las casualidades que se daban en tiempos de abundancia para las oligarquías del régimen.

Si algo ha quedado claro es la capacidad de las dinastías de las elites franquistas para cerrar el camino al éxito a otras familias. Se emparentaban y procreaban para asegurar mantener el botín en manos de unas pocas familias, a buen recaudo y sin posibilidad de que algún agente externo intoxicara con complejos y prejuicios la ilegítima consecución de toda su fortuna. Los caballistas crearon un vínculo especial en sus cacerías de rojos por los montes republicanos, y esos lazos se fueron entrelazando con bodas y natalicios hasta hacerse una sola familia. Sirva de ejemplo un discreto enlace de postín que trasladaremos al pasado.

En mayo de 2018 se celebró una boda en Altarejos[11], una inconmensurable finca a la que su dueño dedicó un libro de

---

10 *Ibidem.*

11 «Cónclave de "vips" en la boda de Carlos March de la Lastra», *El Mundo,* 5 de mayo de 2018 [https://www.elmundo.es/loc/famosos/2018/05/05/5aec9a7c468aeb804a8b463f.html].

trescientas páginas para contar lo que le había costado crear un jardín de ensueño a caballo entre la serranía sevillana y Badajoz. El sueño húmedo de cualquier latifundista y la bota negra sobre el cuello de infinidad de braceros extremeños y andaluces. Diez mil hectáreas de terreno adquiridos por el banquero Carlos March[12] en 1975 para el improductivo uso de una casa de asueto canicular y un lugar donde disparar a las perdices de vez en cuando[13].

El terrenito acogió el enlace entre Carlos March de la Lastra, hijo del propietario, y Mónica Benjumea Velasco. Otra Benjumea. El círculo endogámico volvía a cerrarse. Mónica es, además, nieta por vía materna de Lucía Erquicia Guardiola, que era la hija de Alfredo Erquicia Aranda, jefe del Ejército español del Norte de África durante la dictadura de Franco, y que además tuvo otra importante responsabilidad que fraguó una eterna amistad y vínculos de clase con el resto de familias de señoritos andaluces que llega hasta nuestros días encarnándose en sangre. Erquicia Aranda, el bisabuelo, fue el principal responsable de comandar las milicias paramilitares de voluntarios a caballo en los primeros días de la guerra. Erquicia Aranda era el comandante de la «Policía Montada de Sevilla» que estaba a cargo de los caballistas negros de Antonio Cañero o Pepe el Algabeño.

Los herederos de Abengoa fueron los hermanos Javier y Felipe Benjumea Llorente[14], que acabaron siendo los liquidadores de la empresa. Pero existe otro nombre relevante del

---

[12] Hijo de Juan March Servera y nieto de Juan March Ordinas. La familia March gestiona a través de la Corporación Alba inversiones en ACS, Acerinox, Indra, Prosegur, Ebro Foods, Clínica Baviera, Pepe Jeans, Ros Roca, Flex, Mecalux o Antevenio.

[13] «Altarejos. Un jardín en la Dehesa», *El Confidencial,* 11 de mayo de 2012 [https://blogs.elconfidencial.com/cultura/rincon-de-maria-trincado/2012-05-11/altarejos-un-jardin-en-la-dehesa_707398/].

[14] «La Abengoa de Benjumea ha muerto. ¡Viva Abengoa!», *eldiario.es,* 24 de septiembre de 2015 [https://www.eldiario.es/andalucia/desdeelsur/Abengoa-Benjumea-muerto-Viva_6_434366584.html].

legado de los caballistas negros que encontró acomodo en las redes de favores del poder económico en España. Javier García Carranza Benjumea es el hijo del líder de los comandos fascistas a caballo «Pepe el Algabeño» y Araceli Benjumea Vázquez y, además, amigo personal de Ana Patricia Botín, quien le reservó un importante cargo de responsabilidad en el Banco Santander, nada más y nada menos que director general adjunto y responsable de reestructuraciones, participaciones, inmuebles, estrategia de recuperaciones y disposiciones de préstamos y activos. «El killer del Santander»[15], como llaman a García Carranza, fue paradójicamente el encargado de expulsar de la dirección de Abengoa a su tío haciendo valer los intereses del Banco Santander como máximo acreedor de la empresa familiar[16]. Porque la familia es lo primero, siempre y cuando no esté por delante del dinero. Otra máxima que se cumple a machamartillo en estos clanes de las oligarquías florecidas durante el franquismo.

---

15 «El "killer" del Santander que siembra el pánico entre las empresas y grandes fortunas», *El Confidencial* [https://www.elconfidencial.com/empresas/2017-04-02/el-killer-del-santander-que-siembra-el-panico-entre-las-empresas-y-las-grandes-fortunas_1358742/].

16 «El nuevo Felipe Benjumea, volcado en el hidrógeno y en mitad de cuitas familiares», *El Confidencial* [https://www.elconfidencial.com/empresas/2017-10-21/el-nuevo-felipe-benjumea-volcado-en-el-hidrogeno-y-en-mitad-de-cuitas-familiares_1464597/].

12. Pagos de Franco por derecho de pillaje

En el medievo el rey concedía a discreción a los miembros de sus glebas y caballeros la posibilidad de saquear y ejercer el pillaje en tierras conquistadas. Era el denominado derecho al beneficio, una regalía que el monarca del momento otorgaba con discreción para que no se creara un marco jurídico constante que pudiera eliminar lo necesario de que fuera discrecional. Este derecho al beneficio fue la base sólida sobre la que consolidar la creación de un nuevo actor social, los caballeros villanos, campesinos de Extremadura que con los excedentes del trigo pudieran comprar armas para convertirse en saqueadores en virtud del rey. El derecho al beneficio fue eliminado por Alfonso VIII en las Navas de Tolosa.

Ese *modus operandi* se repitió en diversos periodos históricos de formas diferentes. En los territorios ocupados por alemanes en 1941 se produjo el saqueo mediante el cambio de divisas en países ocupados y el traspaso de las mismas por las fronteras. Otra de las estrategias de pillaje por parte de la Wehrmacht fue el envío masivo de regalos a Alemania: «Los soldados alemanes vaciaron literalmente las tiendas de Europa, enviando millones de paquetes postales desde el frente de Alemania. Las destinatarias eran sobre todo mujeres. Cuando se habla a las receptoras, hoy ancianas, de aquellos paquetes, todavía se les iluminan los ojos: zapatos de África del Norte, terciopelo, seda, licores, y café de Francia, tabaco de Grecia, miel y tocino de Rusia, enormes cantidades de arenques de Noruega»[1].

[1] Götz Aly, *La utopía nazi,* Barcelona, Crítica, 2006.

Los problemas que esto provocaba en las fronteras llevaron a Hermann Göring a cortar por lo sano y exigir a al ministro de Finanzas del Reich que eliminara el control aduanero para que todos estos productos de pillaje llegaran a Alemania sin problemas. Estos son solo algunos ejemplos someros de la conocida estrategia del vencedor, que en España tuvo otras maneras de conformarse.

Los cargos públicos y las responsabilidades en los consejos de administración de las empresas públicas fueron usados como un pago del botín de guerra a cuenta de los servicios prestados a multitud de cargos militares que hicieron la guerra del bando fascista. Francisco Franco Salgado-Araujo, en una conversación con Francisco Franco, narraba de forma explícita cómo estos nombramientos se producían no de acuerdo a la valía profesional para desempeñar un cargo, sino como contraprestación por haberse alzado en armas contra la República y por los servicios prestados contra los rojos:

> Digo a Franco que no me parecía bien el decreto por el que se exige no haber cumplido setenta años a los presidentes o consejeros de empresas estatales. Estos cargos se dieron por decisión del Generalísimo y del ministro de Hacienda, en atención a los méritos personales de los elegidos. El Generalísimo no parece estar nada bien informado de este asunto y al parecer se ha olvidado de que yo ya le había prevenido de ello. Le digo que ya que la resolución tomada no tiene remedio, que al menos no se extienda a los consejeros de las empresas estatales en los que hay diferentes generales de los tres ejércitos y cuyos méritos en la guerra justifican su nombramiento para el desempeño en los diferentes cargos en los consejos de administración. Estos nombramientos no se han hecho nunca por la capacidad y preparación para un cargo determinado, sino como premio a una actuación profesional dedicada al servicio de la Patria en los campos de batalla. El Caudillo me contesta: «Haré todo

> lo posible para que esta medida no se extienda a los consejos de administración»[2].

Uno de esos generales honrados con la dádiva franquista del progreso es Eugenio Espinosa de los Monteros y Bermejillo, un alto cargo del ejército durante la República que no dudó en traicionar la legalidad constitucional y sumarse al golpe. Los favores de guerra le fueron rápidamente pagados con importantes responsabilidades en la represión franquista una vez finalizada la guerra. El 1 de abril de 1939, en calidad de general jefe del Primer Cuerpo del Ejército, publicó un bando[3] por el cual la «Columna de Orden y Policía de Ocupación» de la ciudad de Madrid –que tenía como función principal la de policía, con todos los elementos represivos que ello suponía en abril de 1939– quedaba bajo sus órdenes. El bando completo que apareció en las calles de Madrid[4] indicaba de manera muy clara cuáles eran las disposiciones que a partir de entonces el general Espinosa de los Monteros pasaba a controlar:

> *BANDO: Se declara el estado de guerra en Madrid y su provincia*
>
> Ayer fue publicado el siguiente Bando:
>
> Don Eugenio Espinosa de los Monteros y Bermejillo. General jefe del Primer Cuerpo de Ejército, como delegado general del jefe del Ejército del Centro.
>
> HAGO SABER:
>
> Que el Ejército nacional, acaudillado por el glorioso Generalísimo Franco (q. D. g.), ha entrado en esta villa para librarla del martirio que heroicamente viene sufriendo y para

[2] Francisco Franco Salgado-Araujo, *Mis conversaciones privadas con Franco*, Barcelona, Planeta, 1976.

[3] *ABC,* Madrid, 2 de abril de 1939 [http://hemeroteca.abc.es/nav/Navigate.exe/hemeroteca/madrid/abc/1939/04/02/011.html].

[4] Fotografía de gente mirando el bando. Véanse «Anexos», *infra.*

aportar a sus habitantes y los de su provincia, paz, orden, perdón y cariño, pues así lo requiere la fraternidad con que deben vivir todos los españoles de la España nueva, y para que los madrileños gocen del mismo beneficio que ha reportado a sus hermanos de provincias ya liberadas al verse felizmente libres de la odiosa tiranía roja, disfrutando de la paz del hogar en un ambiente bendito en el que no falten ni el pan, ni el trabajo ni el bienestar.

Y para el más rápido y feliz logro de cuanto constituye la esencia del glorioso movimiento nacional salvador de España.

ORDENO Y MANDO:

1.º Queda declarado el estado de guerra en la plaza y provincia de Madrid desde el momento de la publicación de este Bando.

2.º A nadie debe asustar la severidad del mismo. Todo ciudadano tiene en su mano que no le alcance sus castigos y para ello no tiene más que cumplir rigurosamente sus disposiciones.

3.º Los poseedores de arma de fuego, sea cual fuere su calibre y sus características y los que lo sean de materias explosivas e incendiarias o venenosas, las entregarán en las Tenencias de Alcaldía de los distritos en que habitan dentro de las veinticuatro horas de la publicación de este Bando, incurriendo en la pena de muerte los que falten voluntariamente a esta orden.

El funcionamiento de las estaciones de «radio», emisoras que no cuenten con mi autorización especial o el de las receptoras que capten noticias que constituyan propaganda contra el movimiento nacional queda terminantemente prohibido, incurriendo los contraventores en delito de rebelión.

Con el fin de no incurrir en la sanción correspondiente al delito de robo, saqueo o pillaje, todas las personas que tengan en su poder muebles, alhajas, ropa y enseres que no sean de su propiedad con anterioridad al 18 de julio de 1936, por haber sido abandonados en dichos domicilios por refugiados que desalojaron temporalmente los mismos o por haberlos adquirido por procedimiento que no tenga justificación completa y escrita, enviarán la relación de los mismos a la Comisaría de su distrito en el plazo de cuarenta y ocho horas, a partir de la publicación de este bando.

4.º Serán castigados con la pena de muerte y juzgados en juicio sumarísimo de urgencia:

a) Los autores de tiroteos o actos de agresión realizados desde edificios particulares u oficiales, estimándose a los porteros responsables de ellos, salvo pruebas en contrario, en cuyo caso lo serán los habitantes del piso de donde parta la agresión.

b) Los que ejecuten actos de robo, saqueo o pillaje.

c) Los que realicen actos de sabotaje o aquellos encaminados a dañar u obstaculizar las instalaciones de correos, telégrafos, teléfonos, ferrocarriles, tranvías, Metro, fábricas y conducciones de electricidad, agua e industrias que afecten a la vida normal de la población.

5.º Serán considerados reos de delitos de rebelión militar los siguientes:

a) Los insultos, agresiones, desacato y provocaciones de palabra u obra a todo militar, individuo de las milicias armadas o personal civil al servicio del Mando militar, tanto si la agresión se comente en actos de servicio o fuera de él y que llegue a consumarse o no.

b) La propalación de todo género de noticias falsas, tendenciosas o aun verdaderas que sean perjudiciales a la causa nacional y los ademanes o cualquier otro acto que exteriorice un propósito, idea o deseo de carácter subversivo.

c) La confección, publicación, ocultación, tenencia y reparto de todo género de impresos o escritos clandestinos que no hayan sido sometidos a la previa autorización o censura.

d) La perturbación, por cualquier medio, del abastecimiento general de la población, de la libre contratación y prestación del trabajo, así como el abandono total o parcial de este, individual o colectivamente; es decir, la huelga o huelga de brazos caídos, tengan o no condición de funcionarios los que falten a este precepto.

e) Las denuncias o acusaciones falsas, así como los atentados contra las personas o las cosas, sea cual fuere el medio empleado.

f) Todo género de reuniones que se tengan sin mi autorización, estimándose como tales los grupos de más de tres personas. Estos serán disueltos por la fuerza pública sin previa intimidación.

g) Incurrirán en la misma pena los que no denuncien a las autoridades, con urgencia, la existencia de armas y explosivos que les sean conocidos.

6.º De cualquier delito cometido por una Asociación o en su seno, serán responsables sus Juntas directivas, sin perjuicio de otras culpabilidades individuales que puedan resultar.

7.º Quedan sometidos a la jurisdicción militar todos los delitos cometidos a partir del 18 de julio de 1936, sea cualquiera su naturaleza.

Madrid, 29 de marzo de 1939. III Año Triunfal. Eugenio Espinosa de los Monteros.

El objetivo fundamental de la Columna de Orden de Espinosa de los Monteros era crear un estado de represión, miedo y control que impulsara la conformación del Estado franquista una vez se hubiera limpiado de todos los elementos no afines al régimen, así como la realización de listas y archivos que permitieran la purga de desafectos de manera eficiente. Para la instauración de ese régimen de terror se utilizó a informantes o chivatos que habían permanecido en Madrid durante la guerra y podían señalar fácilmente a quienes hubieran colaborado con los rojos. Esas delaciones proporcionarían también beneficios y ascensos sociales hasta establecer un orden fascista[5].

Una de las órdenes dadas por Espinosa de los Monteros mientras comandaba dicha organización fue la exigencia de presentarse en los campos de concentración creados para el hacinamiento de desafectos, de todos aquellos que hubieran estado en el frente luchando para evitar la victoria fascista[6].

Para el historiador Alejandro Pérez-Olivares García, los bandos promulgados en la capital representaban «la naturaleza punitiva de la maniobra de ocupación y dejaban ver la dureza de las penas que estaban reservadas a quienes se atrevieran a desafiar el orden recién impuesto en una ciudad militarizada».

La Columna de Orden y Policía de Ocupación del general Espinosa de los Monteros y el Servicio de Información y Policía Militar (SIPM) colaboraron de tal forma que se hicieron indistinguibles en la represión de muchos ciudadanos de Madrid[7]. Estas organizaciones se encargaban de realizar los informes de conducta. Unos informes vinculantes para los tribunales sumarísimos que se elaboraban basándose en cualquier rumor o chivatazo negativo y en los que se excluía cualquier testifical favorable al sospechoso. Con esta práctica se

---

[5] *Objetivo Madrid: planes de ocupación y concepción del orden público durante la Guerra Civil española,* de Alejandro Pérez-Olivares García. Seminario Complutense «Historia, Cultura y Memoria» / Departamento de Historia Contemporánea, Universidad Complutense de Madrid [http://cultureandhistory.revistas.csic.es/index.php/cultureandhistory/article/view/84/276].

[6] *ABC,* Madrid, 2 de abril de 1939: «Presentación en los campos de concentración» [http://hemeroteca.abc.es/nav/Navigate.exe/hemeroteca/madrid/abc/1939/04/02/011.html].

[7] *La victoria bajo control: ocupación, orden público y orden social del Madrid franquista (1936-1948)* (Tesis doctoral), de Alejandro Pérez-Olivares García, Madrid, UCM, 2017 [https://eprints.ucm.es/45481/1/T39392.pdf].

llegó a condenar a cientos de madrileños, a muchos de ellos a muerte por el delito de «adhesión a la rebelión», que no significaba más que haber defendido la República del golpe de Estado. Uno de estos casos fue el de Aniceto González Siguero, un vecino de Cuatro Caminos que fue encarcelado durante dieciséis meses porque un policía aseguró que se le veía mucho por la checa del Cine Europa, y al que se condenó a muerte apoyándose en delaciones cruzadas sin ninguna prueba de su participación en ningún crimen.

El general Espinosa de los Monteros sirvió bien a Franco, y por eso comenzó a tener diversos cargos de responsabilidad, algunos de importante relieve histórico. Su filonazismo le proporcionó relevancia en el trato con el Tercer Reich de Adolf Hitler.

En el año 1938 la delegación española que fue a Núremberg en representación de Franco al importante Congreso Nacional del Partido Nacional Socialista Alemán fue encabezada por Eugenio Espinosa de los Monteros. El conocimiento del idioma –había vivido en Viena en un destino de su padre– y su entusiasmo nazi, además de su proselitismo para vincular con fuerza las relaciones entre España y el régimen nazi, le llevaron a ser nombrado embajador español en Berlín, donde entregó sus credenciales a Hitler el 3 de septiembre de 1940[8]. A pesar de eso, los continuos desprecios y humillaciones de Ramón Serrano Suñer hicieron que su papel fuera el de una mera comparsa cuando la delegación española visitó Alemania para negociar con Adolf Hitler su posible entrada en la guerra. Espinosa de los Monteros fue ninguneado por Serrano Suñer y no se le permitió asistir a ninguna de las reuniones importantes que trataron el asunto. La sustitución de Espinosa de los Monteros por José Finat y Escrivá de Romaní no fue bien aceptada en Berlín porque valoraban el

---

[8] Wayne H. Bowen, *Spaniards and Nazi Germany. Collaboration in the New Order,* Columbia, University of Missouri Press, 2000.

incansable apoyo a la causa nazi de Espinosa y sus intentos por lograr la entrada de España en la Segunda Guerra Mundial junto a Adolf Hitler[9]. Espinosa de los Monteros fue además uno de los tramadores del golpe de Estado, tal como el propio militar reconoció en el *Proceso de la Escuela de Guerra* de seis de diciembre de 1940[10]. Unos procesos destinados a dirimir la responsabilidad en la defensa de la legalidad republicana en los que el general testificó a favor de algunos encausados como leales al régimen al advertir que fueron tramadores del golpe junto a él.

El hermano del bisabuelo de Iván Espinosa de los Monteros –uno de los rostros más conocidos hoy del partido de ultraderecha VOX– tuvo una fructífera relación con el franquismo que sirvió también para que las prebendas surgidas de una guerra fratricida se fueran heredando por muchos otros miembros de la familia que también colaboraron en el golpe fascista. Rafael Espinosa de los Monteros y Bermejillo era su hermano. Huyó a Francia el día del golpe de Estado ya que el levantamiento le pilló en Barcelona y se pasó a zona fascista en abril de 1937. Se le destinó en diversas responsabilidades y jefaturas militares durante la contienda. Como buen filonazi, fue nombrado agregado naval en la Francia ocupada y colaboracionista de Vichy. Por su parte, Álvaro Espinosa de los Monteros y Bermejillo, capitán de navío, estuvo al lado de Franco sirviéndole de traductor en las misivas cruzadas que recibía de Alemania y advirtiéndole, al parecer, del peligro que supondría entrar en la contienda del lado alemán por lo imprevisible de la guerra y la fortaleza del Reino Unido. La labor de asesor de este Espinosa de los Monteros[11] no acabó de convencer a Franco,

---

[9] *Ibidem.*

[10] FC-CAUSA_GENERAL, 1518, Exp. 5. 1940 / 1943, Archivo electrónico de la Guerra Civil.

[11] *ABC,* 5 de abril de 1978 [http://hemeroteca.abc.es/nav/Navigate.exe/hemeroteca/madrid/blanco.y.negro/1978/04/05/038.html].

que calificaba al capitán de navío de forma despectiva como «El enterado»[12].

La adhesión de los Espinosa de los Monteros al bando fascista fue total e inquebrantable. Hernando Espinosa de los Monteros, hijo de Álvaro, sirvió en la guerra como alférez de caballería en el Regimiento de Cazadores y su implicación le sirvió para ir medrando en la carrera militar y alcanzar el rango de general de división.

Las herencias de cargos y responsabilidades fueron pagadas debidamente a las familias sublevadas. En el comienzo de la guerra Eugenio Espinosa de los Monteros era consejero de la empresa de ferrocarriles MZA. En septiembre de 1936, con el conflicto incipiente, el general envió una carta a los propietarios de la compañía, la familia Rothschild, para darles instrucciones al respecto de las acciones que él disponía y cómo proceder con ellas[13].

El apellido Espinosa de los Monteros abría puertas en un régimen en el que la sangre y el nombre lo eran todo. Y esas posiciones de preeminencia no acabaron con la muerte del sátrapa. Los lugares de privilegio otorgaron una relevancia social y una educación de un nivel solo al alcance de las fortunas del régimen y, con el final de la dictadura, esos apellidos ilustres continuaron ejerciendo su labor con el mismo mecanismo de ascensión social. Carlos Espinosa de los Monteros y Bernaldo de Quirós se forjó una educación elitista que, junto al ilustre apellido, le llevó en el año 1976 al puesto de vicepresidente del INI. Posteriormente Felipe González le puso al mando de Iberia, desde donde se fraguó una imagen empresarial que le llevó a ocupar cargos empresariales en Mercedes Benz, Inditex o Acciona. No perdió nunca su conciencia de clase, como mues-

---

[12] «La entrevista de Hendaya, otra versión de la neutralidad de España», de José Andrés Pizarro, *Revista de la Armada* [http://www.armada.mde.es/archivo/rgm/2012/01/Cap3_es.pdf].

[13] Miguel Angel López Morell, *La Casa Rothschild en España (1812-1941),* Madrid, Marcial Pons, 2005.

tran sus propuestas como presidente del Círculo de Empresarios en el año 1996, cuando exigía al Gobierno que recortara las pensiones y acabara con las medicinas gratis para los jubilados[14], además de mostrarse contrario a la aprobación de las reformas a favor del derecho de huelga de los trabajadores[15]. Finalmente acabó su carrera como alto comisionado para la Marca España bajo un gobierno de Mariano Rajoy. Su legado lo continúa su hijo Iván, vicesecretario de relaciones internacionales de VOX y diputado en el Congreso.

El líder del partido ultra tuvo la posibilidad de aprender técnicas de optimización de recursos empresariales de otro de sus familiares, Juan Espinosa de los Monteros y Bermejillo, que tuvo el honor de ser uno de los multados por evasión fiscal en la primera y única lista de evasores fiscales publicada en nuestra historia, en marzo de 1959[16].

El general Antonio Barroso Sánchez Guerra, también emparentado con los Espinosa de los Monteros, fue otro de los militares afectos al levantamiento. Durante toda la guerra perteneció al Cuartel General del Caudillo y tras la contienda fue premiado de manera generosa, seleccionado por sus honras militares como presidente honorario de Tabacalera, así como de otras empresas como Vías y Construcciones o Standard Eléctrica[17].

Fueron muchos los militares premiados con importantes ascensos y prebendas por su favor a la causa fascista. El teniente coronel José Monasterio Ituarte no dudó en unirse al levantamiento fascista en 1936 junto al general Cabanellas,

---

[14] «El presidente del Círculo de Empresarios pide acabar con las medicinas gratis y recortar las pensiones», *El País,* 9 de mayo de 1996 [https://elpais.com/diario/1996/05/09/economia/831592806_850215.html].

[15] «El Círculo de Empresarios dice que la ley de huelga fomenta el chantaje y pide al Senado que la cambie», *El País,* 11 de marzo de 1993 [https://elpais.com/diario/1993/03/11/economia/731804421_850215.html].

[16] *BOE,* 9 de marzo de 1959 [https://www.boe.es/datos/pdfs/BOE/1959/058/A03896-03904.pdf].

[17] Mariano Sánchez Soler, *Ricos por la guerra de España,* Madrid, Raíces, 2007.

siendo un baluarte importante del bando rebelde en el frente de Aragón y en el asalto final a Madrid. Finalizada la guerra, donde ascendió a general de brigada, fue nombrado jefe del Cuerpo del Ejercito de Aragón, consejero de FET y de la JONS y llegó a alcanzar el puesto de capitán general de la Tercera Región.

El general José Monasterio Ituarte es el abuelo de Kiko Méndez Monasterio y Lourdes Méndez Monasterio, ambos miembros de VOX aunque no están vinculados familiarmente con Rocío Monasterio, esposa de Iván Espinosa de los Monteros y presidenta del citado partido de extrema derecha en la Comunidad de Madrid, cuya saga creció también por Latinoamérica, más específicamente en Cuba, donde poseía ingenios azucareros en Cienfuegos y hacía fortuna al calor de los dictadores Gerardo Machado o Fulgencio Batista. El Ingenio Manuelita fue expropiado, junto con todas las propiedades de la familia, a raíz del triunfo de la Revolución cubana. La empresa azucarera pasó a llamarse 14 de Julio y fue el fin de la saga Monasterio en el país caribeño. Citando la famosa canción de Carlos Puebla: «Aquí pensaban seguir / ganando el ciento por ciento / con casas y apartamentos / y echar al pueblo a sufrir / y seguir de modo cruel / contra el pueblo conspirando / para seguirlo explotando… / Y en eso llegó Fidel… / Y se acabó la diversión / Llegó el comandante y mandó a parar».

Hay más mandatarios de VOX con vínculos interesantes para nuestro negociado. Hermann Tertsch, periodista y europarlamentario, también procede de una familia que logró consolidar su posición por la proximidad al régimen franquista, y en su caso no solo eso. Su padre, Ekkehard Tertsch, un periodista austriaco nacido en Trieste cuando aún pertenecía al Imperio Austro-Húngaro, tuvo una vinculación muy estrecha con el régimen nazi tanto en Viena como en Madrid. El padre del político de VOX se afilió al NSDAP en el año 1933 con 27 años y, hasta 1943, perteneció a las

Sturmabteilung (S.A.) con el rango de *Sturmführer*[18]. La investigación del diplomático austriaco Rudolf Agstner concluyó que Ekkehard Tertsch fue un colaboracionista. Como responsable consular ocupó Tertsch cargos primero en Zagreb y después en la Francia ocupada de Vichy. Posteriormente fue trasladado a Madrid, donde estuvo a las órdenes de uno de los personajes más oscuros del franquismo: el hombre de Goebbels en España, el diplomático alemán de origen turco Josef Hans Lazar. El encargado de la propaganda nazi en España tuvo como íntimo colaborador a Ekkehard Tertsch, que ocupaba el cargo de jefe adjunto y que pudo así fraguar unas relaciones muy fructíferas en nuestro país. Lazar estaba casado con la baronesa rumana Elena Petrino Borkowska y se dedicaban a comprar voluntades en sus fiestas, y en las reuniones en el restaurante Horcher, para que los periodistas en España escribieran al servicio del Tercer Reich[19].

El restaurante que Otto Horcher abrió en Madrid durante la posguerra sirvió de lugar de encuentro de la cúpula nazi en Madrid y recibió la visita de ilustres jerarcas nacionalsocialistas, como Otto Skorzeny. La actual heredera, Elisabeth Horcher, niega, como siempre hacen los que reciben el privilegio, que sus abuelos tuvieran algo que ver con el nazismo: «Mis abuelos no eran simpatizantes del régimen, ni en Madrid ni en Berlín, pero fue una época en la que había que sobrevivir»[20]. Una de las cosas que hicieron para sobrevivir los Horcher fue montar un negocio de antigüedades, con Josef Hans Lazar,

---

[18] Rudolf Agstner, *Handbuch des Österreichischen Auswärtigen Dienstes. Band 1: 1918 – 1938,* Viena, Lit Verlag, 2015.

[19] José María de Irujo, «Los espías nazis que salvó Franco», *El País,* 26 de enero de 2003 [https://elpais.com/diario/2003/01/26/domingo/1043556761_850215.html].

[20] «Elisabeth Horcher, cuatro generaciones guardando los secretos de los royals y la jet», *Vanitatis,* 16 de octubre de 2018 [https://www.vanitatis.elconfidencial.com/famosos/2018-10-16/elisabeth-horcher-75-aniversario-restaurante-entrevista_1630384/].

aprovechándose de la miseria de un país donde muchos teníian que vender lo que pudieran. Las palabras de la actual responsable del restaurante próximo a la Puerta de Alcalá se corresponden poco con la realidad, según el periodista José María de Irujo:

> Horcher era amigo íntimo de Walter Schellenberg, el responsable del espionaje de la SD en el extranjero, el hombre para el que trabajaba Spitzy, y su elegante local madrileño se había abierto en 1943 con dinero facilitado por el AMT VI, RSHA; es decir, con fondos proporcionados por el servicio secreto de Schellenberg.
>
> Los agentes norteamericanos y británicos vigilaban el restaurante y hacían largas guardias en el exterior para identificar a los sospechosos de colaborar con el régimen nazi. De puertas para adentro, nadie salvo los comensales, y a veces el propio Horcher, conocían la valiosa información que iba y venía en los inaccesibles reservados de aquel distinguido restaurante. En realidad, el negocio no era más que una fachada del Gobierno nazi para mover fondos destinados a labores de espionaje, según redactaron en sus primeros informes los espías americanos desde sus despachos en la Embajada.
>
> Herr Horcher mantenía relaciones con varios espías nazis destacados en Madrid, y en especial con los de la Abwehr y las SS. El agente Walther Eugen Mosing, comandante de las SS camuflado en la empresa Pieles, S.A., participó en el montaje que se escondía detrás del restaurante madrileño, y se responsabilizó de algunas compras, movimiento de dinero y cambios en el mercado negro. El local era también centro de reunión de falangistas y del movimiento Legión Alemana, que prestaba apoyo a los que deseaban huir a Suramérica y que estaba ligado a un enigmático plan denominado «La Araña» para conducir hasta refugios seguros a los agentes en apuros.

El segundo apellido de Hermann Tertsch es «del Valle Lersundi», una familia vinculada históricamente con la Cuba colonial; un antepasado, Francisco Lersundi, fue capitán general en Cuba en 1866 y se ocupó de consolidar el uso de esclavos para las plantaciones azucareras. El marquesado de Guaimaro pertenecía a los Valle Lersundi e Iznaga, una rica familia criolla de la región central de la Cuba de los siglos XVIII y XIX. Una familia que tenía como negocio la extracción de azúcar en sus ingenios con trabajo esclavo. En la actual ruta de los esclavos en el Valle de los Ingenios, puede admirarse el Ingenio Guaimaro, una propiedad de los antepasados de Tertsch que en el año 1830 disponía de al menos 300 esclavos, para los que se construyó un poblado de bohíos. Una de las construcciones todavía en pie es la Torre Manaca-Iznaga, que servía para llamar a los esclavos a la labor y poder controlar su trabajo desde las alturas. Al igual que a la familia de Rocío Monasterio, estas propiedades les fueron expropiadas tras el triunfo de la Revolución cubana en 1959[21].

[21] Martín Rodrigo y Alharilla y Lizbeth Chaviano Pérez, *Negreros y esclavos, Barcelona y la esclavitud atlántica (siglos XVI-XIX),* Barcelona, Icaria, 2017.

13. Su papá Estado

Los sueños se persiguen
infinitamente más rápido
si la línea de salida
parte de la calle Serrano.

Vanessa Basurto

Guglielmo Barone y Sauro Mocetti[1] son dos economistas italianos que se propusieron estudiar la movilidad intergeneracional y la distribución de la riqueza de Florencia desde el siglo XV hasta nuestros días. La baja movilidad intergeneracional –resultado de la gran transmisión de riqueza de padres a hijos adultos– conforma sociedades más injustas y desiguales mientras desaprovecha el talento de la población más desfavorecida. Determina que el ascensor social esté estropeado. Pues bien, estos economistas, que estudiaron los datos de los contribuyentes de la ciudad italiana desde el año 1427 hasta el 2011, llegaron a una conclusión demoledora: las mismas familias que tenían el poder económico hace seiscientos años lo siguen manteniendo en la actualidad.

El caso de Florencia puede parecer un indicador extremo de la pervivencia del poder de los grandes apellidos, sobre todo en un país como Italia, en el que han existido grandes

[1] «Intergenerational Mobility in the Very Long Run: Florence 1427-2011», de Guglielmo Barone y Sauro Mocetti [https://www.bancaditalia.it/pubblicazioni/temi-discussione/2016/2016-1060/en_tema_1060.pdf?language_id=1].

guerras y conflictos. Pero deja de resultar extraño si atendemos a otros estudios que llegan a la misma conclusión en otros países y regiones. En Reino Unido, la pervivencia de los mismos apellidos en lo más alto del sistema social se ha estimado en ochocientos años[2]. El poder económico y político lucha por mantener el *statu quo,* y las guerras y los regímenes totalitarios son en muchas ocasiones un elemento de defensa de los intereses de esas grandes familias. En España, el cambio de guardia empresarial surgido tras 1939 muestra de manera evidente cómo rechinan los mecanismos de la avaricia a la hora de defender sus privilegios sociales y económicos, valiéndose de cualquier herramienta para enriquecerse y mantener unas fortunas logradas que legar a su saga.

«Somos unas 400 personas que nos encontramos en todas partes. Vamos coincidiendo seamos o no parientes…» Esta es una frase de Félix Millet i Maristany recogida por Andreu Farràs y Pere Cullell en el libro *L'oasi català*[3]. Un reflejo de la la endogamia social y de cómo el poder, ya sea económico o político, es el mismo, ha pertenecido a las mismas personas y familias desde el aquelarre iniciático del 18 de julio de 1936 y perdura hasta nuestros días. En el año 1979 la revista *Fomento de la Producción* publicó un listado con las cien personas más ricas de aquel momento. Aquellos nombres, que forjaron su fortuna durante el franquismo, perduran en las listas actuales de los más poderosos y acaudalados. Entre los diez más ricos del comienzo de nuestra democracia se encontraban nombres como José María de Oriol y Urquijo, José Entrecanales Ibarra o Bartolomé March Servera. Estas familias, fundamentales en el golpe de Estado de Franco, continúan

---

[2] «Surnames and Social Mobility in England, 1170-2012», de Gregory Clark y Neil Cummins [https://link.springer.com/article/10.1007/s12110-014-9219-y].

[3] «Millet y sus 400», *El periódico de Cataluña,* 28 de febrero de 2017 [https://www.elperiodico.com/es/politica/20170228/felix-millet-400-familias-5854319].

encabezando los listados de los más ricos de nuestro país. En el último listado de grandes fortunas, los March estaban en el número siete de los más ricos y los Entrecanales ocupaban el octavo puesto. Los Oriol han perdido algo de influencia y «solo» están en el número ciento veintisiete de las grandes fortunas. Son solo unos ejemplos que complementan familias como los Botín, Masaveu, Fierro, Carceller, Mahou y Koplowitz. Fortunas que es necesario fiscalizar para comprender que muchas de ellas no existirían de haberse producido un sistema de revisión, reparación y devolución del patrimonio expoliado durante la guerra, y tras cuarenta años de favores de la dictadura en connivencia con la represión. Un estudio del diario *El Mundo* llegó a la conclusión de que una tercera parte del dinero de los más ricos de 1979 seguía en las mismas manos de las sagas familiares en 2009[4]. Hechos y datos que, además de demostrar el origen y estatus de la mayoría de las fortunas heredadas de los actuales prohombres del poder económico español, desmontan el manido relato de la meritocracia, la capacidad y el esfuerzo para lograr una posición social de relevancia. En esencia, el poder económico español surgido de la faltriquera de Francisco Franco necesitó a papá Estado para enriquecerse y medrar. Su papá Estado, aquel al que acudían raudos para pedir favores, contratas, privilegios y añagazas de trileros que les proporcionaran suculentos réditos. El Estado que ahora quieren tenue, vacuo y sin tributos en democracia para poder aminorar lo menos posible sus cajas de caudales fue el que les proporcionó todo aquello que ahora creen haber ganado con su propio sudor y esfuerzo.

La cultura del esfuerzo no es más que una engañifa para amansar a la clase obrera, un mito que no se sostiene y que

[4] «Quién tenía las pesetas hace 30 años», *El Mundo,* 6 de diciembre de 2009 [https://www.elmundo.es/suplementos/magazine/2009/532/1259942565.html].

carece de la más mínima evidencia empírica. Una quimera que solo sirve para atomizar a la clase trabajadora e inculcar una falsa ilusión de progreso a la vez que preserva la imagen de triunfadores de aquellos que solo han sabido vivir de la heredad; en multitud de ocasiones, manchada de sangre.

La verdadera fortaleza del relato neoliberal sobre la meritocracia, la cultura del esfuerzo y la importancia del factor personal a la hora de alcanzar el éxito en la sociedad es la de sobrevivir y perpetuarse con un relato falsario sobre las riquezas logradas cuando, cada semana, multitud de hechos, noticias, sucesos y declaraciones lo sepultan en la cruda realidad. La clase determina con fuerza tu futuro. Importa dónde naces, importa el dinero que tiene tu familia o el que tienes para pagar los peajes necesarios para lograr el triunfo. Una mentira universal que, en el caso español, tiene unas peculiaridades específicas nacidas de la cultura nacional-católica de la dádiva, el soborno o el pago de peajes.

Una de esas múltiples noticias que nos intoxican cada día sin dejarnos reflexionar ilustra la clave del triunfo empresarial y social de manera cruda y grotesca. Pedro García, exdirectivo de Cofely, en su declaración ante el juez por el caso Púnica[5] confesó que en su empresa, una multinacional francesa, porque esto es universal, había una partida fija para sobornos que incluían en su plan de negocios. Se denominaba «Success fee», o tasa de éxito.

Tasa de éxito. Sí que es brillante. Un concepto de una genialidad involuntaria. Una confesión pornográfica que evidencia que para triunfar en los negocios, basta con pagar. ¡Qué epifanía! Ni MBAs ni maestrías en una universidad americana ni hostias. Lo que marca la difusa línea entre el éxito y el fracaso empresarial es soltar la mosca. La diferencia

---

[5] «Un exdirectivo de Cofely revela comisiones en Parla», *Cadena SER,* 2 de agosto de 2018 [https://cadenaser.com/emisora/2018/02/08/ser_madrid_sur/1518095353_367778.html].

entre conseguir contratos o no es tan simple como pagar por ello. No importa lo buenos que sean en su trabajo o lo que inviertan en innovación o capital humano, ni lo que se hayan esforzado en lograr una mayor eficiencia y capacidad. Basta con destinar una parte de lo robado a una partida destinada a pagar sobornos con los que lograr el éxito. Se cierra el círculo. Un plan perfecto. Pues sí, tiene mérito, quizá no el que intentan transmitir, pero tiene mérito. La mano invisible.

Ya tenemos un nombre definitivo para denominar la práctica de todos aquellos que, para lograr el éxito, lo único que tienen que hacer es pagárselo, ya sea con pagos a terceros o con los pagos de terceros. La tasa de éxito es el triunfo de los privilegiados, de los hijos de papá, de aquellos que no necesitan más que firmar un cheque, que se lo firmen familiares, amigos o compañeros del colegio El Pilar para prosperar. Mariana Calderón[6], hija de Ramón Calderón y «empresaria de éxito», dio otra «business class» magistral sobre la «success fee»: «Empecé sin ningún miedo. Tenía una corazonada y la llevé a cabo. Sin plan de negocio, ni ningún Excel. Pensaba que si me ilusionaba tanto el proyecto, tenía que funcionar seguro. Todo eran ganas e ilusión, trabajaba las horas que hicieran falta y me daba igual ganar o no dinero».

Mariana Calderón nos descubrió que no hay nada como tener mucho dinero para no necesitar ganarlo. Los trabajadores normales, Mariana, necesitan ganar dinero, no les da igual ganarlo o no, porque sin él no comen. No pagan el alquiler. No viven. Le ponen mucha ilusión, tienen corazonadas, están seguros de que su idea tiene que funcionar, le echan muchas ganas y trabajan las horas que haga falta, pero si no ganan dinero y no tienen acceso a la tasa de éxito (tú lo llamas dine-

---

[6] «Así es Mariana Calderón, la empresaria de ocio infantil a la que le da rabia crecer», *Vanitatis*, 5 de febrero de 2018 [https://www.vanitatis.elconfidencial.com/noticias/2018-02-05/mariana-calderon-hija-ramon-calderon-real-madrid-kor-planet_1515885/].

ro de papá) tienen que cerrar y buscarse otra ocupación. Porque a ellos sí les va la vida en ello.

Quienes son como Mariana Calderón niegan la existencia de clases. Es algo antiguo. Niegan la importancia de haber nacido en un determinado entorno con un rico capital social y la importancia de que la familia y sus contactos les doten de una posición de preeminencia para lograr el éxito y, sin embargo, son los que más claro tienen qué es lo único y determinante a la hora de conseguir una posición de privilegio en la sociedad. Mienten, pero les funciona. Por eso procuran que el acceso a la «tasa de éxito» solo esté al alcance de los suyos. Sus políticas e ideas están siempre destinadas a mantener la brecha de clase abierta. Se hace desde la educación, para evitar el acceso a entes extraños a sus prerrogativas conscientes de que sus vástagos aprenderán bien la lección y, a su vez, perpetuarán el filtro.

No hay lugar para el progreso de todos en este sistema y, si hay que segregar y seleccionar para el triunfo, mejor elegir a los de su casta.

La mayor resistencia a la reparación histórica no es cultural, política o moral. Es económica. No existe mayor reparo por parte de los vencedores a que los deudos de los vencidos recuperen los huesos de sus familiares o les pongan un monolito de recuerdo. Duele un poco más que se quite una calle al padre, abuelo o bisabuelo, porque eso implica establecer una mácula de comportamiento en aquellos que creen que actuaron por derecho y siguiendo un mandato divino, pero también lo soportarían sin más allá que una mueca o un pellizco a su negro corazón. Pero estas cesiones son una apertura a una realidad mucho más aterradora para aquellos que guardan secretos junto al dinero detrás del cuadro de sus antepasados: la de las reparaciones económicas, la de la devolución del patrimonio robado. La de la restauración del *statu quo* original en el que su dinero era de otros y en el que su vivienda no estaba a su nombre. Aquel en el que, sin un golpe sangriento y su colaboración criminal, no habría empresa o banco con el que enriquecerse. Si desaparece la razón del vencedor, se abre la puerta a la justicia del vencido. A eso sí le tienen miedo.

No está cerca el momento en el que la propiedad española se ponga patas arriba y comencemos a comprobar el registro de la propiedad y las escrituras públicas de fábricas, empresas, viviendas, tierras y solares para devolverlas a los legítimos propietarios. No estamos cerca porque están en todas partes.

Podría haber asaltado una pregunta al lector durante el libro: ¿por qué los que se suponen que son herederos políticos de los vencidos, de los expoliados, no han planteado algún tipo de resolución legislativa que de alguna manera pudiera devolver parte de lo robado o, al menos, establecer una serie de indemnizaciones vinculadas a una fundación –como la ya mencionada Memoria, responsabilidad y futuro (EVZ) alemana– que gestione responsabilidades y devolución del patrimonio?

La Ley 52/2007, de 26 de diciembre, por la que se reconocen y amplían derechos y se establecen medidas a favor de quienes padecieron persecución o violencia durante la Guerra Civil y la dictadura, es el único texto que en democracia ha dotado de algo de dignidad a las víctimas del franquismo. Fue responsabilidad del PSOE, pero se quedó muy corta en multitud de aspectos. En el caso de la reparación económica y restitución de patrimonio expoliado, fue inane. Ni siquiera apareció en el texto, y no porque en los planteamientos iniciales no se propusiera. Pero algo ocurrió para que la responsabilidad económica y la restitución patrimonial desaparecieran de la conformación final del articulado legislativo. Algunos someros antecedentes y datos objetivos ayudan a entender cuál fue la motivación.

En el año 1994 el partido independentista ERC presentó en el Congreso una proposición de Ley por la que se instaba a la devolución de patrimonios incautados durante la Guerra

Civil. En aquel entonces, el Gobierno estaba presidido por Felipe González Márquez y el PSOE se negó a llevar a cabo la propuesta porque, en palabras del diputado Jesús Caldera, «supondría una onerosísima carga para las arcas del Estado, impropia de un momento como este»[7]. El diputado socialista añadió además un argumento que ayuda a comprender el ejercicio sumiso del poder por parte del PSOE también en lo que respecta a la memoria histórica: «Sin que nos quepa la menor duda de la legitimidad a la restitución de los bienes y derechos en cuestión, ocurre que pensamos cumplir mejor la función que nos asigna la Constitución renunciando a los mismos».

Una renuncia que hizo extensiva a todos aquellos que no quisieron renunciar a la restitución del patrimonio expoliado, decidiendo por ellos, e impidiendo en sus muchos años de gobierno tomar alguna decisión al respecto. El motivo fundamental no solo es la renuncia a la restitución del patrimonio que le fue expoliado al PSOE, sino que en ocasiones son los miembros mismos de Ferraz los que tendrían que dar cuenta de su propia riqueza y del modo en que se logró. Levantar la liebre también podría afectar a los propios.

Una de las redactoras de la Ley de Memoria Histórica de 2007 fue la entonces vicepresidenta del Gobierno, María Teresa Fernández de la Vega, y además una de las responsables, junto con Ramón Jáuregui, de la desaparición de cualquier inclusión de responsabilidad y restitución patrimonial en el texto. Fue precisamente la vicepresidenta la que proporcionó una anécdota que muestra, de manera clarividente, cómo el hurto de la memoria no es algo exclusivo de la derecha orgánica, sino de los herederos del franquismo, ocupen el lugar que ocupen en el espectro ideológico. Fernández de la Vega realizó una gira oficial en el año 2009 por Latinoamérica. En

---

[7] Diario de sesiones del Congreso de los Diputados, 12 de abril de 1994 [http://www.congreso.es/public_oficiales/L5/CONG/DS/PL/PL_061.pdf].

agosto realizó parada en Asunción (Paraguay), en el marco del Foro Internacional del Bicentenario. En los actos solemnes de la independencia paraguaya celebrados en el Palacio Legislativo, la vicepresidenta del Gobierno acudió como invitada al evento, y en la presentación Miguel Carrizosa, presidente de la Cámara paraguaya, presentó a Fernández de la Vega como «hija de un alto funcionario del franquismo»[8]. El momento provocó nerviosismo en la vicepresidenta, que quiso aclarar lo que consideró una lamentable confusión: «Para que quede en la historia, quiero señalar que mi padre fue un represaliado del franquismo, no un alto funcionario de él». La nota de la Agencia EFE[9] recogió el incidente, sin mediar más aclaración que la versión de María Teresa Fernández de la Vega. Pero no era del todo cierta.

Wenceslao Fernández de la Vega, padre de la vicepresidenta, fue delegado de Trabajo durante la República en Albacete. Al final de la contienda fue depurado, como muchos otros funcionarios, por la Ley de Responsabilidades Políticas de 1940. Una suspensión que fue revocada en 1949. En el año 1955[10] fue nombrado delegado provincial de Trabajo en Zaragoza a propuesta del falangista José Antonio Girón de Velasco, ministro de Trabajo entonces. El 18 de julio de 1971 fue condecorado[11] con la Medalla al Mérito en el Trabajo en la conmemoración de la fecha del golpe de Estado.

La vicepresidenta mintió al negar la responsabilidad de su padre durante la dictadura. Actuó de la manera aprendida. Aquella que crea un relato falsario para guardar, en el fondo

---

[8] «Hija de un alto cargo del franquismo», *El Mundo,* 7 de agosto de 2009 [https://www.elmundo.es/elmundo/2009/08/07/espana/1249643386.html].

[9] «De la Vega aclara que su padre no fue "un alto cargo del franquismo"», *RTVE,* 6 de agosto de 2009 [http://www.rtve.es/noticias/20090806/vega-aclara-su-padre-no-fue-alto-cargo-del-franquismo/288164.shtml].

[10] *ABC,* 12 de noviembre de 1955 [http://hemeroteca.abc.es/nav/Navigate.exe/hemeroteca/madrid/abc/1955/11/12/036.html].

[11] *ABC,* 17 de julio de 1971 [http://hemeroteca.abc.es/nav/Navigate.exe/hemeroteca/madrid/abc/1971/07/17/043.html].

del armario, las vergüenzas familiares. Un mal extendido que carcome el recuerdo de país. Porque la construcción de la memoria colectiva es un artificio que enarbola las partes de la historia de las que enorgullecerse y oculta las que causan oprobio. Es la norma.

Epílogo
Robaron hasta la memoria

Para los estrategas, para los políticos, para los historiadores, todo está claro: hemos perdido la guerra. Pero humanamente, no estoy tan seguro… quizá la hemos ganado.

Antonio Machado a Iliá Ehrenburg,
diciembre de 1938, huyendo al exilio.

Este libro se ha hecho consultando multitud de fuentes historiográficas y periodísticas, incluido el Diccionario de la Real Academia de la Historia. Una fuente que, para ser válida, había que contrastar con otras diferentes por su estrategia sistemática de ocultación de todos los cargos y responsabilidades vergonzantes para los próceres franquistas. La ficha de Antonio Cañero no incluía la participación en los caballistas negros ni la represión sistémica en Andalucía. La ficha de Wenceslao González Oliveros[1] –uno de los creadores del Dictamen de la Comisión sobre ilegitimidad de poderes actuantes el 18 de julio de 1936 junto a Antonio Goicoechea y otros juristas, que buscaba legitimar jurídicamente el golpe de Estado– tenía algunas omisiones escandalosas pero que, paradójicamente, enseñaban más de lo que querían ocultar. González Oliveros fue presidente del infame Tribunal de Responsabilidades Políticas y vicepresidente del Tribunal Especial para la Masonería y el Comunismo. Dos terribles órganos represores que acaba-

[1] Wenceslao Gómez Oliveros, entrada en el DRAH [http://dbe.rah.es/biografias/24492/wenceslao-gonzalez-oliveros].

ron con la vida de muchos republicanos y expulsaron a una vida de miseria a otros muchos ciudadanos inocentes cuyo único delito era pensar diferente. Esos dos cargos, así como su pertenencia a Falange Española Tradicionalista y de las JONS, no aparecen en la entrada biográfica que el insigne fascista tiene en dicho diccionario. La entrada de Pedro Barrié de la Maza[2], escrita por el expresidente de Caja Madrid Jaime Terceiro, ni siquiera incluye la implicación del industrial en el expolio del Pazo de Meirás. No disimulan.

Gilbert Keith Chesterton escribía con mordaz acierto un relato sobre los escritores de clase alta que iban de turistas a los barrios de clase obrera e intentaban reflejar con su mirada torva la realidad de una clase que desconocían. El escritor inglés dudaba de la capacidad de estos novelistas de clase alta para expresar con precisión a las clases bajas, pero los consideraba muy útiles para reflejar lo que ellos mismos eran: «Esos libros no son una investigación sobre la psicología de la pobreza. Son una investigación sobre la psicología de la riqueza cuando entra en contacto con la pobreza. No son una descripción de los estados de los barrios bajos, solo una oscura y terrible descripción de quienes van a visitarlos».

A veces no se es consciente de lo mucho que enseñas de ti cuando cuentas lo que miras. De forma inconsciente. Las elusiones y silencios del diccionario de la Real Academia de la Historia sirven, de forma inequívoca, para expresar la psicología de la oligarquía franquista y sus herederos. Esa manera de ocultarse les desnuda de forma vergonzante.

Hay academias que se dedican a limpiar, fijar y dar esplendor; esta, solo a la historia emanada de los vencedores. No a la verdad. No a los hechos. Los patrocinadores, protectores y benefactores de la Real Academia de la Historia pueden ayudar a comprender esas elusiones interesadas de lo peor de la

---

[2] Pedro Barrié de la Maza, entrada en el DRAH [http://dbe.rah.es/biografias/25701/pedro-barrie-de-la-maza].

clase dominante franquista en su diccionario biográfico. Uno de esos benefactores es la Real Asociación de Hidalgos de España, donde asoman en su patronato y órgano los nombres de multitud de herederos de títulos y propiedades en este libro enunciados. Pero es más significativo aún los patrocinadores que sustentan ese diccionario garante de la verdad: Fundación BBVA, Banco Santander, Fundación Juan Miguel Villar Mir, Iberdrola… nombres que sonarán si has llegado hasta estas líneas. Por eso lo esconden. Por eso lo ocultan. Porque son ellos.

Coda
Tener memoria, recuperar lo robado

Estos que ves ahora deshechos, maltrechos, furiosos, aplanados, sin afeitar, sin lavar, cochinos, sucios, cansados, mordiéndose, hechos un asco, destrozados, son, sin embargo, no lo olvides, hijo, no lo olvides nunca pase lo que pase, son lo mejor de España, los únicos que, de verdad, se han alzado, sin nada, con sus manos, contra el fascismo, contra los militares, contra los poderosos, por la sola justicia; cada uno a su modo, a su manera, como han podido, sin que les importara su comodidad, su familia, su dinero. Estos que ves, españoles rotos, derrotados, hacinados, heridos, soñolientos, medio muertos, esperanzados todavía en escapar, son, no lo olvides, lo mejor del mundo. No es hermoso. Pero es lo mejor del mundo. No lo olvides nunca, hijo, no lo olvides.

Max Aub, *Campo de los almendros.*

«No ha llegado la paz, ha llegado la victoria», dice el padre a su hijo en la obra *Las bicicletas son para el verano,* de Fernando Fernán Gómez. Una victoria repleta de venganza, rencor y pillaje. Porque no hay expolio sin expoliados. Un botín que se engorda del hueso descarnado del famélico. Muchas pizcas de miseria que crean grandes fortunas. No olvidemos la memoria de aquellos que propiciaron con su muerte, enfermedad, cárcel, esclavitud, pobreza, exilio o desarraigo el buen color de mejilla de muchos de los grandes nombres aquí expuestos. Víctimas olvidadas, surgidas del fracaso de la democracia pasada, que la presente sigue obviando.

La belleza de la resistencia murió con la caída de Madrid. Feneció la ilusión lírica, aquel concepto romántico narrado con maestría por André Malraux en *La esperanza,* en la que detallaba el fulgor revolucionario de los idealistas combatientes republicanos. Con su derrota comenzó el latir tenue de aquellas ciudades de más de un millón de cadáveres. Calles silenciadas, apagadas, donde el miedo y el hambre ganaban presencia mientras los gatos y las palomas desaparecían. Una atmósfera que oprimía el pecho de todo aquel que hubiera soñado con un país libre, donde el incienso se oliera solo si pisabas la misa, comenzó a llenar hasta la intimidad del hogar que hubiera resistido los bombardeos. El rosario, el yugo y las flechas reprimían el aliento de cualquier desafecto. El Auxilio Social convertía la vida de los niños sin futuro en un presente de miseria y dolor. La cabeza agachada y el aire contenido se convirtieron en el vivir diario de los candidatos a ser considerados parte de la Anti-España. Carne de tapia de cementerio, de cuneta y olvido. La España digna frente a esa otra fea, oscura y tenebrosa, en la que parecía que a todo el mundo le olían los calcetines[1].

Ver arrebatado de las propias manos el exiguo pecunio del esfuerzo vital a manos del agresor se convirtió en el porvenir diario de cualquier hijo de la derrota. De los niños pan. Arrojados a una pobreza que era más mísera aun siendo descendiente de derrotados. Ese reflejo de la infancia de Agustín Gómez Arcos, que sentía la negrura de su porvenir en el pan de salvado mientras veía desfilar el pan de harina blanca de flor, horneado por su madre, que el Auxilio Social había reservado a los niños pobres vencedores[2]: «No lloraba. Sabía que eran pobres como ratas… y mantenía toda-

[1] Extracto revisado de «No hay épica en la derrota», artículo de Antonio Maestre, *La Marea,* abril de 2019 [https://www.lamarea.com/2019/04/02/no-hay-epica-en-la-derrota/].

[2] Agustín Gómez Arcos, *El niño pan,* Barcelona, Cabaret Voltaire, 2007.

vía una pequeña esperanza de que lo incluyeran entre los niños pobres».

No hay épica en la derrota. Es grotesca, sucia, nada heroica. La derrota es sufrimiento mitificado que escribe, en el imaginario colectivo de sus predecesores, la negra tentación de repetir esas terribles historias de resistencia frente al vencedor. Marcelle Capy decía, hablando de las mujeres francesas relatadas como estoicas luchadoras cuando fueron explotadas con profusión durante la Gran Guerra, que se está obligado a ser heroico cuando no se puede hacer otra cosa. Desprendamos todo romanticismo de las sufridas vidas de nuestros referentes morales para devolverles lo concreto. Que ellos escriban su relato para que nosotros trabajemos en el hoy y podamos devolverle lo material a través de su recuerdo. Que su voz olvidada construya nuestra acción para otorgarles justicia y su justa reparación. Pero también lo concreto. Lo pecuniario. Lo que más duele a sus victimarios. Evocar a los expoliados se convierte en honroso, más aún si les desprendemos de su etiqueta de víctimas. Dejarán de serlo cuando recuperen lo robado.

Que no calle el cantor porque el silencio
cobarde apaña la maldad que oprime,
no saben los cantores de agachadas
no callarán jamás de frente al crimen

Mercedes Sosa

Fuentes de referencia

Archivo de la Fundación Nacional Francisco Franco, Madrid (España).

Archivo de la Secretaría General de Instituciones Penitenciarias, Madrid (España).

Archivo del Congreso de los Diputados, Madrid (España).

Archivo General del Ministerio de Fomento, Madrid (España).

Archivo General Militar, Madrid (España).

Archivo Histórico del Banco Santander, Santander (España).

Archivo Histórico Nacional, Madrid (España).

Archivo Histórico Nacional. Fiscalía del Tribunal Supremo, Madrid (España).

Atzoko Prensa Digitala. Guipuzkoako Foru Aldundia, San Sebastián (España).

Biblioteca Digital Hispánica. Biblioteca Nacional de España, Madrid (España).

Biblioteca Digital. Memoria de Madrid. Ayuntamiento de Madrid, Madrid (España).

Biblioteca Virtual de Prensa Histórica. Ministerio de Cultura y Deporte, Madrid (España).

Biblioteca Virtual del Ministerio de Defensa, Madrid (España).

Biblioteca Virtual del Principado de Asturias, Oviedo (España).

Catálogo Colectivo de la Red de Bibliotecas de los Archivos Estatales, Madrid (España).

Centro de Estudios sobre los Totalitarismos, Instytut Pileckiego, Varsovia (Polonia).
Centro Documental de la Memoria Histórica, Salamanca (España).
Dipòsit Digital de Documents de la Universitat Autònoma de Barcelona, Barcelona (España).
Fundación Sancho el Sabio. Hemeroteca, Vitoria-Gasteiz (España).
Hemeroteca *ABC,* Madrid (España).
Hemeroteca *Diario de Córdoba,* Córdoba (España).
Hemeroteca *Diario del Alto Aragón,* Zaragoza (España).
Hemeroteca *Diario Sur,* Málaga (España).
Hemeroteca Digital. Biblioteca Nacional de España, Madrid (España).
Hemeroteca *El Mundo,* Madrid (España).
Hemeroteca *El País,* Madrid (España).
Hemeroteca *La Vanguardia,* Barcelona (España).
Library of Congress. Chronicling America, Historic American Newspapers, Washington (EEUU).
Library of Congress. Declassified documents, Washington (EEUU).
Prensa Clandestina. Biblioteca Virtual de Prensa Histórica. Ministerio de Cultura y Deporte, Madrid (España).
Real Academia Galega. Hemeroteca, A Coruña (España).
Repositorio Documental Gredos. Universidad de Salamanca, Salamanca (España).
Stiftung Topographie des Terrors, Berlín (Alemania).

Bibliografía

AGSTNER, Rudolf (2015), *Handbuch des Österreichischen Auswärtigen Dienstes. Band 1: 1918-1938,* Zentrale, Gesandtschaften und Konsulate, Lit Verlag.

AGUILAR FERNÁNDEZ, Paloma y PAYNE, Leigh A. (2018), *El resurgir del pasado en España. Fosas de víctimas y confesiones de verdugos,* Madrid, Taurus.

AGUIRREAZKUENAGA *[et al.]* (2002), *Bilbao desde sus alcaldes,* Bilbao, Ayuntamiento de Bilbao.

ALY, Götz (2005), *La utopía nazi,* Barcelona, Crítica.

AUB, Max (1971), *La gallina ciega,* Madrid, Visor Libros.

— (2003), *Aforismos en el laberinto,* Barcelona, Edhasa.

BALLESTERO, Alfonso (2014), *José María de Oriol y Urquijo,* Madrid, Lid Editorial.

BAREA, Arturo (2000), *La llama,* Barcelona, Debolsillo.

BERNECKER, Walther L. y BRINKMANN, Sören (2009), *Memorias divididas, guerra civil y franquismo en la sociedad y la política españolas 1936-2008,* Madrid, Abada editores.

BOWEN H. Wayne (2000), *Spaniards and Nazi Germany: collaboration in the new order,* Missouri, University of Missouri.

CABRERA, Mercedes (2011), *Juan March (1880-1962),* Madrid, Marcial Pons.

CAPDEVILA, Mireia y VILANOVA, Francesc (2017), *Nazis en Barcelona. El esplendor fascista de posguerra (1939-1945),* Barcelona, L' Avenç

CAPY, Marcelle (2019), *Una voz de mujer en la contienda,* Barcelona, Contraescritura.

CHAVES NOGALES, Manuel (2013), *A sangre y fuego* [1937], Barcelona, Libros del Asteroide.

CHESTERTON, G. K. (2017), *Ensayos escogidos. Seleccionados por W. H. Auden,* Barcelona, Acantilado.

CHIRBES, Rafael (2000), *La caída de Madrid,* Barcelona, Anagrama.

Crónica del Patronato Nacional de San Pablo (1943-1951), Madrid, Ministerio de Justicia.

DE LA CIERVA, Ricardo (1975), *Historia del Franquismo. Orígenes y configuración, 1939-1945,* Barcelona, Planeta.

ENZENSBERGER, Hans Magnus (2014), *El corto verano de la anarquía. Vida y muerte de Durruti,* Barcelona, Anagrama.

ESPINOSA, Francisco (2005), *La justicia de Queipo,* Barcelona, Crítica.

— (2007), *La columna de la muerte. El avance del ejercito franquista de Sevilla a Badajoz,* Barcelona. Booket.

EVANS, Richard J., (2017), *El Tercer Reich en el poder,* Barcelona, Península.

FAULKNER, Neil (2018), *Una historia radical del mundo,* Barcelona, Pasado y Presente.

FEO, Julio (1993), *Aquellos años,* Barcelona, Ediciones B.

FERRES, Antonio (2017), *Los vencidos,* Madrid, Gadir.

FIGUERA AYMERICH, Ángela (2017), *Belleza cruel,* Madrid, Ediciones Torremozas.

FONTANA, Josep (2011), *Por el bien del imperio. Una historia del mundo desde 1945,* Barcelona, Pasado y Presente.

FRANCO SALGADO-ARAUJO, Francisco (1976), *Mis conversaciones privadas con Franco,* Barcelona, Planeta.

GARCÍA PÉREZ, Rafael (1994), *Franquismo y Tercer Reich,* Madrid, Centro de Estudios Constitucionales.

GARTON ASH, Timothy (2000), *Historia del presente. Ensayos, retratos y crónicas de la Europa de los noventa,* Barcelona, Tusquets.

GIMÉNEZ, Carlos (2007), *Todo Paracuellos,* Barcelona, Debolsillo.

GÓMEZ ARCOS, Agustín (2019), *El niño pan,* Barcelona, Cabaret Voltaire.
— (2019), *Un pájaro quemado vivo,* Barcelona, Cabaret Voltaire.
GÓMEZ BRAVO, Gutmaro (2007), *La redención de penas. La formación del sistema penitenciario franquista 1936-1950,* Madrid, La Catarata.
GÓMEZ OLIVER, Miguel; MARTÍNEZ LÓPEZ, Fernando y BARRAGÁN MORIANA, Antonio (coords.) (2015), *El «botín de guerra» en Andalucía. Cultura, represiva y víctimas de la Ley de Responsabilidades Políticas, 1936-1945,* Madrid, Biblioteca Nueva.
GONZÁLEZ CALLEJA, Eduardo; COBO ROMERO, Francisco; MARTÍNEZ RUS, Ana, y SÁNCHEZ PÉREZ, Francisco (2015), *La Segunda República Española,* Barcelona, Pasado y Presente.
GRANDES, Almudena (2007), *El corazón helado,* Barcelona, Tusquets.
GRUNBERGER, Richard (2017), *Historia Social del Tercer Reich,* Barcelona, Ariel Historia.
HABBERSHAW, Rodney (2009), *El vuelo del águila,* Madrid, Lid Editorial.
JUDT, Tony (2010), *Postguerra. Una historia de posguerra,* Barcelona, Taurus.
JUTGLAR, Antoni (1984), *Historia crítica de la burguesía en Cataluña,* Barcelona, Anthropos, editorial del hombre.
KERSHAW, Ian (2009), *Hitler, los alemanes y la solución final,* Madrid, La esfera de los libros.
LAMELA GARCÍA, Luis (199), *Pepe Miñones: Un crimen en la leyenda (1900-1936),* Sada (A Coruña), Ediciós do Castro.
LOWE, Keith (2012), *Continente salvaje. Europa después de la Segunda Guerra Mundial,* Barcelona, Galaxia Gutenberg.
LLARCH, Joan (1975), *Batallones de trabajadores*, Barcelona, Manantial.
MACDONOUGH, Giles (2016), *Después del Reich. Crimen y castigo en la posguerra alemana,* Barcelona, Galaxia Gutenberg.

MALRAUX, André (2001), *La esperanza,* Barcelona, Edhasa.

MARSÉ, Juan (2015), *Si te dicen que caí,* Barcelona, Debolsillo.

MÁS, Javier (2018), *Nazis en España. La quinta columna de Hitler,* Madrid, Actas.

MAYER, Hans (1998), *Brecht,* Hondarribia, Editorial Hiru.

MESSENGER, David A. (2014), *A la caza de nazis en la España de Franco,* Madrid, Alianza Editorial.

MOLA, Emilio (1933), *Lo que yo supe...Memorias de mi paso por la dirección general de seguridad,* Madrid, Librería Bergua.

MORENO, Fidel (2018), *¿Qué me estás cantando?: Memoria de un siglo de canciones,* Madrid, Debate.

NAVARRO, Vicenç (2006), *El subdesarrollo social de España, Causas y consecuencias,* Barcelona, Anagrama.

NOVOA, Josep Manuel (2003), *El botín de Botín,* Madrid, Foca.

ORDÓÑEZ, Miguel Ángel (2014), *Dos siglos de bribones y algún malandrín,* Madrid, EDAF.

PRESTON, Paul (2013), *El holocausto español. Odio y exterminio en la guerra Civil y después,* Barcelona, Debolsillo.

REES, Laurence (2005), *Auschwitz,* Barcelona, Crítica.

REVERTE, Javier (2017), *Banderas en la niebla,* Barcelona, Plaza y Janés.

RODRIGO Y ALHARILLA, Martín y CHAVIANO PÉREZ, Lisbeth (2017), *Negreros y esclavos. Barcelona y la esclavitud atlántica (Siglos XVI-XIX),* Barcelona, Icaria.

RODRÍGUEZ JIMÉNEZ, José Luis (1994), *Reaccionarios y golpistas. La extrema derecha en España: del tardofranquismo a la consolidación de la democracia (1967-1982),* Madrid, Consejo Superior de Investigaciones Científicas.

SÁNCHEZ ASIAÍN, José Ángel (2012), *La financiación de la guerra civil española,* Barcelona, Crítica.

SÁNCHEZ OSTIZ, Miguel (2015), *El botín,* Arre (Navarra), Pamiela argitaletxea.

SANCHEZ RECIO, Glicerio y TASCÓN FERNÁNDEZ, Julio (eds.) (2003), *Los empresarios de Franco. Política y economía en España, 1936-1957,* Barcelona, Crítica.

SÁNCHEZ SOLER, Mariano (1993), *Los hijos del 20-N,* Madrid, Temas de Hoy.

— (2003), *Los Franco, S.A.,* Madrid, Oberon.

— (2007), *Ricos por la guerra de España,* Madrid, Raíces.

SARRÓ SANTOS, Miguel («Mutis») (2005), *Pinturas de guerra. Dibujantes antifascistas en la Guerra Civil española,* Madrid, Traficantes de Sueños.

SCHMELZER, Janis (1966), *Die herren generale, Bitterfeld, Elektrochemisches Kombinat,* Kommission Betriebsgeschichte.

SCHWARZ, Géraldine (2017), *Los amnésicos. Historia de una familia europea,* Barcelona, Tusquets.

TORRES, Rafael (2000), *Los esclavos de Franco,* Madrid, Oberon.

TUÑÓN DE LARA, Manuel (2015), *La España del Siglo XIX,* vols. I y II, Madrid, Akal.

UCELAY-DA CAL, Enric (2003), *El imperialismo catalán. Prat de la Riba, Cambó, D'Ors y la conquista moral de España,* Barcelona, Edhasa.

VVAA (2000), *España bajo el franquismo,* Barcelona, Booket.

VVAA (2004), *Madrid en guerra. Crónica de la batalla de Madrid, 1936-1939,* Barcelona, Destino.

VVAA (2014), *Al otro lado del muro. La RDA en sus escritores,* Madrid, Errata Naturae.

VVAA (2017), *Topografía del terror. La Gestapo, la SS y la Oficina Central de Seguridad del Reich en la Wilhelmstrasse y la Prinz-Albercht-Strasse. Una documentación,* Berlín, Stiftung Topographie des Terrors.

VVAA (2019), *España salvaje,* Barcelona, La Felguera.

VÁZQUEZ MONTALBÁN, Manuel (1992), *Autobiografía del general Franco,* Barcelona, Debolsillo.

VIÑAS, Ángel (2001), *Franco, Hitler y el estallido de la Guerra Civil,* Madrid, Alianza Editorial.

— (2016), *Sobornos. De cómo Churchill y March compraron a los generales de Franco,* Barcelona, Crítica.
WRIGHT, Erik Olin (2016), *Comprender las clases sociales,* Madrid, Akal.
ZIEGLER, Jean (1997), *El oro nazi,* Barcelona, Planeta.

Anexos

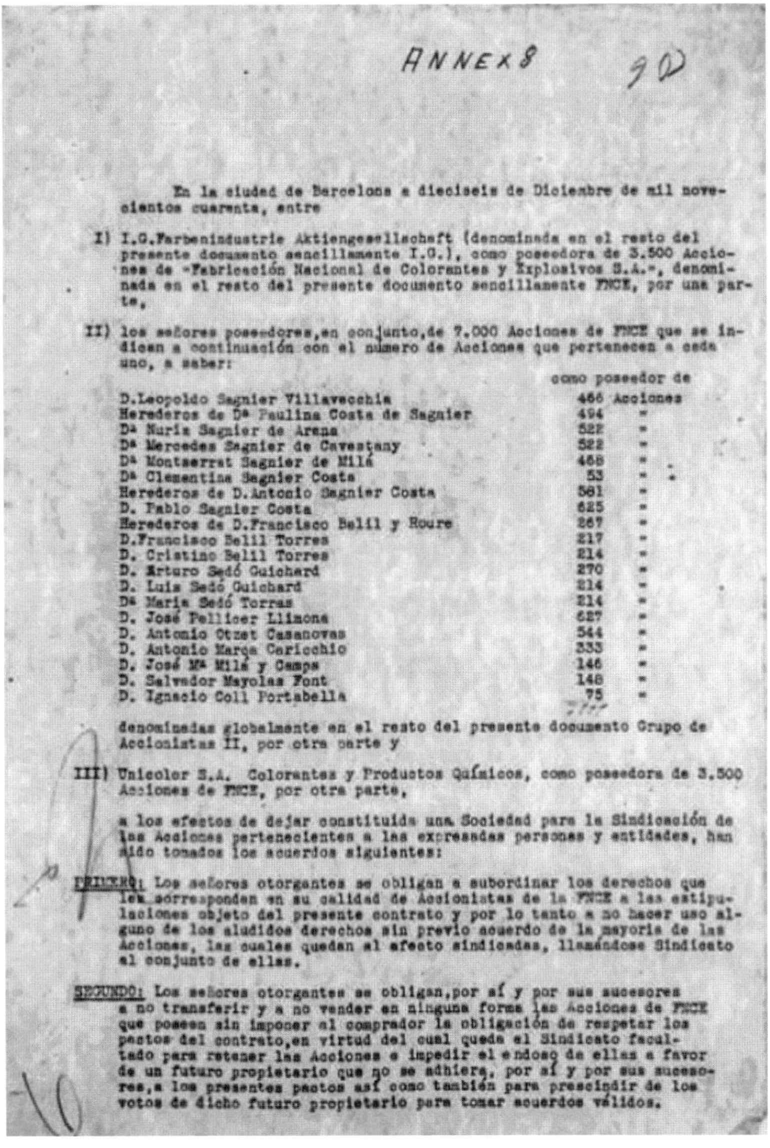

ANNEX 8

En la ciudad de Barcelona a dieciseis de Diciembre de mil novecientos cuarenta, entre

I) I.G.Farbenindustrie Aktiengesellschaft (denominada en el resto del presente documento sencillamente I.G.), como poseedora de 3.500 Acciones de «Fabricación Nacional de Colorantes y Explosivos S.A.», denominada en el resto del presente documento sencillamente FNCE, por una parte,

II) los señores poseedores, en conjunto, de 7.000 Acciones de FNCE que se indican a continuación con el número de Acciones que pertenecen a cada uno, a saber:

	como poseedor de	
D.Leopoldo Sagnier Villavecchia	466	Acciones
Herederos de Dª Paulina Costa de Sagnier	494	"
Dª Nuria Sagnier de Arana	522	"
Dª Mercedes Sagnier de Cavestany	522	"
Dª Montserrat Sagnier de Milá	468	"
Dª Clementina Sagnier Costa	53	"
Herederos de D.Antonio Sagnier Costa	561	"
D. Pablo Sagnier Costa	625	"
Herederos de D.Francisco Belil y Roure	267	"
D.Francisco Belil Torres	217	"
D. Cristino Belil Torres	214	"
D. Arturo Sedó Guichard	270	"
D. Luis Sedó Guichard	214	"
Dª Maria Sedó Torras	214	"
D. José Pellicer Llimona	627	"
D. Antonio Otzet Casanovas	544	"
D. Antonio Marça Caricchio	333	"
D. José Mª Milá y Camps	146	"
D. Salvador Mayolas Font	148	"
D. Ignacio Coll Portabella	75	"

denominadas globalmente en el resto del presente documento Grupo de Accionistas II, por otra parte y

III) Unicolor S.A. Colorantes y Productos Químicos, como poseedora de 3.500 Acciones de FNCE, por otra parte,

a los efectos de dejar constituida una Sociedad para la Sindicación de las Acciones pertenecientes a las expresadas personas y entidades, han sido tomados los acuerdos siguientes:

<u>PRIMERO</u>: Los señores otorgantes se obligan a subordinar los derechos que les corresponden en su calidad de Accionistas de la FNCE a las estipulaciones objeto del presente contrato y por lo tanto a no hacer uso alguno de los aludidos derechos sin previo acuerdo de la mayoria de las Acciones, las cuales quedan al efecto sindicadas, llamándose Sindicato al conjunto de ellas.

<u>SEGUNDO</u>: Los señores otorgantes se obligan, por sí y por sus sucesores a no transferir y a no vender en ninguna forma las Acciones de FNCE que poseen sin imponer al comprador la obligación de respetar los pactos del contrato, en virtud del cual queda el Sindicato facultado para retener las Acciones e impedir el endoso de ellas a favor de un futuro propietario que no se adhiera, por sí y por sus sucesores, a los presentes pactos así como también para prescindir de los votos de dicho futuro propietario para tomar acuerdos válidos.

1. Contrato de la IG Farben en España en 1942 (1).

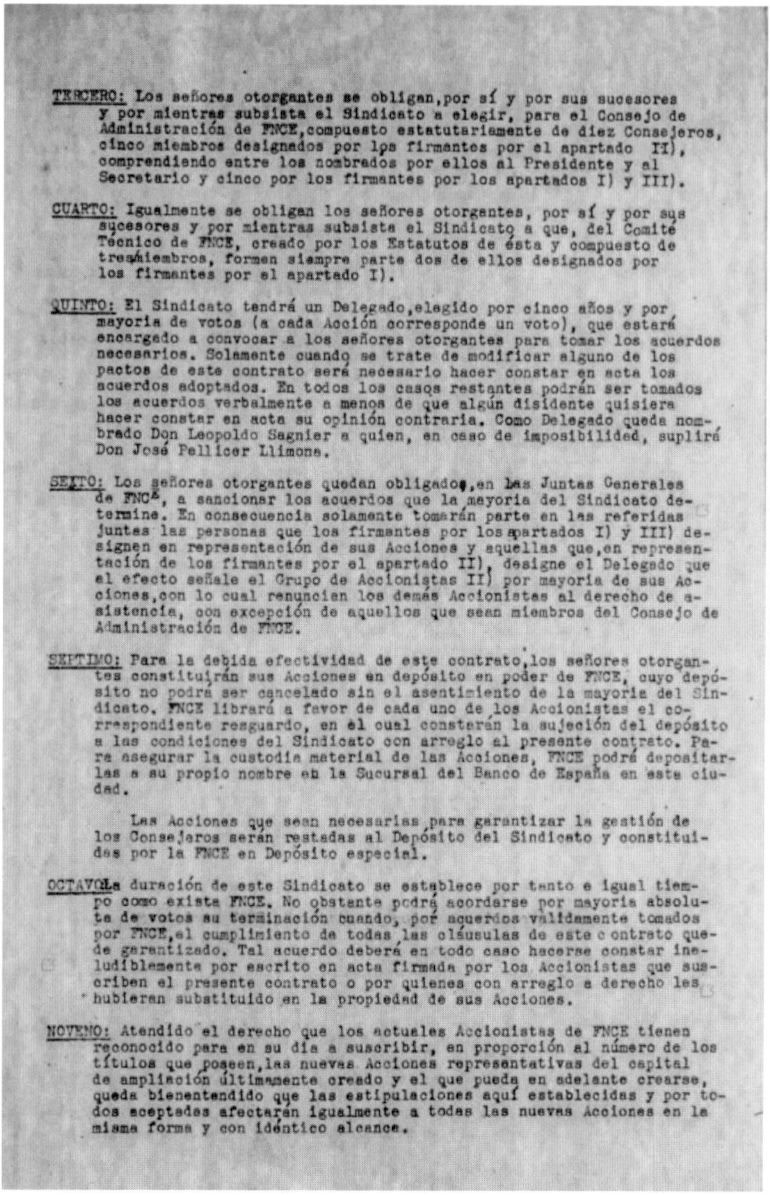

TERCERO: Los señores otorgantes se obligan, por sí y por sus sucesores y por mientras subsista el Sindicato a elegir, para el Consejo de Administración de FNCE, compuesto estatutariamente de diez Consejeros, cinco miembros designados por los firmantes por el apartado II), comprendiendo entre los nombrados por ellos al Presidente y al Secretario y cinco por los firmantes por los apartados I) y III).

CUARTO: Igualmente se obligan los señores otorgantes, por sí y por sus sucesores y por mientras subsista el Sindicato a que, del Comité Técnico de FNCE, creado por los Estatutos de ésta y compuesto de tres miembros, formen siempre parte dos de ellos designados por los firmantes por el apartado I).

QUINTO: El Sindicato tendrá un Delegado, elegido por cinco años y por mayoría de votos (a cada Acción corresponde un voto), que estará encargado a convocar a los señores otorgantes para tomar los acuerdos necesarios. Solamente cuando se trate de modificar alguno de los pactos de este contrato será necesario hacer constar en acta los acuerdos adoptados. En todos los casos restantes podrán ser tomados los acuerdos verbalmente a menos de que algún disidente quisiera hacer constar en acta su opinión contraria. Como Delegado queda nombrado Don Leopoldo Sagnier a quien, en caso de imposibilidad, suplirá Don José Pellicer Llimona.

SEXTO: Los señores otorgantes quedan obligados, en las Juntas Generales de FNCE, a sancionar los acuerdos que la mayoría del Sindicato determine. En consecuencia solamente tomarán parte en las referidas Juntas las personas que los firmantes por los apartados I) y III) designen en representación de sus Acciones y aquellas que, en representación de los firmantes por el apartado II), designe el Delegado que al efecto señale el Grupo de Accionistas II) por mayoría de sus Acciones, con lo cual renuncian los demás Accionistas al derecho de asistencia, con excepción de aquellos que sean miembros del Consejo de Administración de FNCE.

SEPTIMO: Para la debida efectividad de este contrato, los señores otorgantes constituirán sus Acciones en depósito en poder de FNCE, cuyo depósito no podrá ser cancelado sin el asentimiento de la mayoría del Sindicato. FNCE librará a favor de cada uno de los Accionistas el correspondiente resguardo, en el cual constarán la sujeción del depósito a las condiciones del Sindicato con arreglo al presente contrato. Para asegurar la custodia material de las Acciones, FNCE podrá depositarlas a su propio nombre en la Sucursal del Banco de España en esta ciudad.

Las Acciones que sean necesarias para garantizar la gestión de los Consejeros serán restadas al Depósito del Sindicato y constituidas por la FNCE en Depósito especial.

OCTAVO: La duración de este Sindicato se establece por tanto e igual tiempo como exista FNCE. No obstante podrá acordarse por mayoría absoluta de votos su terminación cuando, por acuerdos válidamente tomados por FNCE, el cumplimiento de todas las cláusulas de este contrato quede garantizado. Tal acuerdo deberá en todo caso hacerse constar ineludiblemente por escrito en acta firmada por los Accionistas que suscriben el presente contrato o por quienes con arreglo a derecho les hubieran substituido en la propiedad de sus Acciones.

NOVENO: Atendido el derecho que los actuales Accionistas de FNCE tienen reconocido para en su día a suscribir, en proporción al número de los títulos que poseen, las nuevas Acciones representativas del capital de ampliación últimamente creado y el que pueda en adelante crearse, queda bienentendido que las estipulaciones aquí establecidas y por todos aceptadas afectarán igualmente a todas las nuevas Acciones en la misma forma y con idéntico alcance.

1. Contrato de la IG Farben en España en 1942 (2).

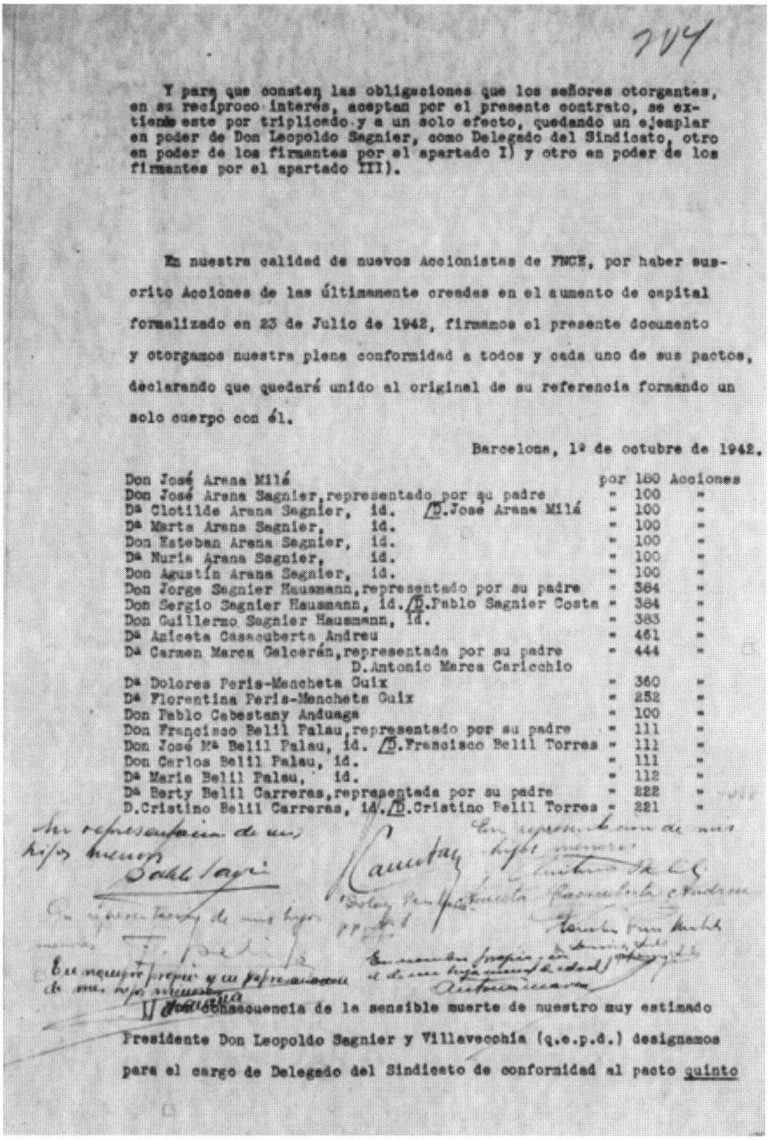

714

Y para que consten las obligaciones que los señores otorgantes, en su recíproco interés, aceptan por el presente contrato, se extiende este por triplicado y a un solo efecto, quedando un ejemplar en poder de Don Leopoldo Sagnier, como Delegado del Sindicato, otro en poder de los firmantes por el apartado I) y otro en poder de los firmantes por el apartado III).

En nuestra calidad de nuevos Accionistas de FNCE, por haber suscrito Acciones de las últimamente creadas en el aumento de capital formalizado en 23 de Julio de 1942, firmamos el presente documento y otorgamos nuestra plena conformidad a todos y cada uno de sus pactos, declarando que quedará unido al original de su referencia formando un solo cuerpo con él.

Barcelona, 1º de octubre de 1942.

Don José Arana Milá		por	100	Acciones
Don José Arana Sagnier, representado por su padre		"	100	"
Dª Clotilde Arana Sagnier, id.	D. José Arana Milá	"	100	"
Dª Marta Arana Sagnier, id.		"	100	"
Don Esteban Arana Sagnier, id.		"	100	"
Dª Nuria Arana Sagnier, id.		"	100	"
Don Agustín Arana Sagnier, id.		"	100	"
Don Jorge Sagnier Hausmann, representado por su padre		"	384	"
Don Sergio Sagnier Hausmann, id.	D. Pablo Sagnier Costa	"	384	"
Don Guillermo Sagnier Hausmann, id.		"	383	"
Dª Aniceta Casacuberta Andreu		"	461	"
Dª Carmen Marca Galcerán, representada por su padre	D. Antonio Marca Caricchio	"	444	"
Dª Dolores Peris-Mencheta Guix		"	360	"
Dª Florentina Peris-Mencheta Guix		"	252	"
Don Pablo Cabestany Anduaga		"	100	"
Don Francisco Belil Palau, representado por su padre		"	111	"
Don José Mª Belil Palau, id.	D. Francisco Belil Torres	"	111	"
Don Carlos Belil Palau, id.		"	111	"
Dª María Belil Palau, id.		"	112	"
Dª Berty Belil Carreras, representada por su padre		"	222	"
D. Cristino Belil Carreras, id.	D. Cristino Belil Torres	"	221	"

II) Por consecuencia de la sensible muerte de nuestro muy estimado Presidente Don Leopoldo Sagnier y Villavecchia (q.e.p.d.) designamos para el cargo de Delegado del Sindicato de conformidad al pacto quinto

1. Contrato de la IG Farben en España en 1942 (3).

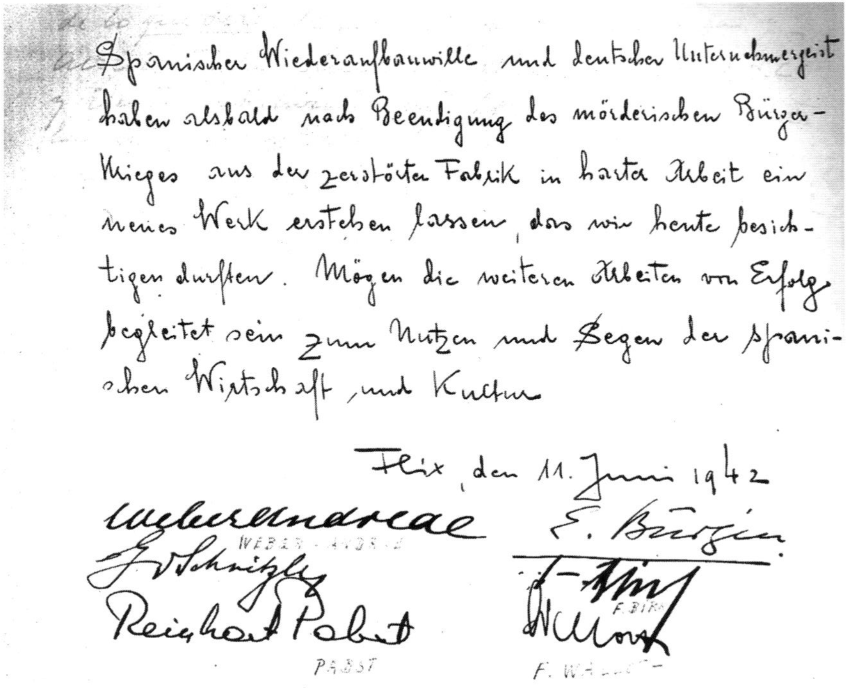

Spanischer Wiederaufbauwille und deutscher Unternehmergeist
haben alsbald nach Beendigung des mörderischen Bürger-
krieges aus der zerstörten Fabrik in harter Arbeit ein
neues Werk erstehen lassen, das wir heute besich-
tigen durften. Mögen die weiteren Arbeiten von Erfolg
begleitet sein zum Nutzen und Segen der spani-
schen Wirtschaft und Kultur

Flix, den 11. Juni 1942

WeberAndreae E. Bürgin

PABST

2. Firma de directivos de la IG Farben en el libro de visitas de la fábrica de Flix (11 de junio de 1942).

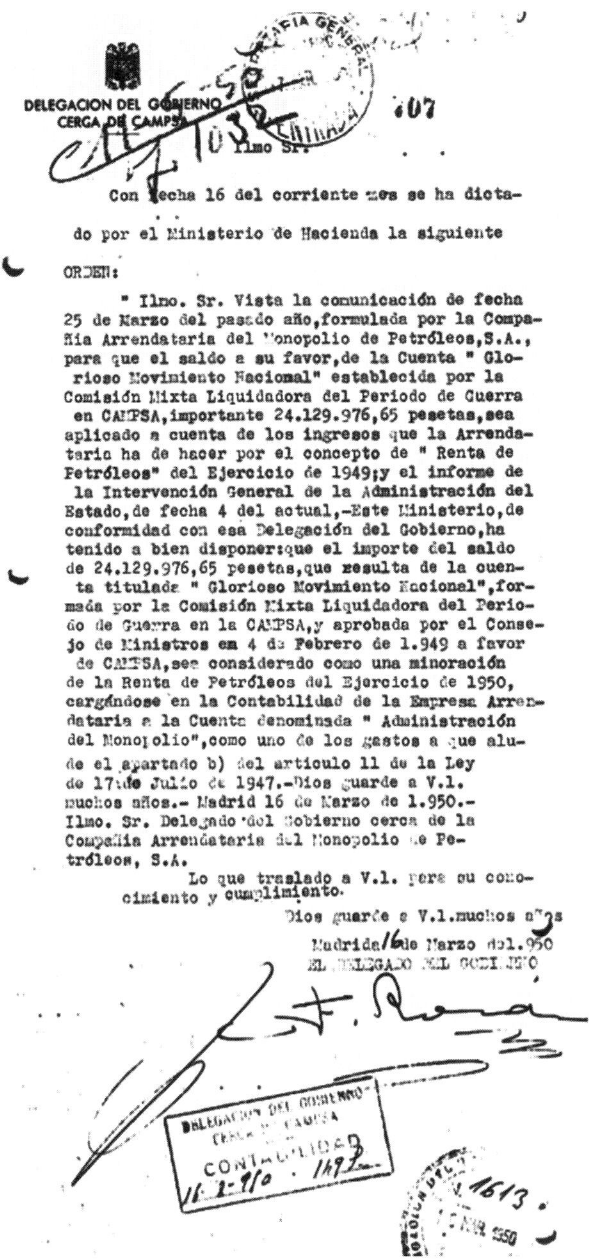

DELEGACION DEL GOBIERNO CERCA DE CAMPSA

607

Ilmo Sr.

Con fecha 16 del corriente mes se ha dictado por el Ministerio de Hacienda la siguiente

ORDEN:

" Ilmo. Sr. Vista la comunicación de fecha 25 de Marzo del pasado año, formulada por la Compañia Arrendataria del Monopolio de Petróleos, S.A., para que el saldo a su favor, de la Cuenta " Glorioso Movimiento Nacional" establecida por la Comisión Mixta Liquidadora del Periodo de Guerra en CAMPSA, importante 24.129.976,65 pesetas, sea aplicado a cuenta de los ingresos que la Arrendataria ha de hacer por el concepto de " Renta de Petróleos" del Ejercicio de 1949; y el informe de la Intervención General de la Administración del Estado, de fecha 4 del actual, - Este Ministerio, de conformidad con esa Delegación del Gobierno, ha tenido a bien disponer: que el importe del saldo de 24.129.976,65 pesetas, que resulta de la cuenta titulada " Glorioso Movimiento Nacional", formada por la Comisión Mixta Liquidadora del Periodo de Guerra en la CAMPSA, y aprobada por el Consejo de Ministros em 4 de Febrero de 1.949 a favor de CAMPSA, sea considerado como una minoración de la Renta de Petróleos del Ejercicio de 1950, cargándose en la Contabilidad de la Empresa Arrendataria a la Cuenta denominada " Administración del Monopolio", como uno de los gastos a que alude el apartado b) del articulo 11 de la Ley de 17 de Julio de 1947.- Dios guarde a V.I. muchos años.- Madrid 16 de Marzo de 1.950.- Ilmo. Sr. Delegado del Gobierno cerca de la Compañia Arrendataria del Monopolio de Petróleos, S.A.

Lo que traslado a V.I. para su conocimiento y cumplimiento.

Dios guarde a V.I. muchos años

Madrid, 16 de Marzo de 1.950

EL DELEGADO DEL GOBIERNO

DELEGACION DEL GOBIERNO CERCA DE CAMPSA

CONTABILIDAD

1613

3. Cuenta corriente de la CAMPSA llamada «glorioso movimiento nacional».

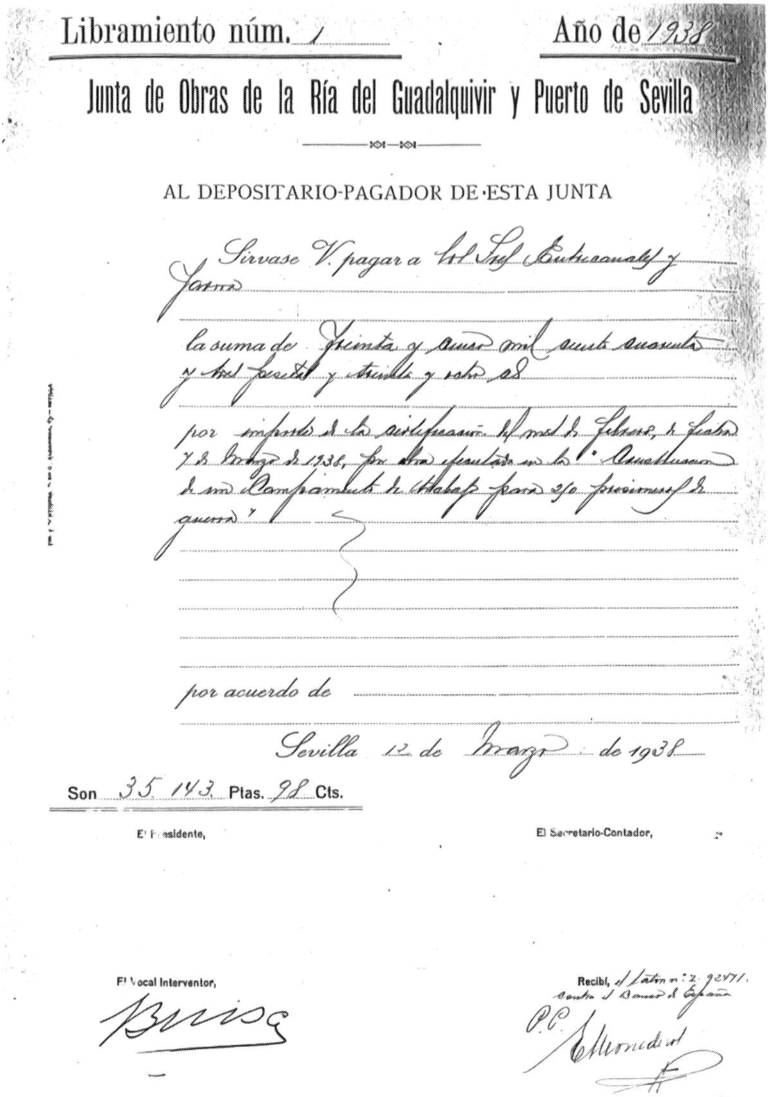

Libramiento núm. 1 Año de 1938

Junta de Obras de la Ría del Guadalquivir y Puerto de Sevilla

AL DEPOSITARIO-PAGADOR DE ESTA JUNTA

Sírvase V. pagar a

la suma de

por

por acuerdo de

Sevilla 12 de Marzo de 1938

Son 35 143 Ptas. 98 Cts.

El Presidente,

El Secretario-Contador,

El Vocal Interventor,

Recibí,

4. Orden de pago a José Entrecanales de la Junta de Obras de la Ría del Guadalquivir y puerto de Sevilla por las obras del canal, 12 de marzo de 1938.

PEDRO BARRIÉ DE LA MAZA
CONDE DE FENOSA

3884

La Coruña, 25 de mayo de 1970

Excmo. Sr.
D. Francisco Franco Bahamonde,
Jefe del Estado Español.

Mi querido y respetado amigo:

Como V. conoce muy bien, mi mayor preocupación a lo largo de toda mi vida ha sido el procurar la elevación cultural y económica de la región gallega, considerada siempre como formando parte del conjunto nacional.

Observando sin falsas modestias lo conseguido, creo que mi labor en los últimos treinta años ha dado frutos cuantiosos: sociedades eléctricas, como FENOSA; de industria naval, como ASTANO; de electroquímicas, como Aluminio de Galicia; de fabricación de carburos y grafitos, como CEDIE y GENOSA; turísticas, como La Toja; pesqueras, como PEBSA, etc., son hoy un orgullo de la región gallega y han contribuido de una manera decisiva a la elevación del nivel de vida de sus habitantes.

Ultimamente, la nueva coyuntura, exigiendo grandes concentraciones y dimensiones mínimas muy elevadas de las empresas, nos ha venido obligando, con el objeto de mantenerlas eficientes en todo momento, a hacer frente a grandes inversiones.

Entre aquellas empresas, debemos considerar especialmente a ASTANO, cuya expansión ha sido extraordinaria en los últimos años, debido a la necesidad de mantenerla competitiva en el ámbito nacional y en el extranjero.

El éxito ha acompañado a nuestra labor. En estos momentos, ASTANO es uno de los más importantes astilleros europeos y su cartera de pedidos ha superado todas las hipótesis. Baste indicar que actualmente tenemos contratados quince buques; de ellos cinco superpetroleros de 324.000 Tons. de P.M., por un importe de unos 150 millones de dólares.

Para poder construir todos aquellos buques, ASTANO ha ampliado las gradas de sus Astilleros, instalado nuevas grúas, nuevos talleres, nuevos servicios auxiliares, etc.

Todo ello ha exigido grandes desembolsos, que fueron soportados casi exclusivamente por Banco Pastor, ante la imposibilidad de recurrir al mercado de capitales, que no acude a este tipo de inversiones.

./.

5. Carta de Pedro Barrié de la Maza a Francisco Franco, 25 de mayo de 1970.

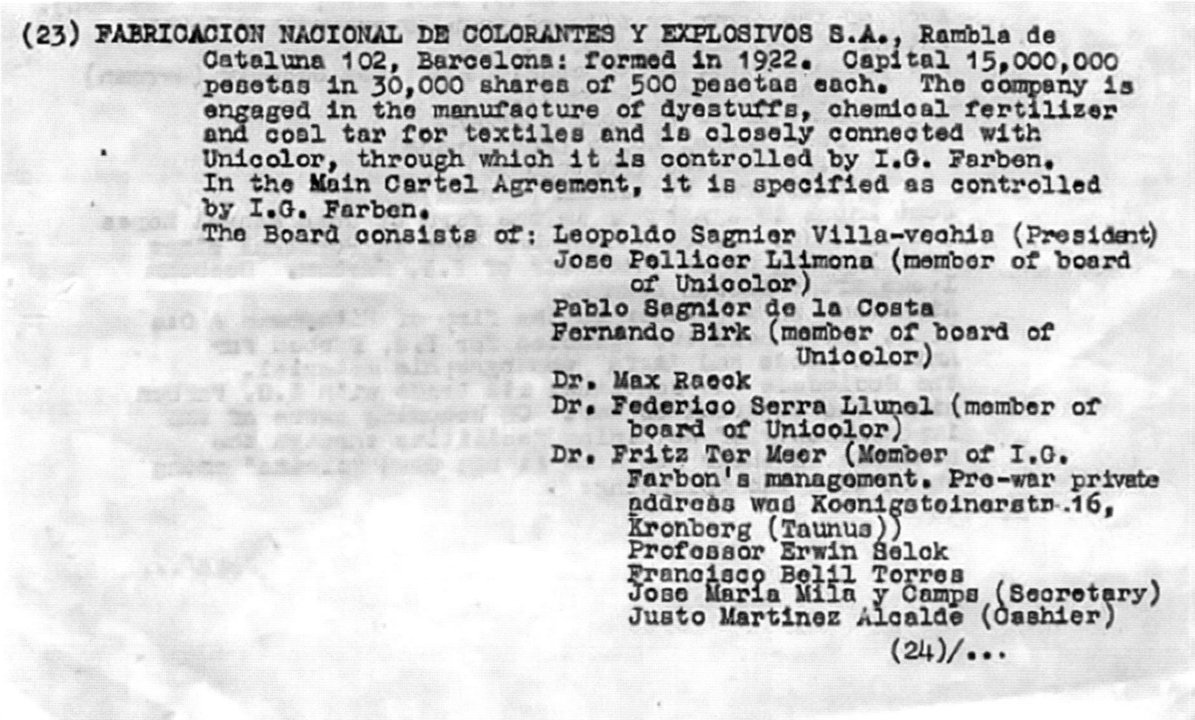

(23) FABRICACION NACIONAL DE COLORANTES Y EXPLOSIVOS S.A., Rambla de Cataluna 102, Barcelona: formed in 1922. Capital 15,000,000 pesetas in 30,000 shares of 500 pesetas each. The company is engaged in the manufacture of dyestuffs, chemical fertilizer and coal tar for textiles and is closely connected with Unicolor, through which it is controlled by I.G. Farben. In the Main Cartel Agreement, it is specified as controlled by I.G. Farben.

The Board consists of: Leopoldo Sagnier Villa-vechia (President)
Jose Pellicer Llimona (member of board of Unicolor)
Pablo Sagnier de la Costa
Fernando Birk (member of board of Unicolor)
Dr. Max Raeck
Dr. Federico Serra Llunel (member of board of Unicolor)
Dr. Fritz Ter Meer (Member of I.G. Farben's management. Pre-war private address was Koenigsteinerstr.16, Kronberg (Taunus))
Professor Erwin Selck
Francisco Belil Torres
Jose Maria Mila y Camps (Secretary)
Justo Martinez Alcalde (Cashier)

(24)/...

6. Composición accionarial de la Fábrica Nacional de Colorantes y Explosivos.

7. Fotografía de ciudadanos de Madrid leyendo el bando de Eugenio Espinosa de los Monteros y Bermejillo.

8. Fotografía de la despedida de Georg Mae Kleinschmidt. Libro de empresa de ERCROS.

AZUL

Córdoba 1 Julio de 1937

Año II.—Núm. 234

La nación, hecha milicia, combate en vanguardia bajo el mando del Caudillo.-La nación, en retaguardia, trabaja afanosa por una España grande, libre, y tradicional.

a representación española en el Congreso de "La fuerza por la alegría" que se acaba de celebrar en Hamburgo, a depositado una corona en el monumento a los muertos de la gran guerra y desfila ante el Jefe del Frente ...mán de Trabajo, Dr. Fey. De izquierda a derecha, en la foto, Dionisio Ridruejo, Carmen de Icaza, Enrique Pérez y en segundo plano, Ramon de Rato y Alejandro Ga[illegible]art.

9. Portada del diario falangista *Azul* con Ramón de Rato en su visita a Alemania, 1 de julio de 1937.

PRECIOS DE SUSCRIPCION

NUMERO SUELTO, 15 CENTIMOS

EDICION DE LA TARDE

guión

DOS EDICIONES DIARIAS

Córdoba.-Martes 28 de Julio de 1936

Año I.-Núm. 151.-Apartado de Correos, núm. 26

Nuestro glorioso Ejército bate victoriosamente a las milicias marxistas en varios frentes

Noticias de Córdoba y su provincia

Romance de caballistas

Allá va Cañero, el caballista, al frente de su escuadrón. Bien plantado en la silla. Seguro de sí y de su buena gente. Tras él un puñado de hombres organizados militarmente y dispuestos a servir a España y a dar la vida por ella. Sierra arriba, hondonada abajo. El sol de todos los amaneceres baña las caras morenas y los caballos nerviosos. Aire tamizado por los olivos cordobeses. Aire de serranía. Jacas colinas. Sombreros anchos. Estampa fina y serrana de contrabandistas valientes. Acuarela dieciochesca...

¡Alto! Llega un grupo por el rellano. ¡Alto! Gente que va al trabajo. «A la paz de Dios», saludan los caballistas. El nombre de Dios, en los labios resecos de los muchachos, suena como una caricia en las bellas soledades. Otro grupo allí, que huye al verlos. ¡A galope! Ensanchan las aletillas de la nariz las jacas ligeras y suenan los cerrojos de las carabinas. «¿Quién va?» Brazos en alto. Preguntas. «¿A dónde se va?» «¿De dónde se viene?»

El escuadrón mandado por don Antonio Cañero se planta en un alcor. Las gentes de miradas torvas huyen a la vista de los caballos. El enemigo se aleja. La parte de Sierra explorada queda limpia de traidores. Y los caballistas hacen un alto para liar un cigarro. Arriba, el cielo claro. Abajo, Córdoba envuelta en el papel de seda de su río. Y en el aire, España. Que es España lo que se respira y se siente y se adora en estos días vibrantes de la sublevación.

Y la estampa barroca de jinetes, jacas colinas y sombreros anchos, baja Sierra abajo, escribiendo en la ancha carretera un romance andaluz de caballistas valientes...

Antonio DE LA ROSA

Información del movimiento militar en toda España

Una niña ahogada en un pilón

10. Romance de caballistas en el diario *Guión,* 20 de julio de 1936.

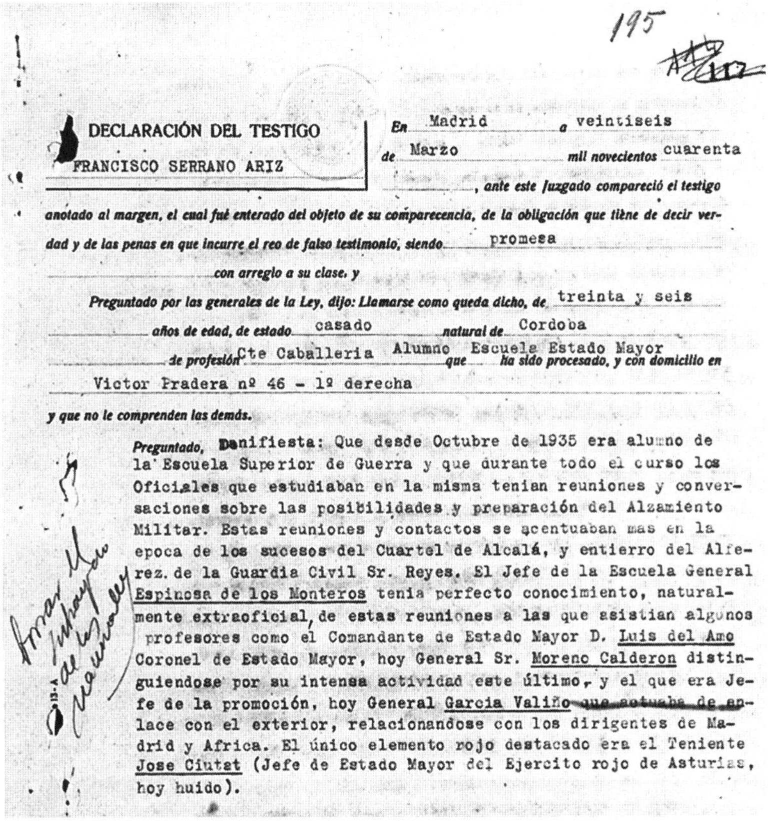

195

DECLARACIÓN DEL TESTIGO

FRANCISCO SERRANO ARIZ

En Madrid a veintiseis de Marzo mil novecientos cuarenta, ante este Juzgado compareció el testigo anotado al margen, el cual fué enterado del objeto de su comparecencia, de la obligación que tiene de decir verdad y de las penas en que incurre el reo de falso testimonio, siendo promesa con arreglo a su clase, y

Preguntado por las generales de la Ley, dijo: Llamarse como queda dicho, de treinta y seis años de edad, de estado casado natural de Cordoba de profesión Cte Caballeria Alumno Escuela Estado Mayor que ha sido procesado, y con domicilio en Victor Pradera nº 46 - 1º derecha y que no le comprenden las demás.

Preguntado, Manifiesta: Que desde Octubre de 1935 era alumno de la Escuela Superior de Guerra y que durante todo el curso los Oficiales que estudiaban en la misma tenian reuniones y conversaciones sobre las posibilidades y preparación del Alzamiento Militar. Estas reuniones y contactos se acentuaban mas en la epoca de los sucesos del Cuartel de Alcalá, y entierro del Alferez. de la Guardia Civil Sr. Reyes. El Jefe de la Escuela General Espinosa de los Monteros tenia perfecto conocimiento, naturalmente extraoficial, de estas reuniones a las que asistian algunos profesores como el Comandante de Estado Mayor D. Luis del Amo Coronel de Estado Mayor, hoy General Sr. Moreno Calderon distinguiendose por su intensa actividad este último, y el que era Jefe de la promoción, hoy General Garcia Valiño ~~que actuaba de enlace~~ con el exterior, relacionandose con los dirigentes de Madrid y Africa. El único elemento rojo destacado era el Teniente Jose Ciutat (Jefe de Estado Mayor del Ejercito rojo de Asturias, hoy huido).

11. Declaración testifical sobre Eugenio Espinosa de los Monteros, 26 de marzo de 1940.

12. Portada de Tío Pepe (1).

12. Portada de Tío Pepe (2).

12. Portada de Tío Pepe (3).

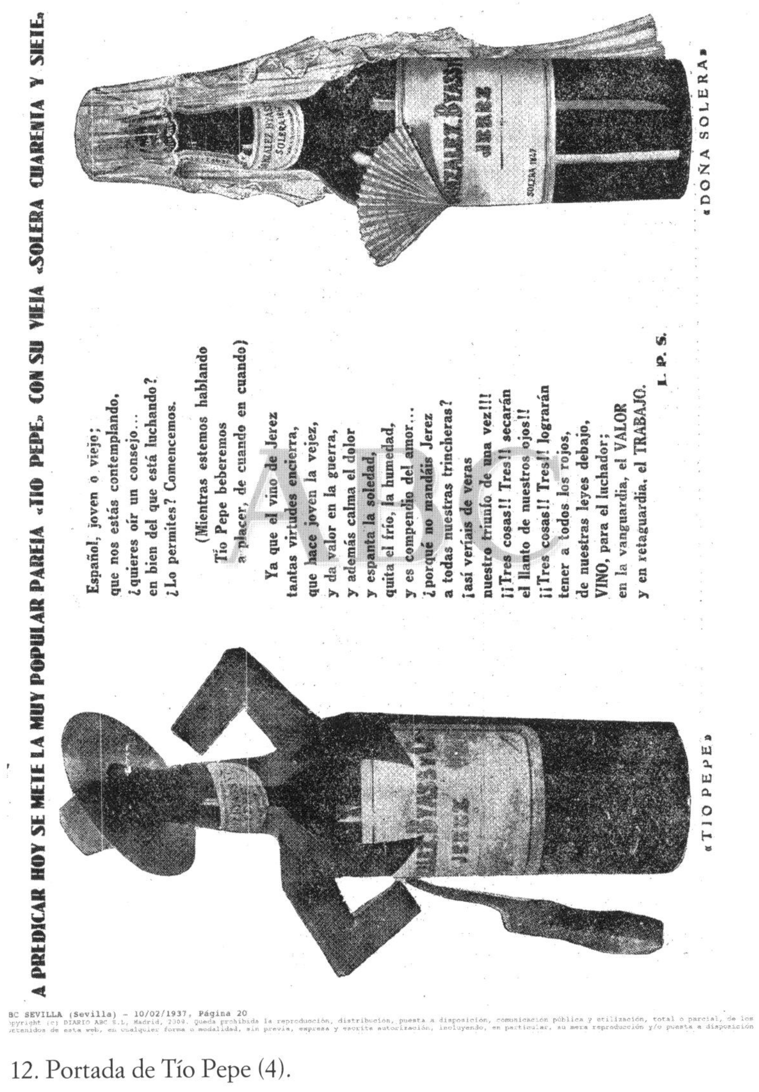

12. Portada de Tío Pepe (4).

A DON GONZALO QUEIPO DE LLANO;

(Soy "TIO PEPE:" ¿quién ha de ser?)

Como le quiero más que a un hermano,
y es lo que pide muy jerezano,
un encarguito le voy a hacer.
No lo hice antes, porque sabía
que Ud. (lo juro) nunca bebía;
pero me entero que estuvo ayer,
y muy a gusto, su Señoría
..mando ¡¡¡Málaga!!! de noche y día!!
¡¡tomando Málaga!! Tiene que ver!!
Es un buen vino; pero le digo,
y perdón pido para mi ardid,
que Ud. celebre mi ilustre amigo,
(pues se lo ruega Jerez conmigo)
¡¡con vino nuestro lo de Madrid!!!

L. P. S.

12. Portada de Tío Pepe (5).

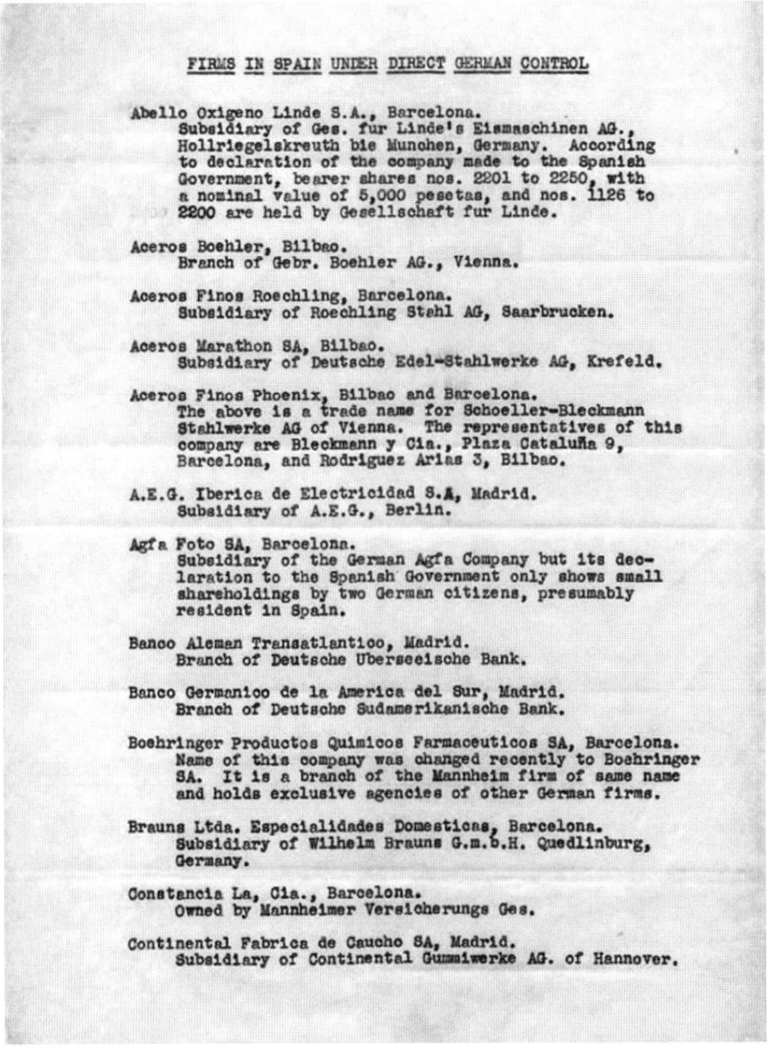

FIRMS IN SPAIN UNDER DIRECT GERMAN CONTROL

Abello Oxigeno Linde S.A., Barcelona.
Subsidiary of Ges. fur Linde's Eismaschinen AG., Hollriegelskreuth bie Munchen, Germany. According to declaration of the company made to the Spanish Government, bearer shares nos. 2201 to 2250, with a nominal value of 5,000 pesetas, and nos. 1126 to 2200 are held by Gesellschaft fur Linde.

Aceros Boehler, Bilbao.
Branch of Gebr. Boehler AG., Vienna.

Aceros Finos Roechling, Barcelona.
Subsidiary of Roechling Stahl AG, Saarbrucken.

Aceros Marathon SA, Bilbao.
Subsidiary of Deutsche Edel-Stahlwerke AG, Krefeld.

Aceros Finos Phoenix, Bilbao and Barcelona.
The above is a trade name for Schoeller-Bleckmann Stahlwerke AG of Vienna. The representatives of this company are Bleckmann y Cia., Plaza Cataluña 9, Barcelona, and Rodriguez Arias 3, Bilbao.

A.E.G. Iberica de Electricidad S.A, Madrid.
Subsidiary of A.E.G., Berlin.

Agfa Foto SA, Barcelona.
Subsidiary of the German Agfa Company but its declaration to the Spanish Government only shows small shareholdings by two German citizens, presumably resident in Spain.

Banco Aleman Transatlantico, Madrid.
Branch of Deutsche Uberseeische Bank.

Banco Germanico de la America del Sur, Madrid.
Branch of Deutsche Sudamerikanische Bank.

Boehringer Productos Quimicos Farmaceuticos SA, Barcelona.
Name of this company was changed recently to Boehringer SA. It is a branch of the Mannheim firm of same name and holds exclusive agencies of other German firms.

Brauns Ltda. Especialidades Domesticas, Barcelona.
Subsidiary of Wilhelm Brauns G.m.b.H. Quedlinburg, Germany.

Constancia La, Cia., Barcelona.
Owned by Mannheimer Versicherungs Ges.

Continental Fabrica de Caucho SA, Madrid.
Subsidiary of Continental Gummiwerke AG. of Hannover.

13. Listado de intereses de empresas alemanas en España; la documentación confidencial de la OSS (1).

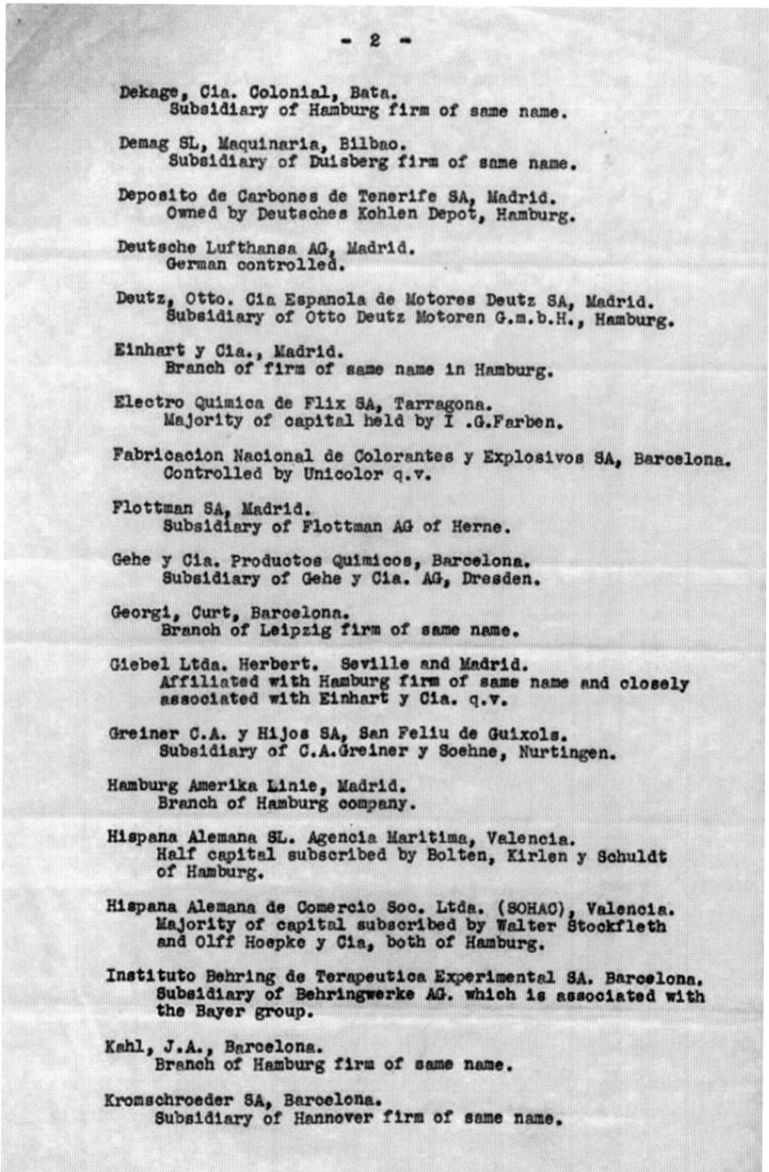

- 2 -

Dekage, Cia. Colonial, Bata.
Subsidiary of Hamburg firm of same name.

Demag SL, Maquinaria, Bilbao.
Subsidiary of Duisberg firm of same name.

Deposito de Carbones de Tenerife SA, Madrid.
Owned by Deutsches Kohlen Depot, Hamburg.

Deutsche Lufthansa AG, Madrid.
German controlled.

Deutz, Otto. Cia Espanola de Motores Deutz SA, Madrid.
Subsidiary of Otto Deutz Motoren G.m.b.H., Hamburg.

Einhart y Cia., Madrid.
Branch of firm of same name in Hamburg.

Electro Quimica de Flix SA, Tarragona.
Majority of capital held by I .G.Farben.

Fabricacion Nacional de Colorantes y Explosivos SA, Barcelona.
Controlled by Unicolor q.v.

Flottman SA, Madrid.
Subsidiary of Flottman AG of Herne.

Gehe y Cia. Productos Quimicos, Barcelona.
Subsidiary of Gehe y Cia. AG, Dresden.

Georgi, Curt, Barcelona.
Branch of Leipzig firm of same name.

Giebel Ltda. Herbert. Seville and Madrid.
Affiliated with Hamburg firm of same name and closely associated with Einhart y Cia. q.v.

Greiner C.A. y Hijos SA, San Feliu de Guixols.
Subsidiary of C.A.Greiner y Soehne, Nurtingen.

Hamburg Amerika Linie, Madrid.
Branch of Hamburg company.

Hispana Alemana SL. Agencia Maritima, Valencia.
Half capital subscribed by Bolten, Kirlen y Schuldt of Hamburg.

Hispana Alemana de Comercio Soc. Ltda. (SOHAC), Valencia.
Majority of capital subscribed by Walter Stockfleth and Olff Hoepke y Cia, both of Hamburg.

Instituto Behring de Terapeutica Experimental SA. Barcelona.
Subsidiary of Behringwerke AG. which is associated with the Bayer group.

Kahl, J.A., Barcelona.
Branch of Hamburg firm of same name.

Kromschroeder SA, Barcelona.
Subsidiary of Hannover firm of same name.

13. Listado de intereses de empresas alemanas en España; la documentación confidencial de la OSS (2).

- 3 -

Libreria Herder, Barcelona.
Branch of Herder y Cia., Freiburg.

Lloyd Aleman Cia. Anon. de Seguros, Madrid.
Controlled by Deutsche Lloyd VAG.

M.A.N. Diesel Iberica SA, Madrid.
Subsidiary of Maschinenfabrik Augsburg Nuernberg.

Mannheimer Versicherungsgesellchaft, Madrid.
Represented by Hermann Gebhard.

Maquinaria J.M.Voith SL, Madrid.
Subsidiary of J.M.Voith of Heidenheim.

Minas Reunidas SA, Madrid.
Controlled by I . G. Farben, Stahlveren of Berlin and Krupps of Essen.

Monguio y Scharlau, Sucr., Barcelona.
Owned by Pablo Scharlau, resident in Germany.

Motores Deutsche Werke SA, Barcelona.
Subsidiary of Deutsche Werke Kiel AG.

Nacional de Stettin, Cia. Anon. de Seguros, Barcelona.
Represented by D. E. Husfeldt since 1905.

Neumaticos Continental SA, Madrid.
Selling agency of Conti nental Fabrica de Caucho q.v.

Norddeutscher Lloyd, Bremen, Madrid.
Branch of the German shipping line.

Nordstern Algemeine Versicherings Gesellschaft, Madrid.
Represented by E. Schuster Klempp.

Olympia SA, Maquinas de Escribir, Madrid.
Affiliated with the Erfurt firm.

Osram SA, Fabrica de Lamparas, Madrid.
Subsidiary of German firm of same name.

Plus Ultra Cia. Anon. de Seguros, Madrid.
Branch of Allianz and Stuttgarter Verein Versicherungs AG of Berlin.

Productos Quimico-Farmaceuticos SA, Barcelona.
Branch of E. Merck, Darmstadt.

Quimica Comercial y Farmaceutica SA, La (Bayer), Barcelona.
Associate of I. G. Farben.

Rheinmetall Aceros y Metales SA, Barcelona.
Subsidiary of Rheinmetall AG, Duesseldorf.

Rohm, Alfredo, Barcelona.
Branch of Stuttgart firm of same name.

13. Listado de intereses de empresas alemanas en España; la documentación confidencial de la OSS (3).

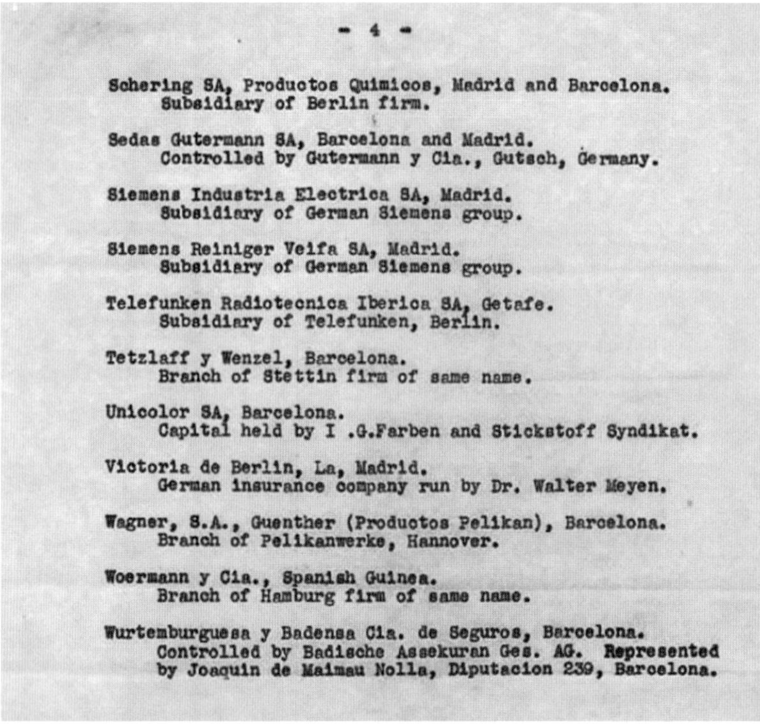

- 4 -

Schering SA, Productos Quimicos, Madrid and Barcelona.
Subsidiary of Berlin firm.

Sedas Gutermann SA, Barcelona and Madrid.
Controlled by Gutermann y Cia., Gutach, Germany.

Siemens Industria Electrica SA, Madrid.
Subsidiary of German Siemens group.

Siemens Reiniger Veifa SA, Madrid.
Subsidiary of German Siemens group.

Telefunken Radiotecnica Iberica SA, Getafe.
Subsidiary of Telefunken, Berlin.

Tetzlaff y Wenzel, Barcelona.
Branch of Stettin firm of same name.

Unicolor SA, Barcelona.
Capital held by I .G.Farben and Stickstoff Syndikat.

Victoria de Berlin, La, Madrid.
German insurance company run by Dr. Walter Meyen.

Wagner, S.A., Guenther (Productos Pelikan), Barcelona.
Branch of Pelikanwerke, Hannover.

Woermann y Cia., Spanish Guinea.
Branch of Hamburg firm of same name.

Wurtemburguesa y Badensa Cia. de Seguros, Barcelona.
Controlled by Badische Assekuran Ges. AG. Represented by Joaquin de Maimau Nolla, Diputacion 239, Barcelona.

13. Listado de intereses de empresas alemanas en España; la documentación confidencial de la OSS (4).

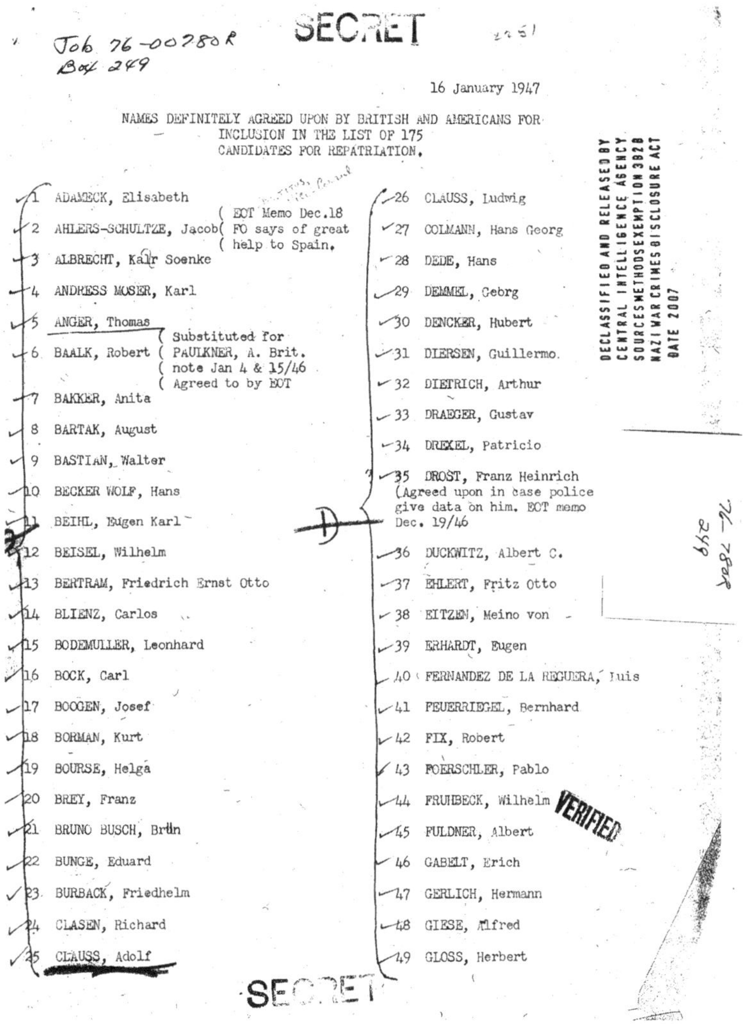

SECRET

Job 76-00780R
Box 249

16 January 1947

NAMES DEFINITELY AGREED UPON BY BRITISH AND AMERICANS FOR INCLUSION IN THE LIST OF 175 CANDIDATES FOR REPATRIATION.

1 ADAMECK, Elisabeth
2 AHLERS-SCHULTZE, Jacob (EOT Memo Dec.18 (FO says of great (help to Spain.
3 ALBRECHT, Karl Soenke
4 ANDRESS MOSER, Karl
5 ANGER, Thomas
6 BAALK, Robert (Substituted for (PAULKNER, A. Brit. (note Jan 4 & 15/46 (Agreed to by EOT
7 BAKKER, Anita
8 BARTAK, August
9 BASTIAN, Walter
10 BECKER WOLF, Hans
11 BEIHL, Eugen Karl
12 BEISEL, Wilhelm
13 BERTRAM, Friedrich Ernst Otto
14 BLIENZ, Carlos
15 BODEMULLER, Leonhard
16 BOCK, Carl
17 BOOGEN, Josef
18 BORMAN, Kurt
19 BOURSE, Helga
20 BREY, Franz
21 BRUNO BUSCH, Bruno
22 BUNGE, Eduard
23 BURBACK, Friedhelm
24 CLASEN, Richard
25 CLAUSS, Adolf
26 CLAUSS, Ludwig
27 COLMANN, Hans Georg
28 DEDE, Hans
29 DEMMEL, Georg
30 DENCKER, Hubert
31 DIERSEN, Guillermo.
32 DIETRICH, Arthur
33 DRAEGER, Gustav
34 DREXEL, Patricio
35 DROST, Franz Heinrich (Agreed upon in case police give data on him. EOT memo Dec. 19/46
36 DUCKWITZ, Albert C.
37 EHLERT, Fritz Otto
38 EITZEN, Meino von
39 ERHARDT, Eugen
40 FERNANDEZ DE LA REGUERA, Luis
41 FEUERRIEGEL, Bernhard
42 FIX, Robert
43 FOERSCHLER, Pablo
44 FRUHBECK, Wilhelm
45 FULDNER, Albert
46 GABELT, Erich
47 GERLICH, Hermann
48 GIESE, Alfred
49 GLOSS, Herbert

DECLASSIFIED AND RELEASED BY CENTRAL INTELLIGENCE AGENCY SOURCES METHODS EXEMPTION 3B2B NAZI WAR CRIMES DISCLOSURE ACT DATE 2007

VERIFIED

SECRET

14. Listado de la CIA sobre la presencia de nazis en España (1).

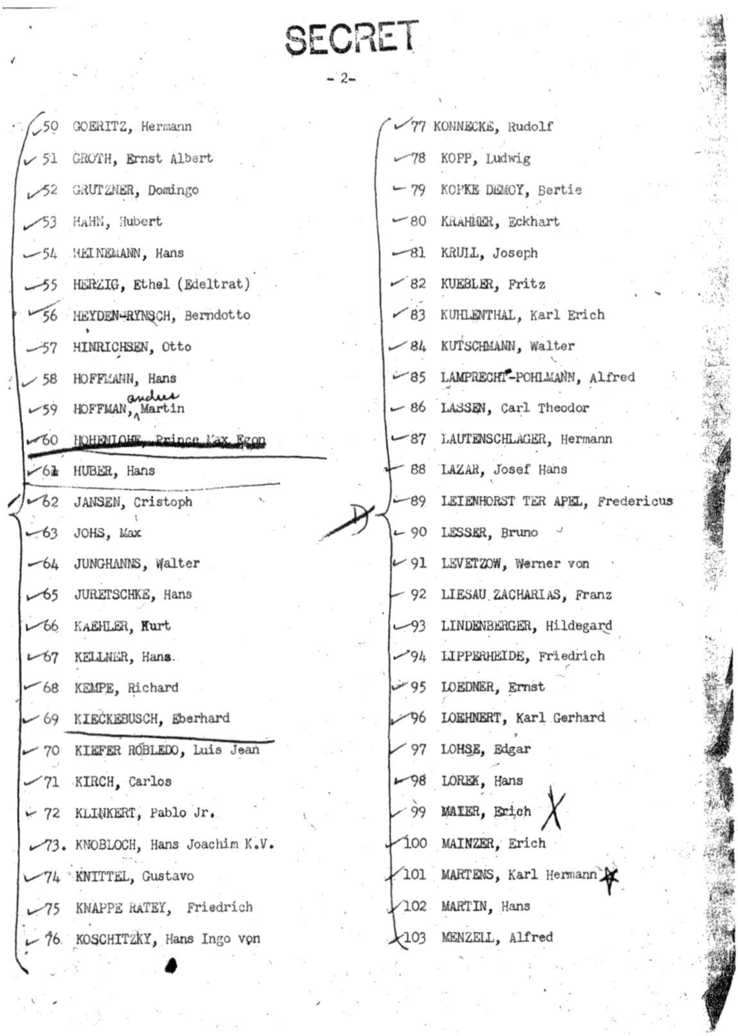

SECRET

- 2-

50 GOERITZ, Hermann
51 GROTH, Ernst Albert
52 GRUTZNER, Domingo
53 HAHN, Hubert
54 HEINEMANN, Hans
55 HERZIG, Ethel (Edeltrat)
56 HEYDEN-RYNSCH, Berndotto
57 HINRICHSEN, Otto
58 HOFFMANN, Hans
59 HOFFMAN, Martin
60 ~~HOHENLOHE, Prince Max Egon~~
61 HUBER, Hans
62 JANSEN, Cristoph
63 JOHS, Max
64 JUNGHANNS, Walter
65 JURETSCHKE, Hans
66 KAEHLER, Kurt
67 KELLNER, Hans.
68 KEMPE, Richard
69 KIECKEBUSCH, Eberhard
70 KIEFER ROBLEDO, Luis Jean
71 KIRCH, Carlos
72 KLINKERT, Pablo Jr.
73. KNOBLOCH, Hans Joachim K.V.
74 KNITTEL, Gustavo
75 KNAPPE RATEY, Friedrich
76 KOSCHITZKY, Hans Ingo von
77 KONNECKE, Rudolf
78 KOPP, Ludwig
79 KOPKE DEMOY, Bertie
80 KRAHMER, Eckhart
81 KRULL, Joseph
82 KUEBLER, Fritz
83 KUHLENTHAL, Karl Erich
84 KUTSCHMANN, Walter
85 LAMPRECHT-POHLMANN, Alfred
86 LASSEN, Carl Theodor
87 LAUTENSCHLAGER, Hermann
88 LAZAR, Josef Hans
89 LEIENHORST TER APEL, Fredericus
90 LESSER, Bruno
91 LEVETZOW, Werner von
92 LIESAU ZACHARIAS, Franz
93 LINDENBERGER, Hildegard
94 LIPPERHEIDE, Friedrich
95 LOEDNER, Ernst
96 LOEHNERT, Karl Gerhard
97 LOHSE, Edgar
98 LOREK, Hans
99 MAIER, Erich
100 MAINZER, Erich
101 MARTENS, Karl Hermann
102 MARTIN, Hans
103 MENZELL, Alfred

14. Listado de la CIA sobre la presencia de nazis en España (2).

SECRET

- 3 -

104 MERCK, Karl Ernst von
105 MERODE, Rudolf von
106 MESSERSCHMITT, Eberhard
107 MESSERSCHMIDT, Erich (Off list?)
108 METZGER, Ulrich
109 MEY, Reinhard Albrecht
110 MEYER-DOEHNER, Kurt
111 MIEDL, Aloys
112 MINDEN, Gerhard von
113 MOLL, Hermann
114 MOELLER, Rudolf
115 MUNDLER, Anneliese
116 NAGEL, Philip von
117 NIEMANN, Lieselotte
118 NOLTING, Juan
119 NUTZ, Max
120 OBERMULLER, Ivo
121 PAL, Desider
122 PANTEN y JUNGE, Kurt
123 PASCH, Karl [illegible]
124 PARCH, Wilhelm
125 PASCHKERS, Ewald Christian
126 PECHE, Ernst
127 PELIZAEUZ, Wilhelm (Spanish since 1920's)
128 PETERSEN, Wilhelm
129 PIWONKA, Kurt
130 PLOHR, Guillermo
131 POCK, Anton
132 PODEWILS de SCHLUBACH, Countess Mathilde von
133 RADEKE, Alfred
134 RAITH, Fritz
135 RESENBERG, Karl
136 RIEMANN, Oscar
137 RIEMER, Walter
138 ROGGEVEEN-TUTTAS, Frau
139 ROHE, Hans
140 ROTMANN, Franz
141 RUEGGEBERG, Friedrich
142 RUNDE, Eugen
143 SAUER, Johann
144 SCHADE, Theodor
145 SCHEMMAN, Rolf
146 SCHESACK, Gregor
147 SCHMIDT, August X
148 SCHMIDT, Ernst Emil
149 SCHOELE, Theo SCHMOELE
150 SCHOOF, Josef
151 SCHULZE MANTEOLA, Alfred
152 SCHWAB, Franz
153 SEEFRIED, Franz
154 SEEGERS, Gustav
155 SPITZI, Reinhard
156 SPRETER, Wilhelm
157 STILLE, Friedrich

SECRET

14. Listado de la CIA sobre la presencia de nazis en España (3).

SECRET

\- 4 -

158 STUBBS, Walter Edward

159 STURM, Juan Federico

160 TENBERGEN, Gunthar

161 THER, Johann

162 THIEL, Hans Otto

163 TIEMANN, Wilhelm Karl

164 TIESSLER, Paul Ernst Franz

165 UEBELE, Christian

166 VIERLAND, Josef

167 VOLLHARD, Herbert

168 VORKAUF, Karl A.

169 WALDHEIM, Gottfried v.

170 WELLMANN, Ingrid

171 WELZ, Robert du

172 WISSMANN, Herbert (arrested in Lisbon 14 Jan 47 - Committed Suicide. IN-47101 15 Jan 47

173 WINZER, Liselotte

174 WINTER, Gustav

175 ZISCHKA, Anton Emmerich

176 ZOBEL, Gerhard

SECRET

14. Listado de la CIA sobre la presencia de nazis en España (4).

USG-Sp-90 -7-

II CONTROLS EXERCISED INSIDE OF SPAIN

Contracts were made or terms discussed with the following Spanish firms:

Unicolor
Sociedad Electro-Quimica de Flix
FNCE - Fabricacion Nacional de Colorantes y Explosivos SA.
S.A. Cross
"Quiesa", Quimica Industrial Espanola S.A.
"Unquinesa", Union Quimica del Norte de Espana S.A.
"Nicas", Nitratos de Castilla S.A.
"Inquiresa", Industria Quimicas Reunidas S.A.
"Sofanitro", Sociedad Espanola de Fabricaciones Nitrogenadas
"Ebro", Compania de Azucares y Alcoholes
"Productos", Productos del Nitrogeno S.L.
Hidro Ni[illegible] [illegible]spanola S.A.
Jose Llor [illegible]oix

+

15. Empresas controladas en España por la IG Farben según documentos desclasificados de la OSS.

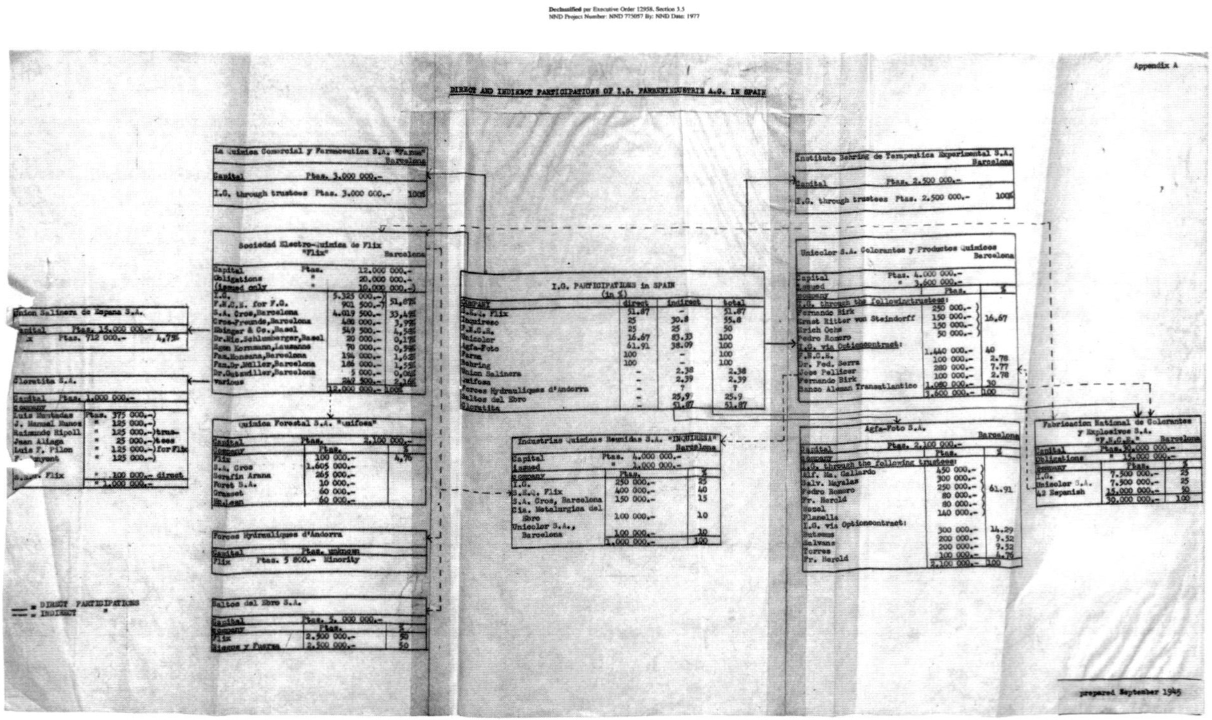

16. Gráfico con los intereses de la IG Farben en empresas españolas según documentos desclasificados de la OSS.

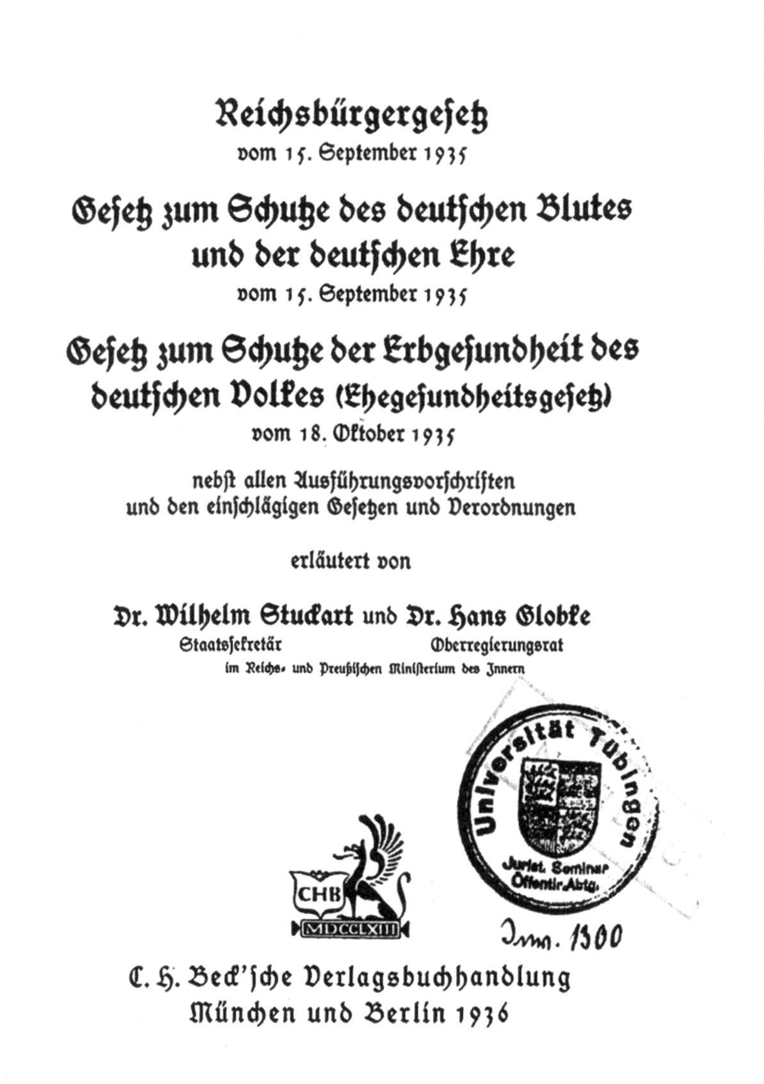

Reichsbürgergesetz

vom 15. September 1935

Gesetz zum Schutze des deutschen Blutes und der deutschen Ehre

vom 15. September 1935

Gesetz zum Schutze der Erbgesundheit des deutschen Volkes (Ehegesundheitsgesetz)

vom 18. Oktober 1935

nebst allen Ausführungsvorschriften
und den einschlägigen Gesetzen und Verordnungen

erläutert von

Dr. Wilhelm Stuckart und **Dr. Hans Globke**
Staatssekretär Oberregierungsrat
im Reichs- und Preußischen Ministerium des Innern

CHB
MDCCLXIII

C. H. Beck'sche Verlagsbuchhandlung
München und Berlin 1936

17. Portada de las Leyes de Núremberg de 15 de septiembre de 1935 con la firma de Hans Globke.

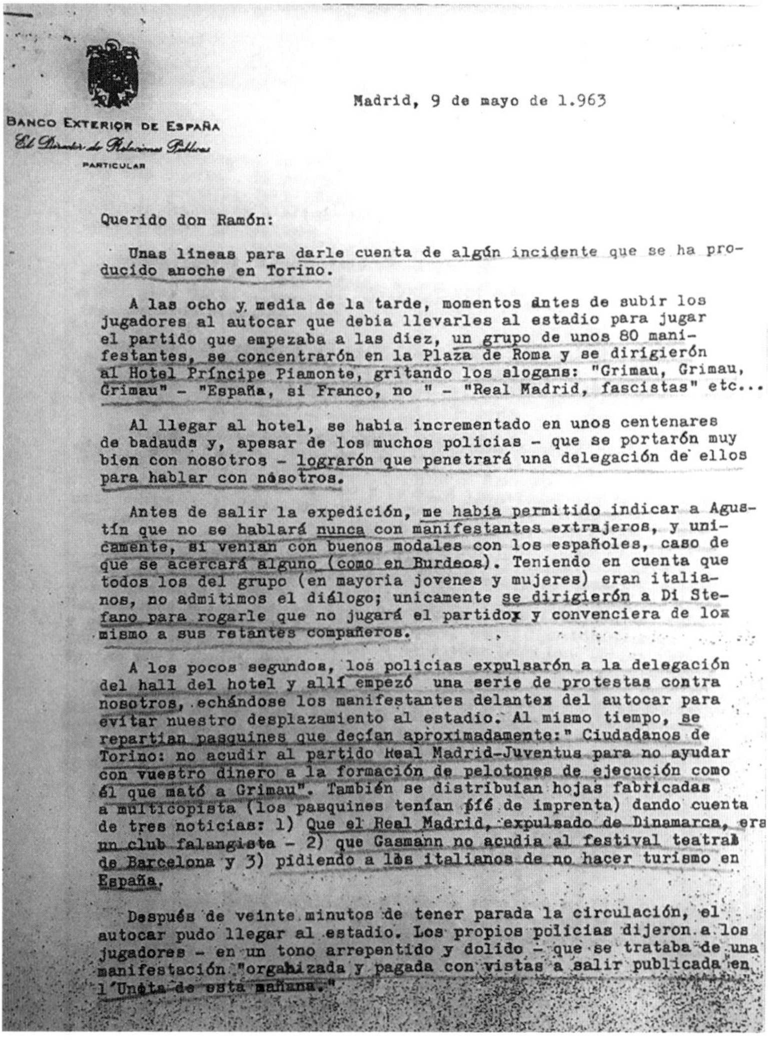

BANCO EXTERIOR DE ESPAÑA
El Director de Relaciones Públicas
PARTICULAR

Madrid, 9 de mayo de 1.963

Querido don Ramón:

Unas lineas para darle cuenta de algún incidente que se ha producido anoche en Torino.

A las ocho y media de la tarde, momentos antes de subir los jugadores al autocar que debia llevarles al estadio para jugar el partido que empezaba a las diez, un grupo de unos 80 manifestantes, se concentrarón en la Plaza de Roma y se dirigierón al Hotel Príncipe Piamonte, gritando los slogans: "Grimau, Grimau, Grimau" - "España, si Franco, no " - "Real Madrid, fascistas" etc...

Al llegar al hotel, se habia incrementado en unos centenares de badauds y, apesar de los muchos policias - que se portarón muy bien con nosotros - lograrón que penetrará una delegación de ellos para hablar con nosotros.

Antes de salir la expedición, me habia permitido indicar a Agustín que no se hablará nunca con manifestantes extrajeros, y unicamente, si venian con buenos modales con los españoles, caso de que se acercará alguno (como en Burdeos). Teniendo en cuenta que todos los del grupo (en mayoria jovenes y mujeres) eran italianos, no admitimos el diálogo; unicamente se dirigierón a Di Stefano para rogarle que no jugará el partido y convenciera de lo mismo a sus restantes compañeros.

A los pocos segundos, los policias expulsarón a la delegación del hall del hotel y allí empezó una serie de protestas contra nosotros, echándose los manifestantes delante del autocar para evitar nuestro desplazamiento al estadio. Al mismo tiempo, se repartian pasquines que decían aproximadamente:" Ciudadanos de Torino: no acudir al partido Real Madrid-Juventus para no ayudar con vuestro dinero a la formación de pelotones de ejecución como él que mató a Grimau". También se distribuian hojas fabricadas a multicopista (los pasquines tenían pié de imprenta) dando cuenta de tres noticias: 1) Que el Real Madrid, expulsado de Dinamarca, era un club falangista - 2) que Gasmann no acudia al festival teatral de Barcelona y 3) pidiendo a los italianos de no hacer turismo en España.

Después de veinte minutos de tener parada la circulación, el autocar pudo llegar al estadio. Los propios policias dijeron a los jugadores - en un tono arrepentido y dolido - que se trataba de una manifestación "organizada y pagada con vistas a salir publicada en l'Unita de esta mañana."

18. Carta de Raimundo Saporta a Ramón Sedó, 9 de mayo de 1963 (1).

Contrariamente, la actitud de los espectadores - cerca de 40.000/ fué muy cordial. El equipo realizó un partido soberbio y ganó con el tanteo de 3-1.- Puede que el resulttado y las ovaciones que nos dedicarón hicieron suspender las manifestaciones previstas para después del partido.

Anoche, hablé cinco o seis veces con Torino, durante el banquete y todo iba normal. Esta mañana, a las ocho, hora señalada para salir para Milán a tomar el avión, volví a llamar y no había ninguna mención digna de señalar.

Como el incidente, a mi juicio, no tenia ninguna importancia, no quisé molestarle anoche. Me limité a llamar a Efe, Mencheta y Logos para rogarles no hablarán de ello, y destacarán en sus telegramas los aplausos del publico italiano.

El único diario que menciona lo ocurrido es el Marca en términos , a mi juicio, favorable a nosotros.

Esta tarde llega el equipo y le haré llegar circulares, pasquines, revistas y prensa diaria que he ordenado me traigan en abundancia.

Asistió a todo lo ocurrido el joven consul adjunto de nuestro Consulado General en Ginebra, Marqués de Aunón y el consul italiano que representa a España en Torino. Habiamos hablado antes con el Sr. Sanchez Bella que nos dijo que cenaba en la Embajada de Japón y que le llamaramos de ocurrir cualquier cosa. Consideramos que no era procedente molestar a nuestro Embajador para una chiquillada de tan poca importancia.

Por último, quiero informarle que de conformidad con el contrato del traspaso de Del Sol, los directivos del Juventus nos abonarón anoche cerca de 20 millones de liras, importa del 50% de la taquilla que nos correspondía, además de la mitad del partido revancha que se jugará en Madrid el 5 de junio.

Reciba un afectuoso abrazo de su amigo

Esta tarde, a la una, pienso depositar mi donativo en la mesa que preside la Sra. de Castiella. Le enviaré recado por un ordenanza y si tiene un minuto libre, me encontraré a su disposición para ampliarle toda esta información.

18. Carta de Raimundo Saporta a Ramón Sedó, 9 de mayo de 1963 (2).

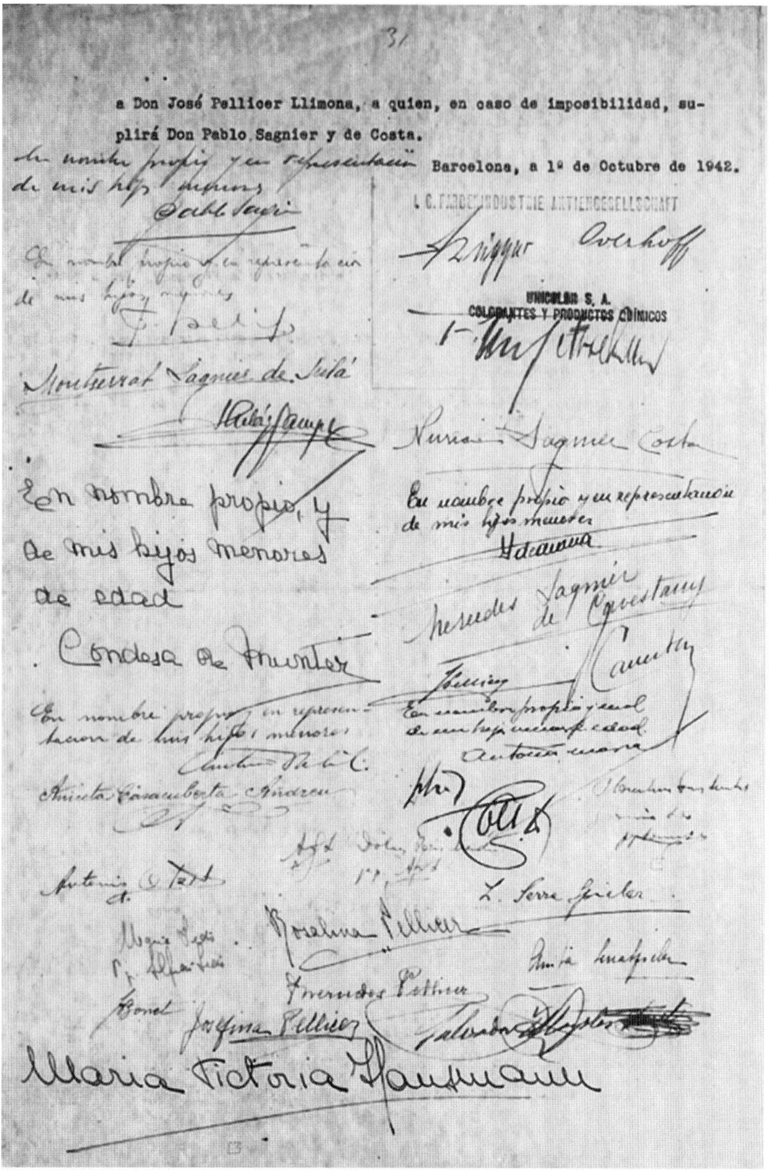
a Don José Pellicer Llimona, a quien, en caso de imposibilidad, suplirá Don Pablo Sagnier y de Costa.

Barcelona, a 1º de Octubre de 1942.

I. G. FARBENINDUSTRIE AKTIENGESELLSCHAFT

UNICOLOR S. A.
COLORANTES Y PRODUCTOS QUÍMICOS

Montserrat Sagnier de Sala

Nuria Sagnier Costa

En nombre propio, y de mis hijos menores de edad

Condesa de Munter

Rosalina Pellicer

19. Firmas del contrato de la IG Farben con empresarios españoles.

Índice

La alianza imperturbable entre capital y fascismo. Prólogo a la nueva edición de Franquismo S.A. 7

Prólogo. La imprudencia necesaria 15

1. Introducción. La desfranquización ausente 19
2. Desnazificación y desfranquización 29
3. Festín de buitres 59
4. Gas Natural Fenosa (Naturgy) 79
5. Iberdrola 89
6. Acciona 107
7. De OHL a ACS 127
8. La banca custodia el botín de la cruzada 149
9. Las petroleras de Franco 177
10. Las navieras y la depuración vasca 191
11. Lazos de sangre de los caballistas negros de la burguesía andaluza 199

12. Pagos de Franco por derecho de pillaje 209

13. Su papá Estado 225

Epílogo. Robaron hasta la memoria 235

Coda. Tener memoria, recuperar lo robado 239

Fuentes de referencia 243

Bibliografía 245

Anexos 251